지금 중국은
스마트 인 차이나

지금 중국은 스마트 인 차이나

초판 1쇄 발행 2019년 8월 15일

지은이 유한나
발행인 겸 편집인 김낙봉
디자인 박영정
사 진 유한나 외
교 정 우정민
발행처 북네스트
출판등록 제2016-000066호
주 소 경기도 고양시 일산서구 강성로 232번길 16-2
전 화 070-8200-6727
팩 스 031-622-9863
독자문의 laejoo@naver.com

ISBN 978-89-93409-30-7 03320

사람을 행복하게 하는 출판사 북네스트

• 이 도서의 국립중앙도서관 출판예정도서목록(CIP)은 서지정보유통지원시스템 홈페이지(http://seoji.nl.go.kr)와 국가자료공동목록시스템(http://www.nl.go.kr/kolisnet)에서 이용하실 수 있습니다.(CIP제어번호: CIP2019024432)

대륙에 부는 4차산업과 플랫폼 바람

지금 중국은 스마트 인 차이나

Smart in China

유한나 지음

북네스트

중국의 굴기는 어디서부터 비롯되었나

출발은 원초적인 질문에서부터 시작되었다. 중국은 왜 과학기술 문명의 주도권을 잡으려고 하는 것일까? 이동모바일은 어떻게, 왜 중국인들의 삶을 변화시켰을까?

지금 14억 인구 중국을 이끌어가는 것으로는 사람, 기술 혁신, 기업가정신을 꼽을 수 있다. 여기에 하나를 더한다면 상상력이다. 상상력은 창의성을 담아낸다. 중국의 상상력은 외국 제품을 카피캣하면서 그 실력이 늘어갔다. '모방은 창조의 어머니다.'라는 말이 있지 않은가. 창조 역시 수많은 모방이라는 연구 가운데 생겨나게 된다. 그리고 이를 바탕으로 상상력의 공간은 더욱 커진다. 중국의 창조는 결국 하루아침에 생겨나지 않았다.

이제 중국은 '내수 창조시대'에 접어들어 있다. 중국의 내수 창조는 자주적 혁신을 중심으로 창의적 경제, 창의적 기술, 창의적 기업, 창의적 산업에 다양한 결과물들을 쏟아내고 있다. 그 결과 미국 나스닥을 바라보는 IT 기업들의 굴기가 행렬을 이룬다.

전자상거래 플랫폼 핀둬둬(拼多多)의 미국 나스닥 상장이 그렇다. 2015년에 설립된 어린 기업이지만 어느새 시가총액 50억 달러를 기록한 제2의 거물급 타오바오다. 총 30만 종 이상의 상품을 판매하고 있으며 고객 수는 3억 명을 돌파했다. 이 신생 기업의 직원 평균 연령은 26세에 불과하다. 그들의 자체 기술과 인공지능 실력을 기반으로 한 서플라이 체인이 핵심 역량이다. 핀테크 기업 취디엔(趣店)도 설립 3년 만에 미국 나스닥에 상장했다. 취디엔의 창립자는 80허우 세대다.

지금 중국에서는 빠른 기술 혁신을 무기로 새로운 비즈니스 모델과 기회를 창출하는 젊은 기업인들이 환영받고 있다. 큰 물고기가 작은 물고기를 잡아먹어 승자 독식하는 시대가 지나고 빠른 물고기가 느린 물고기를 먹는 시대가 도래했다.

그들이 사회와 시장에 쳐놓은 에코 시스템이 현대 중국을 구동시키고 있다고 해도 틀리지 않다. 유니콘 기업들 덕분에 생산자의 역할이 끊이지 않고, 데이터를 몰고 오는 밀레니엄 세대와 글로벌 소비 능력을 최대치로 끌어올리는 20~30대들이 수준 있는 중국 소비자의 기준을 만들고 있다. 이는 이 둘 사이를 적당한 거리로 연결시키는 다양한 플랫폼들이 효율적으로 흘러가고 있기 때문에 가능했다. 최고의 창조적 조합이다.

다양성을 지닌 중국 시장은 한마디로 창의적이지 않고는 살아남기 힘든 시장이 되었다. 즉, 통섭, 협력, 개방, 공유적 가치가 아니고는 중국 소비자들에게 인정받기 힘들다는 것이다.

현재 중국 전역에 있는 인공지능(AI) 회사는 약 4,040여 개에 이른다. 1,000개 이상이 베이징에 있고, 나머지는 상하이, 항저우 등지에 분포되어 있다. 중국은 정보통신기술(ICT)과 관련해 어떻게 해서 이토록 엄청난 전염력을 가지게 된 걸까? 대체 중국은 왜 그런 것일까?

이의 배경으로는 여러 가지가 있겠지만 두드러지는 것이 있다. 언제부터인가 중국은 새로움, 신(新)에 열광하고 있다. 그렇기 때문에 중국 시장에 발을 딛고자 한다면 이제는 창의적인 방식의 신중한 접근 방식이 필요하게 되었다.

그렇다면 중국의 새로움은 어떻게 풀이할 수 있을까. 첫 번째는 새로운 자원에 대한 분배 모델, 두 번째는 새로운 기술, 세 번째는 새로운 산업의 발전 모델, 네 번째는 새로운 소비와 구직 모델이다. 다섯 번째는 새로운 제도, 여섯 번째는 새로운 금융이다. 이 6개의 신(新)이야말로 중국을 이끄는 기능이다. 중국은 이를 자신들만의 혁신 모델로 구동시켜 나간다.

중국에서 창조 혁신이 이루어지는 근원을 사람, 기술 혁신, 기업가정신, 플러스 상상력이라는 다각도적 시선으로 조망한다면 그 해답을 찾아볼 수 있을 것이라고 생각한다.

이 책에서는 현재 중국 경제에서 가장 이슈가 되고 있는 콘텐츠들을 바탕으로 사회, 경제, 경영, 인문 요소들을 접목해 종합적인 이해와 시각으로 중국을 들여다볼 수 있도록 했다. 또한 중국에 진출하거나 관련 지식을 알고자 하는 사람들에게 '현지 관점(local perspective)'에서 문제를 바라볼 수 있게 했다.

마치 기다린 듯 불거진 미·중 무역 갈등은 우리에게 중국 제대로 알기에 대한 필요성을 새삼 일깨워준다. 미국은 중국의 움직임을 깊이 주시하고 있다. 전쟁은 나 혼자 준비한다고 되는 것이 아니다. 상대의 동태를 살피며 전략을 짜야 이기는 싸움을 할 수 있지 않겠는가. 그런 면은 한국에도 당연히 예민하게 연결된다.

무엇보다 중국 사람들이 곧잘 쓰는 "무와 야채도 각기 좋아하는 바가 있다.(萝卜青菜, 各有所爱)"라는 말을 기억해야 한다. 사람마다 좋아하는 것이 다르듯 그들이 말하는 합리와 다름을 이해하면서 비판적인 사고를 해야 한다는 것이다.

1부에서는 중국의 주요 사회 집단들이 사회 경제에 미치는 영향과 특성들을 살펴보았다. 20대 청년, 80년대 출생자, 신흥 중산층, 여성, 1인 가구, 욜로족들의 행동 특성과 가치관에 초점을 맞춰 현대 중국인들에 대한 식견을 키울 수 있도록 했다.

2부에서는 중국이 경쟁력을 창출해내는 사례들을 집중 조명했다. 첨단 과학기술단지 중관춘, 남방경제특구의 중심인 선전, 공유경제, 스마트도시, 기업 이야기를 통해 중국 경쟁력의 속도와 방향이 어디에 도달해 있는지 알 수 있도록 했다.

3부에서는 중국 사회가 어떤 색채와 형태를 띠고 있는지 짚어보았다. 농민, 화교, 도시, 소비, 생태계 시스템 이슈들을 다루어 중국이 성장해나가는 발전 상황들을 파악하고자 했다.

4부에서는 알리바바, 샤오미, 위챗, 홍바오, QR코드, 왕홍이 어떻게 중국의 혁신을 이루었는지 알기 위해 시장 전략과 시스템의 특성을 분석했다. 특히 중국이 미래 발전 도약을 위해 어떤 청사진을 가지고 있는지 인식해 기업·산업·사회·경제 전반에 미치는 효과와 특성들을 조망했다.

5부에서는 4차 산업, 일대일로(一带一路), 중국식 홍색 자본주의, 사회적 문제들을 통해 세계화를 향한 중국의 미래 전망과 시사점들을 살펴보았다.

중국을 다각화된 시각으로 이해하고 세계 속에서의 중국의 발전 과제에 대해 알고 싶은 사람에게 이 책을 전하고 싶다. 중국 관련 비즈니스 종사자들은 중국 기업들의 시스템과 혁신적 행동들을 통해 창의적인 아이디어를 얻을 수 있을 것이다.

중국을 연구하는 사람 또는 유학을 생각하는 학생들에게는 중국인들의 삶의 양식과 사회적 현상을 심층적으로 이해하고 연구하는 데 도움이 될 것이라 믿는다. 끝으로 눈 밝은 독자들의 지적도 기대한다.

유한나

곰은 커서 무서운 게 아니라 빨라서 무섭다

근·현대 중국이라는 곰은 덩치는 컸지만 느렸다. 2013~14년도 중국에 4G 모바일이 도입되면서 이 곰이 빨라지기 시작했다. 급기야 '빨리빨리'의 한국보다 빨라지더니 이제는 미국보다 민첩하려다가 덩치가 더 큰 아메리카 곰을 만났다. 지금은 서로 으르렁 소리를 내면서 자웅을 겨루려 하는 형세다.

독서는 저자와 책과 나를 읽는 것이다. 이 책의 저자 유한나는 성균관대학교 중국대학원에서 China MBA를 수학하고 중국 ICT 생태계에서 생존하려고 몸부림치는 아름다운 사슴이다. 얼마나 영리하고 호기심이 많은지 드넓은 중국 대륙을 구석구석 훑고 다니고 있다.

그의 필력 또한 사슴의 발걸음처럼 수려하다. 이 책은 현재 중국 시장에서 일어나고 있는 소비자 및 중국 기업, 중국 정부의 변화와 전망을 기자적인 서술과 기업가적인 판단으로 파헤친 것이다. 나는 처음 원고를 받았을 때 드론을 날려서 훑는 중국 시장 이야기 정도를 예상했다가 위챗을 통해 직접 듣는 것 같은 중국 시장에 대한 저자의 안목을 대하며 놀라움에 빠졌다. 저자는 젊지만 중국 경제를 보는 눈이 여간 아니다. 아마도 중국에서의 오랜 체류 경험에서 온 힘인 것 같다.

그에 더해진 여성이라는 부분은 오히려 중국 시장 분석에 부지런함과 섬세함으로 작용하고 있다. 책을 읽고 나니 중국 곰을 맞닥뜨리더라도 등을 돌리지 말고 응시해야만 생존할 수 있다는 지혜를 얻었다. 용기도 얻었다. 중국 전문가, 중국을 상대로 비즈니스를 하고 있거나 하려는 사람, 중국에 대해 공부하는 학생, 나아가 어려운 시기를 헤쳐 나갈 지혜와 용기를 찾는 독자들에게 이 책을 권하고 싶다.

김용준(성균관대학교 경영대 학장, 중국대학원 원장)

세계를 상대로 기적 만드는 중국 알기

快速发展的中国正在创造着世界的奇迹。21世纪的中国将成为世界的中心，中国的变化也将带来其他国家的变化。因此，正确理解不断变化、不断发展的中国是非常重要的。此书涵盖中国的经济、社会、企业、创新等多方面内容的最新现象，对正确理解中国的发展非常有帮助。因此，此书对关心和研究中国的读者会有很大借鉴意义。

급속도로 성장하고 있는 중국은 전 세계를 상대로 기적을 만들고 있다. 21세기에는 중국이 세계의 중심이 될 것이고 중국의 변화가 다른 나라의 변화를 가져올 것이다.

그런 만큼 계속 변화하고 성장하고 있는 중국을 정확히 이해하는 것은 매우 중요하다. 이 책은 중국의 경제, 사회, 기업, 혁신 등 여러 면에서 최신의 현상들을 담고 있어 현대 중국에 대해 아는 데 매우 유익하다. 중국에 관심이 있는 분들과 중국을 연구하는 분들한테 큰 도움이 될 책이다.

미아위저(苗雨哲, MIAO Yuzhe)
(중국경영전략 전문가, 성균관대 현대중국연구소 교수)

• 차 례 •

제1부

사회주의라 쓰고 자본주의라 읽는다

제2부

중국에선 어떻게 글로벌 기업이 줄줄이 나올까?

제3부

미래 중국을 위한 혁신 3축! 신도시·유통망·고속철

제4부

중국은 우리가 아는 것 이상의 ICT, 인터넷 강국!

제5부

중국 경제의 안쪽을 읽을 수 있어야 이긴다

1부

사회주의라 쓰고 자본주의라 읽는다

중국의 성장은 14억 인구가 일으키는 규모의 경제로부터 출발했다. 그 인적 자본의 성격이 업그레이드되었다. 기술이 접목된 제조 대국으로의 도약과 함께 시장을 주도하는 새로운 집단이 나타난 것이다. 바링허우 세대와 여성, 신흥 중산층으로 대변되는, 중국 경제를 이끄는 새로운 오피니언 리더들의 이야기!

소비 주도하는 대륙의 청년들은 다른 중국인이다

중국에 나타난 신인류

2000년대 중반, 중학생이던 나는 중국 유학길에 올랐다. 다롄(大连)에 이모님 댁이 있어 방학이면 가곤 했는데, 다른 세계와의 만남이 내 진로를 바뀌게 했다. 어린 나이에 혼자 인천에서 배를 탈 만큼 나는 호기심이 많은 아이였다.

유학은 스스로의 결정이었다. 친구들과 다른 선택을 하고 싶었던 나는 중국에서 공부하면 어떨까 생각했고 부모님도 말리지는 않았다. 다롄은 그때 이미 인구 500만 명이 넘는 큰 도시였다. 그러면서 우리나라의 수도권 같은 느낌이어서 적응하기에도 좋았다.

그곳에서 대학을 마칠 때까지 10여 년간 지금 중국의 소비 시장을 잡고 있는 20대들과 함께 공부했다. 당시 중국은 자본주의 도입이 한창이었으나 학생들은 아직 수수한 차림에 머리를 바짝 묶은 민낯으로 학교생활을 했다. 그들 속의 나는 유일하게 멋을 부리고 화장도 하는 튀는 외국인 학생이었다.

그때 친했던 중국의 동창생을 어렵사리 만났다. 양위엔은 루쉰 미술대학을 졸업하고 현재는 결혼을 준비하는 예비신부다. 어렸을 적엔 내가 트렌드와 선진 문화에 더 빠른 사람이었지만 지금 우리는 그런 것들에서 대등한 관계에 놓여 있다. 아니 어쩌면 그녀가 나보다 더 트렌드에 해박할 수 있다. 수다를 떨다가 친구는 하이브랜드인 톰포드 립스틱으로 화장을 고쳤다. 손목에는 과거의 실팔찌 대신 덴마크 주얼리 브랜드인 판도라 팔찌를 끼고 있었다. 세월이 흐르며 많이 변했다.

만약 중국과 가까워지고 싶고 더 많이 알기를 원한다면 어떤 부류의 중국인들과 소통하는 것이 이로울까? 더 직접적으로 말해 당신이 비즈니스맨이라면 중국의 어떤 사람들을 공략해야 목적 성취에 더 가까이 다가갈 수 있을까? 이런 질문을 던지는 이유는 중국 사람들의 소비·문화 수준이 향상되면서 그간 알던 중국에 대한 지식만으로는 헛다리를 짚을 수 있기 때문이다.

몇 년 전부터 중국은 새로운 경제 오피니언 리더들의 출현으로 떠들썩하다. 이들은 한국의 대형 면세점과 세계 각국의 백화점을 누비며 14억 인구 차이나 파워를 실감하게 한다. 그들은 누구인가. 바로 중국의 청년층이다.

중국에서는 이들을 주링허우(九零后·1990년대 출생자)라고 부른다. 이젠 한국에서도 꽤나 익숙한 단어이지만 새삼 주링허우 이야기를 꺼내는 이유가 있다. 그건 바로 중국의 20대들이 청년기의 치기 어린 소비를 넘어 시장의 주체자로까지 등장하고 있기 때문이다.
중국 사회에서 보는 시각도 변했다. 처음엔 '이기적인' 혹은 '비주류', '비트 제너레이션(패배의 세대)' 정도로 지칭됐으나 지금은 '독립적인', '혁신', '오피니언 리더' 등으로 위상이 달라졌다.

〈인민일보〉는 '90허우를 평가하려면 신세대를 알아야 한다(品评90后 就是感悟新时代)'라는 기사를 통해 90허우 세대를 '복잡하고 방대한 집단'이라고 정의했다. 여기서 말하는 복잡함은 한마디로 정의할 수 없는 그들만의 다양한 개성을 뜻하고, 방대함은 중국과 세계에 행사하는 영향력을 의미한다.

현재와 미래의 중국을 가늠하기 위해서는 이들을 눈여겨볼 필요가 있다. 왜냐하면 중국의 소비 굴기(崛起·우뚝 일어서다) 역시 전 세대와는 다른 주링허우의 생각과 행동이 그 바탕에 있다는 것을 인정하지 않을 수 없기 때문이다. 이러한 주링허우의 인구는 1억 7,400만 명에 이른다.

단순히 인구 규모를 떠나 한국을 비롯한 전 세계가 주링허우에 집중하는 이유는 무엇보다 엄청난 소비력 때문이다. 이들의 연간 소비 총지출액은 2,900억 위안(약 48조 7,200억 원)에 이른다. 잘 실감이 안 난다면 중국 투자포럼이 내놓은 '2020년까지 중국 소비 전체 액 중 35%를 주링허우가 차지할 것'이라는 예측치가 참고가 된다.

주링허우는 어떻게 해서 거침없이 지갑을 열까? 이에 대한 답은 그들의 성장배경과 내재되어 있는 가치관을 통해 유추해볼 수 있다.

중국의 90년대생들은 1978년 채택한 개혁개방 정책에 따른 시장경제 도입으로부터 10여 년이 지나서 태어난 세대다. 당시의 중국은

베이징의 쇼핑 중심가인 왕푸징(王府井) 거리. 1949년 신중국 정부 수립 이래 중국 최초의 백화점이 들어섰던 곳으로, 우리나라의 명동을 연상하면 비슷하다.

사회가 전체적으로 비교적 안정적이며 경제가 발전하던 시기였다. 계획경제에서 시장경제로의 체질 전환은 별 경제적 기반이 없던 중국에 상공업 국가로의 산업 구조 변화와 경제의 고속 성장을 불러일으켰다. 동시에 도시화가 빠르게 진전되었고, 외국의 다양한 문화도 유입되었다.

주링허우들은 이런 시기에 태어나 성장기를 가졌다. 그들 이전의 중국은 배불리만 먹고 살아도 괜찮다던 '원바오(温饱·따뜻하고 배부르다)' 세대였다. 과거와 다른 중국인으로 태어난 주링허우들은 배만 채우는 게 아니라 생활·문화·소비를 즐길 수 있는 환경에서 자라며 아버지 세대와는 다른 정신세계를 가졌다.

소비 주체로 떠오른 1억 7,000만 주링허우 세대

개혁개방 초기이던 1980년대 중국에는 배급표 방식(과거 식량 배급제의 흔적으로 곡식이나 생필품을 살 때 배급표를 내야 구매할 수 있었다)이 아직 남아 있어서 소비에 제한이 따랐다. 그러다가 1993년 중국 정부가 배급표 발급을 중단하면서 사람들은 점차 자유로운 소비 활동이 가능해졌다.

중국인들에게 처음으로 넓은 선택의 영역을 여는 출발점이 된 것은 1990년대라고 할 수 있다. 이런 시대적 영향을 태어나면서 받은 첫 세대가 주링허우들이다. 게다가 그들은 중국이 인구 증가 억제를 위해 1980년부터 채택한 '한 자녀 정책'(2015년 폐기)에 따라 대개가 외동으로 태어났다.

주링허우는 서양의 향기를 흡입하며 자랐다. 1987년 베이징 천안문에 처음으로 문을 연 KFC, 1990년 선전(深圳)에 들어선 맥도날드, 2000년 홍콩에 있던 코카콜라 본사가 상하이로 옮겨온 것 등은 변화하는 중국의 상징적인 사건들이었다. 버거와 콜라가 선발대라면 거대 시장 중국을 노린 다국적 기업들의 유입과 개방경제는 산업, 주거, 생활, 도시화, 엔터테인먼트 등 사회 전 방향에 자본주의적 색채를 퍼뜨렸다.

이러한 변화는 혼자 태어나 부모에게 말하면 누릴 수 있는 것이 많아진 주링허우들의 소비 인식에 영향을 주었음은 말할 것도 없다.

주링허우는 가정의 소비에도 영향력을 미치는 주력군이다. 중국 매체들의 의견을 종합해보면, 주링허우의 의견이 50% 상당 반영되고 있다. 그만큼 주링허우는 소비 결정권을 가지고 있다.

중국의 20대들 사이에서는 '좋아하면 산다.(喜欢就买)'라는 말이 한 때 유행어처럼 번졌다. 특별히 고민하지 않고 자신이 좋아하는 물건이라면 갖는다는 것으로, 주링허우가 추구하는 '개인 선택의 중요성'을 상징하는 말이다. 물론 주링허우에 대한 부정적인 평가도 있다. 너무 튀거나 제멋대로인 태도를 꼬집는 '샤오황디(小皇帝·소황제)'라는 말은 바다 건너 우리나라에까지 알려졌다.

이러한 풍요로운 환경 속에서 주링허우는 자신의 의견을 중요시하고 인생을 즐기는 소비문화, 과감히 나를 표현하는 의식을 가지게 되었다. 그리고 이러한 의식은 주링허우만의 '나르시시즘'과 '자신감 있는' 소셜 언어 스타일을 형성하게 만들었다.

나 역시 중국의 주링허우와 함께 수학하면서 그들의 의식을 현장에서 직접 엿볼 수 있었다. 그들과 함께한 청소년기 시절을 되짚어보

주링허우의 주요 특성

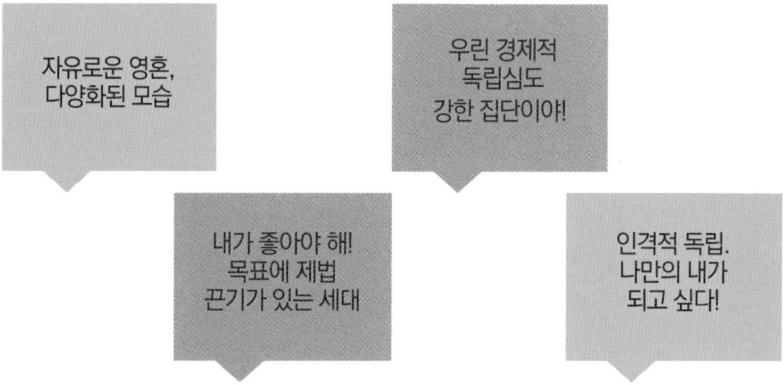

면 주링허우들은 자신을 표출하는 데 굉장히 능동적이었다.

이제 우리가 인식해야 할 것은 얼마 안 가 이 주링허우 세대가 중국의 새로운 중산층이 될 것이라는 점이다. 세상에 마냥 철없는 세대는 없다. 주링허우 역시 소비 시장을 넘어 산업계, 지식 계층에서 중국의 뉴 리더들이 될 것이다. 이미 대학을 마치고 산업 주체의 일원으로 사회에 나오거나 창업에 뛰어든 주링허우도 엄청나게 많다.

그렇다면 우리는 중국 사회의 목소리가 되어버린 주링허우들과 어떻게 소통해야 할까?

경제 교류에서는 주링허우의 지갑을, 인적 교류에서는 그들의 마음을 사로잡아야 하는 문제와 직결될 일이다. 이를 위해선 그들에게 상품만을 파는 물질적 제공자를 넘어 정신적으로 갈급해하는 수요를 발견해 접근하는 방법을 모색해야 할 필요가 있다.

미래 리더가 될 10대들도 특색을 보이고 있다

최근 중국에서는 뉴밀레니엄 세대의 신(新)테마 경제도 주목받고 있다. 뉴밀레니엄 세대란 이른바 '링링허우(零零后·2000년대 이후 출생자) 세대로, 중국의 가장 젊은 신세대 집단을 가리킨다. 2000년대 출생자라면 빨라야 이제 막 20대에 드는데, 왜 벌써부터 이들에게 이목이 쏠리는 걸까?

링링허우들은 다른 말로 '독립된 2세대(두얼따이·独二代)'라고도 불린다. 두얼따이는 '4-2-1 가정' 구조에서 파생된 말이다. 즉, 한 자녀로 태어난 바링허우(八零后·1980년대 출생자)가 낳은 또 다른 한 자녀인 링링허우를 가리키는 표현이다. 링링허우의 인구수는 약 1억 2,000만 명 이상에 달한다.

그들은 이동인터넷 시대에 태어난 IT 세대들이다. 또한 중국이 G2 반열에 올라 세계적인 경제대국에 위치해 있는 제법 떳떳한 환경 속에서 자라고 있다. 그리고 현금 대신 전자화폐가 대중화된 중국 사회에서 살아가고 있다.

링링허우 세대는 윗세대와 또 다르다. 놀랍게도 창업에도 뛰어든다.

그중 하나인 16세 여성 CEO 위옌(喻言)은 이미 유명인사다. 상점 공유 사업인 '눠지따루(诺亚大陆)'를 운영하는 그녀는 14세 때 이미 창업대회에서 광둥의 인터넷 업계 단체 1등에 올라 상금 50만 위안(약 8,460만 원)을 받았다. 눠지따루의 회사 가치는 현재 1,250만 위안(약 21억 원)에 달한다.

위옌은 링링허우를 다룬 예능 프로그램인 〈팡쉐비예조우(放学别走·학교 끝나고 가지 마)〉에 출연한 이후 당돌한 링링허우 아이콘으로 떠올랐다. 위옌을 통해 보듯 중국의 2000년대생들은 자신이 주인공이 되어야 하는 자아 중심의 특징을 보인다.

또한 17세의 남자 CEO 리씬저(李昕泽) 역시 링링허우의 정신을 대변해주고 있다. 2015년 설립한 뤄양 인터넷 과학기술회사(洛阳崇才网络科技有限责任公司)의 대표인 리씬저는 컴퓨터 소프트웨어와 스마트 컴퓨터 화면을 개발하고 있다. 중국의 최연소 기업가로서 《바이두백과(百度百科)》에 링링허우 CEO라고 등록될 정도다.

샤오미의 창립자인 레이쥔은 2017년 9월 웨이보에 기고한 〈링링허우 CEO가 이렇게 말한다면〉이라는 글에서 '늙은 기업가로서 나는 스트레스가 너무 크다. 세계의 미래는 링링허우의 것이다. 파이팅.'이라고 적었다.

중국의 매체, 경제 주체들은 링링허우들을 주의 깊게 연구 중이다. 왜 그렇게까지 할까. 링링허우들은 어떤 사회 경제적인 효과를 창출할 수 있을까?

중국의 유명 사이트인 '창업방'에서는 링링허우들을 일러 '자신을 위해 목소리를 내는', '좋아하는 것을 위해 목소리를 내는' 특성이 강한 것으로 설명하고 있다.

2018년 텐센트에서 낸 링링허우에 관한 보고서를 보아도 66%에 이르는 이 최연소 집단의 구성원들은 "모든 일을 내가 결정할 것이다."라고 한다. 어리다고 해서 부모 의견에 의존하지 않을뿐더러 오히려 자기 기준이 매우 명확하다.

놀랍기까지 한 링링허우들의 자기주도적인 생각

중국 매체들은 링링허우들의 공통적인 특징을 창의력이라고 설명하고 있다. 그들은 새로운 지식을 접할 수 있는 다양한 통로를 통해 시야를 넓힌다. IT 세대답게, 모바일과 중국의 다양한 인터넷 플랫폼은 이들이 새로움을 접할 수 있는 통로 역할을 하고 있다. 창의력은 링링허우의 대표적인 성향인 자아 중심, 풍부한 호기심을 요인으로 발전될 수 있었다.

중국의 vertical platform(특정한 관심사를 가진 고객층을 공략하는 서비스 플랫폼)이 조사한 〈링링허우 분석 보고서〉에 따르면, 44%의 링링허우가 자신의 꿈을 위해 학업을 포기할 수 있다고 했다. 놀라운 수치이며 이는 위옌과 리씬저처럼 젊은 CEO가 중국에서 나올 수 있는 바탕이다.

인터넷 기업들에 링링허우는 '트래픽(서버에 전송되는 모든 데이터의 양) 보너스'로 불린다. 링링허우들의 휴대전화 소지 비율은 64.6%로 주링허우들이 청소년이었을 때에 비해 8배나 된다. 인터넷 기업들로서는 링링허우를 잠재력 있는 소비자로 인정하지 않을 수 없다. 태생적으로 트래픽을 물고 탄생한 세대인 것이다.

중국 전자상거래와 모바일 인터넷 시장을 이해하기 위해서는 이들에 대한 데이터 연구가 필수적일 수밖에 없다. 여기서 새로운 차이나

자기주도적인 링링허우 세대의 특질을 보여주듯 리씬저는 17세이던 2015년 인터넷 과학기술회사를 설립했다.

드림의 기회를 발견하게 될지도 모른다.

이들 세대의 또 하나 흥미로운 점은 '가장 부유한 세대'로 불린다는 것이다. 진짜 부자여서가 아니라 링링허우의 70%가 저축을 한다고 해서 붙여진 말이다(중국 아동 발전 보고서). 얼마가 되든 저축을 한다는 것인데, 주링허우의 50%가 저축을 안 하는 현상과는 퍽 대조적이다.

이러한 태도는 링링허우가 이성적이고 신중한 소비자라는 것을 보여주는 대목이다. 흥미롭지 않은가. 겨우 10대의 나이인데. 서울에서 열린 2017 키플랫폼(K.E.Y PLATFORM 2017) 포럼에서 링디 판청자산의 이사는 링링허우 세대를 눈여겨보아야 할 소비 집단이라고 강조했다. 좀 더 시간이 지나면 이들이 창출할 수 있는 경제적 효과와 소비 자원이 만만치 않을 것이란 기대도 나오고 있다. 중국의 경제성장과 기술 발전에 맞추어 스마트하고 이성적, 합리적인 소비를 추구하는 지능형 소비를 선보일 것으로 기대되는 링링허우들이다.

우리도 이제는 주링허우와 바링허우가 낳는 경제적 효과에만 집중할 게 아니라 미래에 링링허우가 가져다줄 새로운 성장 동력의 기회를 눈여겨볼 필요가 있다. 향후 시장에서 중국의 2000년대생들과 소통해야 될 날이 올 때는 그 윗세대 중국인들을 대하는 것과는 다른 전략과 방법이 필요해 보인다.

중국 경제 주체로 떠오른 '1세대 소황제' 바링허우들

요우탸오와 맥도날드를 같이 좋아하는 세대

중국의 30대 인구 층인 바링허우(八零后·1980년대 출생자)도 얘기에서 빠뜨릴 수 없다. 어느 사회든 80년대생들의 역할은 매우 중요하다. 30대인 그들은 사회에서 어느 정도 의사 결정권과 경제력을 갖추고 있다. 중국의 30대 역시 다르지 않다.

요즘 중국 사회에서 목소리를 내는 양대 산맥이 있다면, 하나는 주링허우, 하나는 바링허우일 것이다. 다르다면 20대가 아직은 소비 중심이라면 30대는 경제의 중추로 왕성하게 활동하는 세대라는 점이다.

바링허우는 현재 중국 인구에서 2억 3,000만 명 정도를 차지하고 있다. 그들은 1978년 중국의 개혁개방 이후에 태어났다지만 사회주의 사상적 DNA와 자본주의의 물결을 함께 맞으며 자랐다. 중국의 전통 먹거리인 요우탸오(油条·기름에 튀긴 빵)을 즐겨 먹으며 맥도날드도 즐기는 세대다. 즉, 한 시대의 양면성을 가지고 있으면서 중국식 사회주의 시장경제의 변천 속에서 성장한 집단이다.

이들은 중국의 도시화, 공업화 등 경제사회 시스템 변혁의 과정을 어느 세대보다 진하게 목격했다. 그 기간에 학교교육과 사회적 체험이 병행되었기 때문이다. 그리고 주링허우에 앞서 먼저 '소황제' 소리를 들으며 성장했다.

1980년대의 중국은 방대한 인구와 값싼 노동력에 힘입어 역사상 가장 빠른 산업화, 경제화가 일어나 9% 이상의 경제성장률을 이어나갔다. 또한, 적극적으로 도시화 건설에 나서기 시작했다.

중국의 도시는 ▲제1급: 성(省), 자치구(自治区), 직할시(直辖市), 특별행정구(特别行政区) ▲제2급: 지급시(地级市), 자치주(自治州), 지구(地区), 맹(盟) ▲제3급: 직할시 및 하이난성 이외의 현급시(县级市), 현(县), 자치현(自治县), 기(旗) 등 현급 행정단위 ▲제4급: 향(乡), 진(镇)의 향급 행정구로 나뉜다. 1980년대 초, 지급시 육성에 열중해 1983~1985년 사이에 100개의 현급 도시 중 50개가 지급시로 커졌다. 이런 지원에 힘입어 2010년까지 도시화율이 49.48%에 달할 만큼 도시화가 급속하게 진행되었다.

덩샤오핑은 모두가 배부르게 먹고살 수 있게 한다는 원바오(温饱) 사회를 주창했다. 1985년에는 부자가 될 사람은 먼저 부자가 되어 경제를 이끌어가라는 선부론(先富论)을 실행했다. 하지만 5%의 부자들이 중국 경제 수입의 20%를 차지할 만큼 상황은 빈부격차를 낳는 함정을 만들어놓았다.

동방방송국(东方卫视)의 〈투나잇 80허우 토크쇼(80's talkshow)〉. 사회적으로 할 말이 많은 80년대생들이 출연해 부모와의 갈등, 직장 생활 등 겪은 일을 스스럼없이 털어놓는다.

이때를 시점으로 오히려 중국에서는 많은 구조적 문제들이 나타나기 시작했다. 불균형·불평등의 문제와 빈부격차가 그것으로 중국 역시 자본주의의 병폐를 피해갈 수는 없었다. 바링허우들은 도시화와 시장경제의 그런 다채로운 색채를 성장기에 체험하며 성인이 된 중국식 자본주의 1세대다.

바링허우는 자신의 정체성을 위해 부단히 노력하는 사람들이다. 중국 인민대학 문학원 소속 연구원 양칭샹의 말에 따르면, 바링허우의 꿈은 어느 정도 부와 지위를 갖춘 '샤오즈(小资·작은 자본)'를 가지는 것이다. 양칭샹이 쓴 《바링허우, 사회주의 국가에서 태어나 자본주의를 살아가다》라는 책이 있는데, 제목에서부터 80년대생들의 정체성 혼란이 드러난다.

그런 가운데 많은 30대는 중간층으로 성장했다. 교육으로 만들어진 중국의 집단적인 첫 엘리트 계층이라고도 할 수 있다. 먼저 자본주의의 수혜를 받으면서 아버지 세대보다 나은 삶을 이룬 우리나라의 40~50대 역할을 중국에서는 30대가 수행했다면 비슷하다고 할까.

같은 하늘 아래 서로 다른 바링허우

30대는 우리나라도 한 부류로 정의하기 어렵듯 중국도 다양한 바링허우의 모습들이 존재한다. 이들의 다양성을 이해하기 위해서 다음 3명의 사례를 통해 현실을 고찰해보자.

베이징에서 C/S 업종에 종사하는 장옌은 아직 미혼인 여성이다. 남자친구는 있지만 집을 생각하자니 결혼할 엄두가 나지 않는다. 부모님한테 도와달라고 할 형편이 안 되기 때문이다. 최근 타오바오에서 15위안(약 2,500원)짜리 블라우스를 하나 구매했다. 주말이 되면 친구들과 스타벅스 커피가 아닌 13위안짜리 밀크 티 하나를 마시며 소소한 일상을 보낸다.

산동성의 A사에 다니는 류위팅은 퇴근 후 가족들과 함께 식사를 하며 300위안(약 5만 원)을 썼다. 밥을 먹은 후 외동딸을 위해 장난감을 사고 시장을 보니 400위안이 나갔다. 주말에는 가끔씩 양가 부모님들을 모시고 식사를 하고 놀러 가기도 한다. 부인에게 값비싼 명품 화장품은 못 사 주지만 한국제 라네즈 화장품 정도는 사 줄 수 있다.

베이징의 S사에 다니는 리옌칭은 회사 전략 부서의 팀장이다. 결혼 4년 차로, 주말에는 운동을 하거나 가족들과 시간을 보낸다. 그의 한 달 평균 소비 지출액은 3만~5만 위안(약 500만~840만 원) 정도 된다. 사람들은 그를 보며 신중산층이라고 말한다.

바링허우는 소비력으로 슈퍼파워 차이나를 세계에 알린 첫 세대들이다. 바로 이들의 경제력 때문이었다. 타오치즈(淘气值·온라인 소비력)를 분석해보면 바링허우의 소비력이 587.24점으로 가장 높았다. 아이들 교육 지출 부분에 있어서도 바링허우가 간섭하고 있는 비중은 50% 대를 넘을 정도다. 뜨거운 교육열이 그들의 정신을 대변해주기도 한다.

2017년 선전에서 열린 IT 서밋에서 알리바바(Alibaba·阿里巴巴)의 최고 경영자인 마윈은 온라인 소비자의 80%가 바링허우라고 말한 바 있다. 한국을 방문하는 요우커의 60% 역시 바링허우 세대들이다.

그러나 짚고 넘어가야 할 것은 바링허우는 사회 계층의 분화를 함축하고 있는 대표적인 세대라는 것이다. 바로 핀얼다이(贫二代·가난을 물려받는 세대), 평범한 중산층, 자본이 있는 신중산층이 혼재된 것이 바링허우의 모습이라 해도 틀리지 않다.

장옌은 결혼, 집 마련, 신분 상승을 포기한 N포세대 흙수저다. 류위팅은 어느 정도 부모의 지원과 대출을 빌려 산동성 제남에 최근 집을 장만했지만 양육비가 부담스러워 선뜻 두 자녀를 두지 못하는 젊은 가장이다. 물론 리엔칭 같은 신중산층도 있다.

중국은 가속화되는 도시화와 소득 대비 너무 올라버린 부동산 가격 때문에 사회 구조가 더욱 분화되었다. 사회에서 어느 정도 일의 안정기를 걷고 있는 이들 앞에 결혼과 집, 출산은 초조함, 포기, 좌절감의 심리적 문제를 안기고 있다. 그럼에도 불구하고 80년대 출생자들은 자아실현을 위해 노력한다. 동시에 자기표현을 추구하는 생활

방식을 소중히 여겨 주링허우 못지않게 트렌드에 밝고 개성을 추구한다.

바링허우를 보면 현실과 이상의 조화를 추구하는 세대라고 정의를 내리고 싶다. 풍족히 누릴 수 있는 재산의 축적과 수준 높은 소비 사이의 정도(正道)를 지키는 것이 이들 삶의 고민이 아닐까 생각된다.

대륙 개미들의 생존 본능

바링허우 세대를 얘기할 때 '개미족(蚁族·이주족)'도 빠뜨릴 수 없다. 개미족은 학력과 지식은 있지만 여러 사람들과 달팽이집처럼 모여 사는 도시 빈민을 가리킨다. 경제성장 과정에 소외된 계층 중 하나로, 주로 판매원, 식당 종업원 등 임시직에 종사하는 사람들이 대부분이다.

개미족의 70%는 농민공들이다. 바링허우 세대 농민공은 약 1억 명 정도 되는데, 그들 중 80%가 도시에 나가서 일하고 있다. 말 그대로 엄청난 수의 30대들이 가난에 허덕이고 있는 것이다. 물론 이들 모두가 개미족인 것은 아니다. 하지만 농민공 출신으로 도시에 나온 30대들은 부자가 되기 쉽지 않다. 중국 속담 중 하나인 "잉어가 용이 된다."라는 이상은 현실이 되기 어려운 상황이다.

그러나 주목할 점은 비록 개미족의 생활은 빈곤하지만, 이들이 강한 정신력을 가지고 있다는 것이다. 중국의 한 TV에서 방영된 〈바링허우, 개미족이면 뭐 어떤가?〉라는 제목의 인터뷰를 보면 알 수 있다.

전시회 관련 업계에서 일하고 있는 샤오페이의 한 달 월급은 3,000

위안(약 50만 원)이다. 5명의 동료와 함께 거주하고 있고 방세와 수도세 등으로 한 달에 약 1,000위안의 비용을 지출한다. 한 달 생활비도 그만큼이 들어서 수중에 남는 돈은 1,000위안 정도다. 비록 생활은 빠듯하지만 그는 자신이 하고 있는 일을 전망 있게 생각한다고 밝혔다. 이것이 개미족의 정신이다.

《개미족(蚁族)》의 저자인 롄쓰(廉思)는, 개미족들은 꿈이 있고 인내와 의지가 강한 편이라고 설명한다. 미래에 대한 동경도 가지고 있다. 그래서 롄쓰는 바링허우 개미족들의 대표적인 특징을 '고지식', '힘이 약한', '모여 사는'으로 정의했다.

이들의 최종 목표는 개미족에서 벗어나 결혼하고 집을 장만하는 것이다. 과연 이들이 달팽이집에서 벗어나 자신만의 주거지를 찾을 수 있을지, 혹은 언제쯤 작은 자본을 소유하게 될지는 긴 시간을 두고 지켜보아야 할 일이다.

왜냐하면 이런 빈곤층 바링허우의 출현은 중국의 도시화, 인구구조의 변화, 노동시장의 전환, 고등교육 시스템의 개혁 등 구조적인 요소가 초래한 문제이기 때문이다. 그런 만큼 그들만의 개인적인 노력으로는 헤쳐 나가기가 힘들 수도 있다.

중국의 금수저, 공산당 간부의 자제들

중국의 젊은이들을 언급할 때 지나칠 수 없는 또 한 계층이 있다. 공산당 간부 및 대기업(국영기업 또는 국가 개입이 있는 민영기업) 고위층의 자녀들이다. 아무래도 공산당 간부 집안과 자녀들은 어떤 특권을 누릴 거야, 라는 보편적인 생각을 가지고 있기 때문이다. 이른바 관얼다이(官二代), 푸얼다이(富二代)들은 어떨까?

이들은 한마디로 대륙의 금수저들이라고 할 수 있다. 그들의 부모가 중국에서 제일 높은 계층에 속해 있기 때문이다. 당 간부 자녀들이 쉽게 명문대에 들어갈 수 있다는 소문도 심심찮게 들린다. 한 사회학자의 연구에 따르면, 1990년대 베이징 대학생 중 당 간부 자녀들의 비중이 39.76%에 달했다. 이는 전문직이나 일반인, 농민 계층을 크게 뛰어넘는 수치였다.

중국의 대표적인 포털 사이트인 바이두에는 "중국의 억만장자 90%가 당 간부 자녀라는 것을 어떻게 설명할 수 있나요?"라는 질문이 올라오기도 했다. 실제로 다롄 완다그룹 회장 왕젠린(제11차 중국전국공상연합회 부주석, 제11차 전국 정협상임위원)의 아들인 88년생 왕쓰총은 한국의 유명 걸그룹을 90억 원에 자신의 소속사로 데려오기도 했다.

또 다른 대중적인 푸얼다이인 쭝푸린은 중국 최대 식품회사인 와화하그룹(창시자 쭝칭허우는 제11차 전국인민대표)의 딸이다. 그녀는 신세대 바링허우답게 아버지의 전통 방식과는 다른 현대적인 마케팅 기법을 도입해 독자적인 기업을 경영하고 있다.

스마트 제조 혁신의 도시인 선전에는 이런 푸얼다이형 2세 창업자들이 많다. 스마트 주차 로봇 AGV 회사 CEO인 우하오는 83년생으로 영국의 임페리얼 공대를 졸업했다. 그런 후 선전에 이평로봇과학회사(深圳怡丰机器人科技)를 세웠다. 중국의 개혁개방 1세대 부모들은 자녀교육에 한국을 뛰어넘는 투자와 열정을 쏟아 자식이 초일류 지식

중국 80년대생들의 학창시절 추억과 청춘을 그린 영화 〈총총나니엔(匆匆那年)〉(2014년). 한국에도 잘 알려진 장이모 감독이 연출했다.

을 배우고 일류 기업에서 일할 수 있도록 지원해주었다.

선전 바이타이 투자 회사의 이사장인 저우찬쿤 역시 이탈리아 유학을 거쳐 홍콩 씨티은행 본사 무역부, 선전 초상증권 본사에서 일한 인물이다. 역시 아버지의 회사로 들어가 권력을 물려받은 푸얼다이 2세다.

징샤(静舍)라는 생활관(한국의 뷰티 SPA 살롱) 브랜드를 운영하는 왕난은 해외를 돌아다니며 럭셔리하고 품격 있는 뷰티 및 라이프 스타일 트렌드를 찾기 바쁘다. 그녀 역시 좋은 집안 환경 덕분에 회사를 준비할 때도 이익손실에 대한 문제는 크게 고려하지 않았다. 이들 돈 많은 2세 창업자들은 대부분 경제적인 부담에 매이지 않고 자신이 좋아하는 일을 택한다.

바이두의 질문 응답 코너에 알고 있는 관얼다이, 푸얼다이의 생활방식이 어떤지 말해달라는 질문이 올라온 적이 있는데, 누군가 이렇게 답했다. 스포츠카를 즐기고 만나는 여자친구가 매번 바뀌었다며 나도 그렇게 살고 싶다, 부럽다, 라고.

종합하면 중국의 공산당 간부 및 대기업 자녀들의 금수저 환경은 학업, 자기투자, 좋은 위치에서의 출발을 누릴 수 있다는 데 있다. 이들은 웬만하면 중국 내에 있지 않고 미국과 영국 등의 명문대에서 공부한다. 졸업 이후에도 전 세계를 내 집처럼 여유롭게 들락날락한다.

관얼다이, 푸얼다이들 모두가 부를 선점한다는 것은 아니다. 대중창업과 혁신을 구호로 보통의 인민들도 용이 될 수 있다는 중국 정부의 드라이브가 강력하기 때문이다. 그렇지만 정부의 이런 구호를 순수하게 믿기에는 너무도 커 보이는 중국의 관얼다이, 푸얼다이들이다.

여성들의 치맛바람 방향을 읽어라

알리바바의 마윈도 인정한 여성 파워

오랜 기간 인연을 이어가고 있는 한 중국인 친구 부부는 22개월 된 아들과 함께 현재 캐나다에 거주 중이다. 남편이 외국으로 발령 나는 바람에 친구는 다니던 직장을 그만두어야 했다. 해외 유학에 석사까지 공부한 엘리트였던 친구는 경력단절녀가 되고 말았다. 그러나 며칠 전 친구의 근황을 보니 그건 나만의 착각이었다. 친구는 캐나다에서 아기 옷, 분유, 용품 등을 구매 대행하며 어느 정도 유명세를 타는 글로벌 셀러로 변신해 있었다.

라마(辣妈·맵고 뜨거운 엄마)라고 지칭되는 여성들이 있다. 트렌드에 민감하고 소비력이 강한 젊은 신세대 엄마들을 가리키는 말로 영어로는 super mom쯤 된다. 이 핫한 엄마들은 일과 육아에 자신감이 넘쳐난다. 라마가 가지고 있는 정신은 특별하다. 단순한 육아맘의 개념을 떠나 삶의 조화와 균형적인 라이프 스타일을 추구하는 것이 특징이다.

중국의 〈상업전보〉 신문은 다음과 같이 라마 정신을 설명하고 있다. '독립성을 유지하면서 자기 스스로 지혜를 통해 인생 프레임을 확고히 하는 것.' 이것이 대륙의 젊은 엄마들이 가진 육아맘으로서의 정체성이다.

2018년 중국 영·유아 산업 시장의 규모는 3조 위안(약 500조 원)에 달했다. 그리고 2020년에는 그 규모가 4조 위안(약 672조 원)을 돌파할 것이라는 전망이 나와 있다(2017년 중국의 엄마·영아 온라인의 소비 추세 보고서). 좀 더 세분하면 임산부 경제(다른 말로 大肚子经济, 즉 배가 부른 경제), 엄마와 영아 경제, 아기 경제, 아동 경제 등이 포함된다. 그리고 이들 시장은 라마들의 수요에 의해 돌아간다.

소비 시장에서 라마들을 새로운 경제 동력원으로 보는 이유는 남성과 뚜렷한 차별점을 지니고 있기 때문이다. 남성은 자신을 위해 물건을 구매하지만 여성은 가정과 친구, 주변 사람들을 위해 상품을 구매하기 때문이다. 실제로 알리바바 상품 구매자의 70%가 여성이다. 라마 경제의 소비자 중 90%가 주링허우와 바링허우 세대인 젊은 엄마라는 점도 눈에 띈다.

심양 지역에서는 아이 하나를 낳아 대학까지 보내는 데 32만 위안(약 5,400만 원) 정도가 든다고 한다. 대도시 지역에서는 더 들 것이라 추산한다면 중국에서 자녀 하나를 양육하는 데 얼추 6,000만 원 정도는 드는 것 같다.

알고 지내는 한 중국인 워킹맘은 초등학생인 아들에게 코딩 사교육을 시작했다고 한다. 그녀가 SNS에 올린 동영상을 보니 코딩 실력이 제법이다. 현재 중국에도 코딩 사교육 열풍이 불고 있다.

사실 이 친구는 열정이 대단한 엄마다. 직장을 다니면서 온라인 사업까지 하고 주말엔 MBA 수업도 듣는다. "어떻게 그렇게 많은 일들을 감당할 수 있느냐?"라고 물으니 투자라고 답했다. 아이를 위해서 부모 개인에 대한 투자는 반드시 필요하다는 의미였다. 같은 여자로서 참 대단하단 생각이 든다.

지금 중국의 부모들은 2016년부터 허용된 두 자녀 정책으로 양육에 대해 큰 부담감을 갖고 있다. 그런 가운데 사교육 시장의 활성화와 소득의 증가로 자녀를 위해 아낌없이 투자하는 모습을 보인다.

중국의 경제인들도 우먼파워를 주목하고 있다. 그것을 대변하듯 '그녀의 경제(她经济·Her economy)'라는 신조어를 만들어내며 여성들의 영향력을 높게 평가한다. 2017년 세계 여성 창업자 대회(2017 Global Conference on Women and Entrepreneurship)에서 알리바바의 최고경영자 마윈이 한 말이 인상적이다.

"나는 다음 생애에 여자로 태어나고 싶다. 큰 회사 대신 아이 2명을 낳고 2개의 스타트업을 육성하고 싶다.(I want to become a women in my next life, I want to have two kids and nurture two startups instead of a big company.)"

마윈의 연설은 중국 여성들의 자긍심을 엿보게 하는 대목일 수도 있다. 예로부터 중국에서는 여자가 귀한 대접을 받았다. 그래서일까. 시장 역시 여성들에 의해 소비문화와 새로운 트렌드가 창출되고 있다.

영·유아를 둔 라마의 힘을 거스를 자 없다

중국의 젊은 엄마들에 대한 이슈는 드라마로도 제작되었을 정도다. 2013년 방영된 〈라마정전(辣妈正传)〉. 드라마 속에서 26세의 샤빙은 혼전 임신 때문에 결혼해 젊은 엄마가 된다. 샤빙의 남편인 35세의 리무즈 역시 아이 양육에 모든 생활을 바친다. 30세 전까지는 절대 결혼하지 않고 35세 전까지 절대 아이를 낳지 않겠다고 했던 샤빙이 슈퍼맘이 되는 과정을 그린 드라마다.

또한 선전의 위성TV에서는 〈라마학원(辣妈学院)〉이라는 예능 프로그램을 방영했다. 젊은 엄마들을 위한 라이프 스타일 중심의 종합백서 프로그램이다. 이 프로그램은 전체적인 가정소비를 한층 업그레이드해주며 화장품, 육아용품, 건강 등 다양한 주제를 다룬다.

라마는 단순히 중국의 젊은 엄마들의 활동 영역만을 다루는 것을 뛰어넘는다. 중국 여성들의 사회적 영향과 자존감을 대변해주고 있는 것이다.

알리바바 역시 여성의 지위와 자존감을 대표적으로 실천하는 기업 중 하나다. 알리바바의 18명 창립자 중 3분의 1 이상이 여성이며, 직원의 50% 이상이 여성이다. 여성의 지지가 없었다면 지금과 같은 알리바바의 성과는 없었을 것이라는 말이 회사 내부에서도 나올 정도다.

중국에는 라마들을 위한 소셜 플랫폼 기업도 있다. 바로 2012년 설립된 '라마방(辣妈帮)'이다. 라마방은 엄마들을 위해 맛집, 육아와 관련한 트렌드를 제공하고 엄마들끼리 서로 교류할 수 있도록 이어준다. 각 개인들은 플랫폼에서 자신의 전문 분야 지식과 경험을 공유할 수 있다.

라마방의 월 사용자 수는 2,000만 명 이상이다. 누적 사용자 수는 6억 6,000만 명이 넘는다. 그중 8,000만 명은 경제적 수준도 상당한 사용자들이라고 한다. 세대로는 대개 젊은 라마들이어서 85%가 바링허우와 주링허우에 속한다. 그들의 거주지는 1,2선 도시 지역인 경우가 많다. 그런 만큼 중국에서는 가장 높은 수준의 정보 교환이 가능한 최고의 소셜 네트워크 기반의 플랫폼인 것이다. 우리로 치면 입소문 마케팅의 진원지다.

이 기업의 또 다른 핵심 업무는 라마훙런경제(辣妈红人经济)를 창출

어린이 예술학원인 양메이홍 국제사립미술학교(산둥성의 지난 소재. 미국 워싱턴에 본사) 로비에서 수업이 끝나기를 기다리는 학부모들. 중국의 무서운 사교육 현장이다.

하는 것이다. 소셜 네트워크에서 영향력 있는 엄마들을 파워블로거로 인큐베이팅하고 마케팅, 홍보, 상업 합작을 하는 시스템이다. 라마경제가 뜬 이후로 중국의 여성들은 중국 경제에 새로운 상업 기회와 일자리를 창출하는 역할을 하고 있다.

쉬코노미(SHEconomy·여성경제)는 세계적으로 엄청난 시장 장악력과 소비 파괴력을 가지고 있다. 아시아 여성들은 최신 패션 및 뷰티 트렌드를 경험하기 위해 뉴욕이나 파리를 즐겨 찾는다. 그런가 하면 K뷰티, K패션을 접하기 위해 많은 외국인들이 한국을 찾는다. 이제는 큰 장벽 없이 해외 직구 웹사이트를 이용해 화장품과 유명 디자이너의 옷도 구매할 수 있게 되었다. 이러한 구매 행위는 단순히 개인 소비를 넘어 가정생활 영역에까지 침투했다. 그러나 남성들은 여성들에 비해 여기에 특별한 시간과 관심을 쏟지는 않는다.

글로벌 명품 브랜드들은 중국 여성들을 주요 고객으로 상대해왔다. 중국은 세계 최대의 사치품 시장이다. 중국의 20, 30대 여성들은 샤넬, 톰포드, 디올, 조르지오 알마니 립스틱을 즐겨 사용한다. 할인 쿠폰으로 온라인 쇼핑몰이나 위챗(微信·카카오톡과 유사한 중국의 모바일 메신저) 내의 직구 판매자들로부터 매우 저렴하게 구매한다. 색조는 미국 제품이 한국 제품보다 인기다.

이제 중국 여성들은 스몰 럭셔리를 즐긴다. 이는 적극적으로 자기 컬러를 표현하고자 하는 욕구가 매우 커졌음을 입증한다. 옷은 타오바오 왕홍숍에서 사서 입고, 파우치에는 해외 명품 화장품들을 넣고 다닌다.

중국의 스포츠 업계도 쉬코노미의 영향으로 성장하고 있다. 운동은 여성들에게 아주 중요한 자기관리 요소가 되었다. 요가, 줌바, 스피닝 등 다양한 운동에 참여하는 여성들이 늘고 있다. 운동 관련 용품들의 구매가 급증하고 있으며, 죽어가던 로컬 스포츠 브랜드들이 적극적으로 디자인을 리뉴얼하고 있다. 중국 최대의 스포츠 브랜드인 리닝의 운동화를 보면 꽤나 발전했다는 느낌을 받게 될 것이다. 미국에서 출발한 요가복계의 샤넬인 룰루레몬 역시 자금성에서 요가 체험을 열지 않았던가.

바로 이러한 바람을 여성들이 몰고 왔다. 베이징에서 여성들이 휘파람을 불면 뉴욕에서는 나뭇잎이 흔들릴 수 있게 된 것이다.

여성들을 해방시킨 마오쩌둥

'따마(大妈)' 역시 중국 여성 경제의 중요한 집단이다. 따마는 40~60대 중년부인, 아줌마들을 지칭하는 말로 중국 전체 인구 중 4억 명을 차지한다. 어떤 이들은 이 아줌마 부대를 돈과 여유가 있는 집단이라고 부연한다. 〈월스트리트저널〉은 따마 경제의 열풍으로 'dama'라는 어휘를 새롭게 지정했다. 대륙의 아줌마 치맛바람의 위력을 보여주는 일 중의 하나다.

2013년 4월 금값이 폭락했을 때 대륙의 중년부인들이 해외시장에서 300여 톤의 금을 1,000억 위안(약 17조 원)어치나 사들인 일이 있다. 그 이후 미국 매체에서는 '중국의 따마'라는 말을 쓰며 이들의 경제력을 주목하게 되었다. 우리나라의 강남 아줌마들이 강남 땅값의 가치를 올렸듯이 대륙의 복부인들이 중국 경제에 영향을 미치고 있다는 사실을 자각하게 한 사건이었다.

2010년 중국의 GDP는 약 3조 9,000억 달러(약 4,504조 원)였지만 2018년엔 약 13조 4,572억 달러(약 1경 5,543조 원)로 나타났다. 1인당 국민소득은 1만 88달러(약 1,165만 원)로 가정의 소득이 전에 비해 크게 늘었다.

가정의 부가 축적되면서 중국의 아줌마들은 돈을 더 많이 주무를 수 있게 되었다. '따마를 얻는 자가 천하를 얻는다.(得大妈者得天下)'라는 말이 있다. 부동산 투기(炒房·챠오팡), 황금 투기(炒黄金·챠오황진), 주식 투기(炒股·챠오구)에 손을 뻗고 있는 사람들이 바로 대륙의 아줌마 부대다. 바이두의 따마 경제 분석 자료에 따르면, 한국의 토지를 구매하는 중국인 투자자 중 90%가 따마라고 한다.

그래서 중국의 아줌마들은 언제나 상업가들에게 마케팅의 대상이 된다. 2014년 은행 매니저들이 길거리에서 따마들과 광장무(廣場舞)를 춘 일이 있다. 은행 매니저가 광장무를 춘 이유는 따마들을 상대로 영업하기 위해서였다. 중국 아줌마들은 금융상품, 부동산, 비트코인, 사치품 등 상업계의 큰손이기 때문에 영업사원들이 창피함을 무릅쓰고 길거리에서 춤을 춘 것이다.

사실 중국의 중년여성들은 1960~70년대 마오쩌둥 시대에 문화대혁명을 거치며 힘든 청소년기를 보냈다. 마오쩌둥이 남녀평등을 제창하면서 여성의 적극적인 사회 진출이 이루어졌지만 개인의 욕망을 채워주지는 못했다. 당시에는 여자가 꾸미는 것을 사치로 여겨 금지시켰다.

그러다가 1978년 계획경제와 함께 자산 축적이 자유로워지면서 따마들은 개인의 욕망 실현에 눈뜨기 시작했다. 특히 중국의 경제체제 전환이 본격화된 1990년대는 여성의 경제적 지위가 향상되는 중요한 시기였다. 중국이 목표한 샤오캉 사회(小康社会·의식주를 걱정하지 않는 안락한 사회)를 실현하기 위해서는 여성을 가사에서 해방시켜 국가 경제를 위해 일할 수 있게 하는 것이 매우 중요했다. 정부에서는 아예 정책적으로 이를 지원했다. 또한 이 시기에 도시화가 급진전되면서 여성의 경제활동 참가는 더욱 활성화되었다.

중요한 것은 라마와 따마 모두 중국 경제가 성장하면서 파생된 계층이라는 점이다. 그리고 이들의 등장으로 새로운 시장 수요가 창출되었다. 더 이상 송나라 때의 전족처럼 여성을 압박하던 흔적은 찾아볼 수 없게 되었다.

지금 중국은 여성들을 사회적으로 인정해주고 더욱 발전할 수 있도록 장려하고 있다. 여성이 사회에 나가 영향력을 발휘한다면 그것이 곧 국가 경제의 힘이 된다는 희망의 메시지를 끊임없이 던지고 있는 중국이다.

◈ 여성 건강을 위한 스마트 생리대 ◈

텐진에 소재하는 '365 free 스마트 과학기술(365free科技)'이라는 회사는 스마트 칩셋과 인공지능, 빅데이터 기술을 응용해 여성들을 위한 스마트 생리대를 출시했다. 생리대 안에 칩이 내장되어 있는 월경 관리 스마트 제품이다. 현재까지 약 4만 명의 여성들이 사용하고 있다.

여성의 월경은 건강과 연관성이 있어서 월경의 상태를 체크하는 것은 건강을 예측하는 데 중요한 일일 수 있다. 이 칩은 '타라이러(她来了·그녀가 왔어)'라고 이름 붙인 애플리케이션과 연동되어 있다.

이를 통해 사용자에게 바른 월경 주기를 알려주고 건강한 생활을 할 수 있도록 서비스를 제공한다. 핵심은 스마트 기술을 구동해 여성들이 가진 문제를 해결하는 데 도움을 준다는 것이다. 이미 국제특허까지 보유하고 있으며 3,000명의 체험자들 중 95%가 구매 의사를 밝혔다.

중국의 생리대 용품 시장을 대부분 로컬 브랜드들이 장악하고 있는 가운데 여성들을 위한 새로운 건강 콘텐츠 및 제품의 필요성이 다시 한 번 강조되고 있다.

중국도 홀로족 시대에 직면하고 있다

화이트칼라들의 싱글화

은행권에서 일하는 중국 친구와 주재원으로 나가 있는 친한 선배 언니를 소개팅해준 적이 있다. 둘 다 이미 혼기가 찬 지 오래다. 선배 언니가 중국어를 잘하기 때문에 둘은 일단 언어의 장벽은 없었다. 이후 남자 쪽의 끊임없는 구애로 둘은 8개월간 연애를 했다.

나는 둘이 결혼하면 정말 이들을 구원한 거야, 라고 할 정도로 높은 기대감에 차 있었다. "언니. 결혼하면 나한테 진짜 큰 선물 하나 해야 해요."라고 농담을 던지면서. 평생 혼자 외롭게 늙어갈지 모를 상황의 바다에서 건져준 은인일 수도 있을 테니까. 하지만 결과는 내가 바라던 대로 되지 않았다. 둘은 결혼까지 골인하지 못했고 1년 반 만에 헤어졌다.

일본에서 나온 《초솔로 사회》(아라카와 가즈히사 저)라는 책이 있다.

책에 따르면 2035년 일본인의 48%가 '나 홀로족'이 될 것이라고 한다. 한국은 2018년 1인 가구의 수가 578만 8,000으로 전체 가구 수의 29.2%를 차지한다(통계청 발표). 나아가 2045년엔 1인 가구가 전체 가구 중 36.3%에 이를 것으로 예측되고 있다. 3명 중 1명 이상이 혼자 사는 나라가 되는 것이다.

지금 세계는 솔로, 1인 가구가 큰 트렌드로 자리 잡고 있다. 이들 집단은 사회적 구조의 변형과 새로운 경제 형태를 불러일으켰다. 이른바 '솔로 이코노미(solo economy)'라는 시장을 형성시킨 것이다. 이는 2012년 뉴욕대학교의 사회학과 교수인 에릭 클라이넨버그(Eric Klinenberg)에 의해 처음 제시된 21세기형 패러다임이다.

중국도 바야흐로 싱글 사회에 접어들었다. 중국의 1인 가구 인구는 약 2억 명으로 베이징, 상하이, 광둥, 저장 등 대도시를 중심으로 급격히 번지고 있는 추세다. 이들은 중국뿐만 아니라 세계의 이목을 모은다. 거대한 '싱글 슈머(single + consumer)를 이루는 집단이기 때문이다.

이들에 의해 또 한 번 중국의 산업과 유통 추세가 바뀌게 될 것이란 전망이 나오고 있다. 중국 최대의 쇼핑 행사인 '광군절(光棍节)'의 어원도 '솔로의 날'로 현재 중국에는 솔로를 겨냥한 사회적 분위기가 한층 고조되고 있다.

그럼 중국의 싱글족들은 과연 어떤 삶을 추구하는 것일까? 그리고 왜 혼자가 되는 길을 선택했을까?

중국의 싱글 사회는 자발적 미혼(非婚·비혼)과 애초 결혼을 포기하는 청년 1인 가구로 나눌 수 있다. 자발적 미혼의 경우 많이 배우고 많이 벌고 자신에게 집중하다 보니 결혼 적령기를 놓친 싱글 귀족들이다. 반면, 청년 1인 가구는 애초 결혼을 꿈꾸지 않으며 싱글 사회로 진출하게 된 애처로운 집단이다.

먼저 싱글 귀족들의 삶을 들여다보자. 이들은 대부분 화이트칼라(白领·바이링주)층이다. 물질적으로 여유롭고 자신의 인생을 독립적으로 즐기고자 하는 1인 가구들이다. 교육 및 문화 수준도 높아서 시간이 나면 자신을 위한 스포츠, 레저, 여행을 즐기면서 외로움을 달랜다. 그들에게 결혼이란 자신을 위한 선택의 문제다.

나이가 많은 화이트칼라 싱글 남녀도 상당하다. 이들은 '셩난(剩男·노총각), 셩뉘(剩女·노처녀)'로 불린다. 현재 중국에서는 노처녀의 수가 급증하고 있는데, 베이징에만 장기 거주의 노처녀가 3,000만 명에 달한다고 한다. 셩뉘들은 독립적인 개성, 고학력, 고소득으로 사회적 지위와 경제적 요건이 우수한 여성들이다.

최근 중국에서 나온 〈사회 대중의 셩뉘에 대한 인식 상황 보고(社会公众对'剩女'的认知情况大调查)〉에 따르면, 셩뉘에는 30세 이상의 석·박사급의 여성이 수두룩하다. 셩뉘 중 47%가 대학 본과 공부, 47%가 석사 공부(그중 24%는 박사급 이상)의 교육을 받았다. 35세 이상의 셩뉘의 경우는 박사가 32%로 가장 많았다. 거주지는 대개 대도시다.

이들이 싱글로 남게 된 것은 '개인의 개성'과 '독립'을 더 추구하기 때문이다. 위 〈사회 대중 ~〉 보고서를 보면, 68%의 셩뉘들의 첫인상은 강한 개성과 독립심이었다고 한다. 개인 중심의 가치를 추구하는 특성이 결혼을 선택하지 않는 데 영향을 미쳤다고 할 수 있다.

또한 도시화와 경쟁 사회의 가속화로 초혼 연령이 덩달아 늦어진 것도 원인이다. 중국의 초혼 연령은 26~28세이지만 상하이 여자의 경우는 초혼 연령이 30세에 이른다. 이웃한 장쑤성의 경우는 그보다 많은 34세다. 'solo dog(单身狗)' 혹은 '싱글 귀족(单身贵族)'이라고 불리는 싱글은 중국에서 더 이상 단순한 라이프 스타일의 변화가 아닌 '자기 인생에 대한 태도'로 인식된다.

경제력과 사회적 위치를 어느 정도 갖춘 이들 썽난, 썽뉘는 배우자를 고려할 때도 눈높이를 낮추지 못한다. 중국 소개팅 사이트 쩐아이왕(珍爱网)의 '싱글 집단 조사보고'에 따르면, 그들의 이상적인 배우자상은 다음과 같다.

여자들은 선호하는 배우자상으로 대학 본과 이상의 학력, 175~180센티미터의 키, 나이 33세 정도를 꼽았다. 직업은 공무원, 자산관리사,

베이징 싼리툰(三裏屯)의 소호(SOHO) 거리. 젊고 트렌디한 청년 문화를 엿볼 수 있는 곳으로 사무실과 상업 기능이 결합된 빌딩들이 밀집되어 있다.

펀드매니저, 전문경영인을 선호한다고 밝혔다.

남자들은 젊고 성숙한 25~35세 정도의 도시 여성, 대학 본과 이상의 학력, 159~163센티미터의 키에 직업은 회계사, 간호사, 행정 관련의 여성을 선호한다고 밝혔다.

결혼하지 않는 빈 둥지 청년들

중국에서 집을 구하러 다닐 때의 일이다. 당시 제대로 된 정보도 없이 무작정 부동산에 가서 혼자 살 집을 보여달라고 한 적이 있다. 중개인의 손에 이끌려 이 집 저 집 다녀보았다. 그중 기억에 남는 아파트가 있다. 퀴퀴한 냄새의 엘리베이터와 어두컴컴한 긴 복도, 기숙사처럼 연이어 문이 붙어 있던 그곳은 유령이 나올 것 같은 분위기였다. 마치 영화 〈올드보이〉의 한 장면을 보는 것 같았다. 중국에서 별일 다 겪네, 하는 심정이었다.

중개인한테 "이 아파트 안전은 어떠냐?"라고 묻자 주로 자취하는 청년층이 살기 때문에 안전하다고 답했다. 아파트 입구에서 전화로 한국의 지인에게 집을 본 느낌을 전하고 있을 때 전동차를 끌고 올라오는 많은 젊은이들이 보였다.

중국에는 이처럼 다른 1인 가구들도 적지 않다. 부모와 떨어져 혼자 사는 젊은이들인 '독거청년'들이 그들이다. 경제력이 풍부한 싱글귀족들에 비해 이들은 화려하지 않은, 그저 평범한 1인 가구 젊은이들이다.

이런 독거청년이 5,800만 명을 넘어섰다. 연령대는 20~39세로 그

중 주링허우가 61%다. 나머지 35%는 바링허우가 차지하고 있다. 남녀 비율은 64% 대 36% 정도로 남성이 훨씬 많다. 이들도 싱글 소비 시장의 견인차 역할을 하고 있지만 실질적으로는 중국의 또 다른 구조적 모순을 보여주는 싱글 집단들이다.

중국에서는 독거청년들을 가리켜 '빈 둥지 청년(空巢青年)'이라고 부른다. 도시에서 생존하기 위해 빈 둥지를 감수하며 살아간다는 뜻이다. 이런 빈 둥지 청년들이 하나둘씩 모이게 되면 '개미족(蚂蚁族)'과 같이 될 수도 있다.

독거청년은 독거노인, 남겨진 아이들(留守儿童·주로 집에 남겨진 빈곤층의 아이)과 더불어 중국 3대 사회적 우려 집단 중 하나에 속한다. 2018 중국의 지방 양회(两会)에서는 1인 청년 가구의 비혼 문제를 다루어 독거청년들을 위해 연애·결혼 서비스를 제공할 수 있도록 정책을 추진 중이다.

독거청년들은 개인의 자유와 권리를 강조하지만 자신의 심리적인 상황 및 자아를 인정하는 가치관을 보인다. 이들 대부분 역시 결혼을 포기하는 특징이 있다. 나를 위한 화려한 삶은 멀고 그저 나 하나 먹고살기 바쁘다는 색깔을 지니고 있다.

스물한 살의 리우옌의 경우를 보자. 그녀는 장시성(江西省) 간저우(赣州) 출신으로 대학을 졸업하고 선전의 한 교육기관에서 영어교사로 일하고 있다. 하지만 일이 힘들 때면 고향으로 돌아갈까 고민을 많이 한다. 혼자 삶을 꾸려나가는 것이 힘들지만 되도록 선전에서 버티려고 한다. 이제는 혼자 있는 시간이 외로운지도 모르겠다고 한다.

친구라고는 회사 동료뿐이다. 혼자 끼니를 챙겨야 하는 그녀는 중국 최대의 배달 서비스 앱인 어러마(饿了吗)를 가장 많이 애용한다. 현재 선전에서 리우옌처럼 살아가는 독거청년은 베이징에 108만 명, 광저우에 111만 명 정도가 있다고 한다.

싱글족의 확대와 함께 중국에서 심각하게 지적되고 있는 문제는 성비 불균형이다. 2020년이 되면 중국에서 솔로족들의 위기가 올 것이라는 전망이 나온다. 중국의 남녀 성비 불균형이 초래한 문제인데, 3,000만 명의 독신남들이 짝을 찾지 못할 것으로 지적된다.

중국 국가 통계국에 따르면, 바링허우의 비혼 인구 남녀 비율은 136 대 100이며, 치링허우(1970년대생)의 비혼 남녀 비율은 206 대 100이나 된다.

중국판 YOLO, 소확행을 실행하는 사람들

스트레스 받을 바엔 욕심 없이 살겠다

인싸(insider의 줄임말. 아웃사이더와는 다르게 무리에 잘 섞여 노는 사람들)가 되는 방법 중 하나는 틱톡[중국의 미디어 기업 바이트댄스(Bytedance)가 제공하는 단편 동영상 공유 애플리케이션 SNS]으로 쇼트클립 영상을 찍어 SNS에 공유하는 것이다. 틱톡이 등장하며 한국, 일본, 중국 젊은이들은 음악에 맞춰 춤을 추거나 대사를 읽는 드라마 놀이에 한동안 빠지게 되었다. 그리고 현재도 진행 중이다.

최근 나도 인싸 춤이라고 하는 〈오 나나〉 음악에 맞춰 스텝을 밟는 동영상을 찍고는 '#인싸로 가는 길'이라는 해시태그를 걸고 인스타그램에 공유했다. 틱톡은 사람들에게 소소한 재미를 제공했다. 요즘은 자신만의 놀이에 폭 빠진 사람들이 많다.

중국에서도 욜로(YOLO·You only live once) 바람이 만만치 않다. 욜로라는 말은 미국의 인기 래퍼인 드레이크의 노래 〈The Motor〉에서 시작되어 세계적인 유행어가 되었다. '한 번뿐인 인생, 나의 인생을 즐기겠다'라는 뜻을 품고 있는 욜로는 이미 20~30대가 추구하는 라이프 스타일이 되었다.

이 트렌드에서 가장 눈에 띄는 것은 삶에 대한 일탈보다는 생각의 일탈이다. 그리고 그 열풍은 중국에도 전파되어 있다.

중국에서 한 직장 여성이 퇴사하면서 사직서에 이런 글을 남겼다. '세계는 너무 넓어. 나는 그 세상을 보러 가고 싶어.(世界那么大, 我想去看看)' 욜로를 지향하는 청년 세대의 일탈 정신을 보여주는 표현이라 하겠다.

요즘 중국의 젊은 부부들은 아이를 낳지 않고 반려견을 키우는 일이 많아졌다. 베이징에서 음식점을 운영하는 30대 부부도 자녀 계획이 없다고 한다.

"중국에서는 부모님이 아이 낳는 거를 더 재촉하지 않아?"

"맞아, 아직도 그런 전통적인 생각을 많이 갖고 계셔. 그런데 우리는 여행을 많이 다니고 싶어."

자식들이 대부분 외동이기 때문에 손자, 손녀 보기를 더 끔찍하게 생각하는 중국의 부모들이다. 그럼에도 불구하고 요즘 젊은 부부들은 당당히 "NO"라고 외친다. 그들은 이미 이탈리아로 여행을 가 있다.

중국 인터넷 포털사이트인 바이두는 'YOLO는 설령 위험을 감수하더라도 인생을 즐기는 사람들을 의미한다.'라고 쓰고 있다. '놀고 즐기는 신조를 받아들이는 사람들'이라는 해석도 있다.

중국에서의 욜로는 요즘 새롭게 떠오르는 개념인 '소확행'에 더 가깝다. 작지만 확실한 행복을 추구하는 것이다. 중국판 욜로족이라고 할 수 있는 '링파주(零帕族)'를 통해 그런 모습을 엿볼 수 있다.

링파주에서 '링'은 숫자 0을 가리킨다. '파'는 압력을 측량하는 단위 파스칼을 의미하고. 즉, 링파는 '스트레스를 거부하고 스트레스 받기를 원치 않는' 사람들이라 할 수 있다. 한 번 사는 인생, 스트레스를 최소화하겠다는 것이 중국 욜로족들의 정신이다.

링파주는 2010년 링파주연맹어록증집령(零帕族联盟语录征集令)이라는 게시판에서 시작되었다. 나혼족(裸婚族·결혼과 관련한 일체의 행사 없이 혼인신고만 하고 사는 커플), 월광족(月光族·한 달을 완전히 해치운다는 뜻으로 그달 월급을 그달에 다 써버리는 생활방식), 하우스 푸어 등이 인터넷에 퍼지면서 네티즌들 사이에서 자연스럽게 링파주가 생겨났다.

링파주의 가치관은 독특하다. 물질의 유혹이 만연한 현실 사회에서 초연한 태도를 가지는 것을 특징으로 한다. 단순한 판단에 매여 있는 듯도 보이지만 실제로는 인생의 의미를 깊게 이해하는 사람들이다. 인생의 본질은 멀리 걸어가는 것이라는 게 이들 생각의 기본 바탕이다.

욕심을 내려놓고 소소한 행복을 즐긴다

나의 생활은 내가 주인이다. 생활은 신선해야 하고 기쁨은 그 신선함이 보존되어야 한다. 그 정도 스트레스로 나의 기쁨을 막을 수 없어. 집이 없어도 생활하는 데 문제는 없어. 월급이 오르는 건 원하지만 야근을 하는 건 원치 않아.

링파주들이 자주 하는 말들이다. 이 말들에서는 링파주들의 확고한 자기주장과 자유로운 정신이 느껴지기도 한다. 아름다운 생활을 위해서 '두려움(怕)의 한계'를 뛰어넘는 것이 중국판 욜로족, 링파주들이 가지고 있는 정신의 본질이다. 여기서 말하는 두려움은 정신적으로 받는 억압이라고 할 수 있다.

링파주들의 가치관은 생활에서도 고스란히 드러난다. 예를 들어, 그들은 집을 사서 대출금을 갚느라 고통 받기보다는 집을 사지 않는 게 합리적인 선택이라고 본다. 지혜롭게 스트레스를 최소화하며 안전한 삶을 살자는 것이 이들의 생각이다. 그들은 안전하고 아름다운 생활을 원하기 때문에 집의 노예, 아이의 노예, 카드의 노예가 되기를 거부한다.

링파 정신을 추구하는 사람들은 주로 20~35세의 젊은 직장인들이다. 〈중국 화이트칼라 건강 조사연구 보고서〉에 따르면, 보통의 화이트칼라층 80%가 6개월 이내에 우울함을 느껴본 적이 있다고 한다. 또한 6%의 직장인들은 이미 극심한 스트레스 한계까지 왔다고 한다.

병명도 모르는 채 건강이 좋지 않은 무기력한 상태의 사람들이 많다는 것은 현대의 한 특질이다. 그리고 그 원인은 대개 스트레스에 의한 것으로 진단된다. 중국의 청년 세대들도 다르지 않다. 링파주는 일단 이런 스트레스에서 탈피하고자 한다.

링파 현상은 연애, 일, 생활 등 다양한 방면에서 나타나고 있다. 먼저 연애와 관련해서는 "내가 원하는 혹은 나만의 TA(그녀她 혹은 그他를 지칭함)가 없어도 상관없다. 세상에 여자와 남자는 많아."라고 외친다.

연애로부터의 스트레스를 탈피하고자 하는 모습이다.

생활 영역에서는 월광족이어도 괜찮다는 마인드다. 어찌 보면 무절제한 소비일 수도 있다. 하지만 절약해서 고통스러운 것보다 필요할 때 자금원을 끌어모으는 것이 낫다는 것이다.

일 영역에서는 사업이 순조롭지 않아도 괜찮다고 여긴다. 30세 이전은 극기 훈련을 하는 것과 같다며 자신감을 잃지 않는다. 그런 생각이다 보니 돈에 대해서도 두려움, 스트레스가 제로다. 심지어 차나 집이 없으면 오히려 자산관리로부터 자유롭다고 주장한다.

중국판 욜로족은 낙관의 끝판왕이다. 한마디로 물질에 대한 욕심, 관계에 대한 욕심을 부리지 않는다. 이들에게는 '내려놓음'의 규칙이 먼저 적용되고 있다.

요즘 중국 젊은이들은 "그래 이 정도면 돼."라며 소소한 행복 누리기를 추구한다. 서점에서 관련 도서도 쉽게 볼 수 있다. 왼쪽은 《너는 나의 소확행》, 오른쪽은 《안녕, 소확행》.

중국 YOLO족들을 시장 창출의 기회로

선전의 화룬이바오식품음료회사(华润怡宝食品饮料)는 링파를 제품 마케팅에 활용했다. 이 회사는 화이트칼라, 학생, 도시인 등 스트레스를 많이 받는 소비자들을 타깃으로 건강음료를 출시했다. 소비자 체험을 바탕으로 한 '0 PA'라는 이름의 음료수로, 이 음료를 마심으로써 스트레스를 제로화시킬 수 있다는 것이 마케팅의 콘셉트였다.

그리고 '0 PA' 음료의 이름에도 브랜드 네이밍 마케팅을 접목시켰다. '0'은 '무(无)', 'PA(怕)'는 압력의 단위인 파스칼, 즉 억압감을 사라지게 하는 음료라는 것을 직관적으로 반영했다. 이런 마케팅이 먹혀들어 유일의 편안한 영양과일음료로 인기를 끌었다.

우리 기업도 중국에서 급증하는 링파주들을 대상으로 새로운 비즈니스 기회와 전략을 창출해보는 건 어떨까. 미래에는 뉴밀레니엄 세대인 링링허우의 부상으로 자기 이익과 색깔을 추구하는 소비자들이 더 많아질 것으로 예상된다. 큰 사치보다는 작은 사치로 확실하게 얻어지는 행복, 스몰 럭셔리를 추구하는 사람들 앞에 무엇을 내놓을지는 물론 기업의 몫이다.

중국인들의 이런 심리 변화는 사실 갑작스럽게 나타난 사회 현상은 아니다. 중국의 국가 위상이 올라가면서 사람들의 자신감 또한 충만해졌다. 국가에 대한 자부심이 자기 삶에 대한 자신감으로 연결된 것이다.

그러나 이러한 진보가 사람들에게 희망을 가져다주긴 했지만 현실적인 만족감과는 괴리되는 면이 있다. 자본주의 경제를 받아들인 나라치고 이런 언밸런스를 피해간 경우는 없다. 중국 역시 다르지 않아서 이상과 현실의 격차를 느끼게 되었다.

이러한 현상은 링파주의 연애관, 혼인관, 물질관, 인생관 등에 영향을 미쳤다. 링파주는 이상과 현실 사이에서 지혜롭게 스트레스를 최소화하는 사람들이다. 중국의 한 매체에서는 '링파란 전진과 회피의 중용의 도'라고 결론지어 설명했다. 적절한 표현 같다.

◈ 기발한 자판기들 – 공유화장대, 식당, 야채 ◈

최근 중국에서는 이색적인 자판기들이 나오고 있다. 그중 화장품 자판기는 마스크팩, 립스틱 등이 주요 판매 제품이다. 가장 주목받는 것으로는 '17 beauty(化妆盒子)'라는 회사에서 출시한 공유화장대다. 95허우 출신인 한수치(韩淑琪)라는 여성이 아이디어를 낸 자판기로 사람들이 화장품 파우치를 가지고 다니지 않아도 되도록 화장품을 공공화시켰다.

18세에서 35세 직장인 여성들과 대학생들이 좋아하는 SK-II, NARS 등 해외 유명 화장품 브랜드와 약 20여 종의 제품들을 모아놓았다. 이용법은 간단하다. QR코드로 사용자 실명인증을 하고 모바일로 요금을 지불한 후 화장품을 사용하면 된다.

파나소닉 전기에서는 메이크업 체험 공간인 CLUXTA를 런칭해 스마트 미용체험 서비스를 제공한다. 스마트 거울을 통해 화장한 효과를 미리 볼 수 있으며, 미래 피부 상태를 예측할 수 있는 서비스도 도입했다.

신유통의 대가 알리바바는 퀵 마트를 통해 미래 식당을 선포하고 나섰다. 갓 만든 면음식 등 신선한 한 끼를 편리하게 먹을 수 있도록 했다. 주로 오피스 빌딩 안에 설치한 이 자판기는 점심을 밖에 나가서 먹지 않으려고 하는 중국인들의 습관에 착안한 아이템이다.

또한 갓 올라온 농산품들을 파는 24시간 무인 야채 자판기도 등장했다. 야채들을 보관할 수 있는 스마트 야채 보관기가 같이 짝을 이루고 있다. 이 보관함 속에 있는 야채들은 모두 당일 올라온 상품들이다. 아파트 단지를 중심으로 설치되어 있으며 장을 보러 갈 시간이 없는 젊은 사람들이 주로 이용한다.

중국 경제를 이끄는 1억 5,000만 신흥 중산층

중화민족에 나타난 부르주아

상하이 한 금융회사의 마케팅 부서에서 일하는 황롄은 31세의 기혼 여성이다. 외국어 유치원에 다니는 세 살배기 딸에게 한 달에 7,000위안(약 120만 원)이 들어간다. 그리고 생활비 5,000위안, 운동 및 여행 등 문화 소비까지 합치면 적어도 한 달에 4만 위안(약 670만 원)은 지출된다고 한다.

나도 한때 상하이에서 살아봤는데 한국처럼 먹고 쇼핑하고 문화생활까지 하니 1만 위안은 정말 금세 써버리게 되었다. 한국보다 생활비가 더 들어간다. 황롄은 상하이에서 제대로 살려면 월 2만 위안 정도의 월급은 많은 것도 아니란다. 돈 없는 외노자(외국인 노동자의 줄임말)는 제대로 된 상하이 라이프 한번 누리지 못한다.

중국의 힘이 더 막강해지고 있다. 14억 인구 대륙에 새로운 부르주아가 탄생하고 있기 때문이다. 그들은 중국의 새로운 부유 세력으로서 '신흥 중산층(the new middle class)'이라고 불린다. 신흥 중산층은 중국 전체 인구의 10%를 조금 넘는 1억 5,000만 명으로 추산된다. 중국에 중산층이 증가하고 있다는 것은 무엇을 의미할까?

미·중 관계 전국위원회의 주임인 리청은 "장기적인 관점에서 중국의 발전에 힘이 되는 요소 중 중산층보다 더 큰 부분은 없다."라고 말한다.

2018년 유엔인간개발보고서 기준, 중국의 지니계수는 0.4222다. 유엔에서 지정한 '사회적으로 불안을 초래하는' 지수 0.4를 초과한 수치다. 지니계수는 계층 간 소득의 불평등도를 숫자로 나타낸 것으로, 0은 완전 평등, 0.4 이상은 상당한 불평등이다. 이를 통해 보면 중국 경제는 아직 건전하지 않다는 약점이 있다.

중국은 이 문제를 중산층 확대를 통해 해결해 2021년까지 샤오캉 사회(의식주 걱정하지 않는 물질적으로 안락한 사회)를 건설하겠다고 공포했다.

세계는 중국의 신흥 중산층이 중국 경제에 어떤 변화와 발전을 가져다줄지 주목하고 있다. 그런 중국의 중산층을 진정으로 알려면 여러 각도에서 들여다보는 시각이 필요하다. 그것이 무엇인지 심층적으로 보자.

사전적 의미로 보는 중산층은 유산자와 무산자 사이에서 경제적 위치와 사회·문화적 위치가 중간 정도 되는 계층을 말한다. 국제적으로 지정된 중간이라는 위치의 기준은 없지만 중산층의 규모가 국가의 부유 정도를 나타내는 지표인 것은 틀림없다. 더불어 그 나라의 문화 및 국민 의식수준까지도 대표하는 집단이기도 하다.

중산층은 구(舊)중산층과 신(新)중산층으로 다시 구분될 수 있다. 특히 중국이 지금 그러하다. 중국에서 말하는 신흥 중산층이란 나이 30~40세이면서 연소득 15만 위안(약 2,500만 원)을 벌고, 높은 교육수준 및 안정적인 직업을 가진 사람들을 가리킨다.

좀 더 자세히 살펴본다면 대학 본과 이상을 나왔고, 직업은 공무원, 기업의 관리직, 전문기술직 등에 종사하는 화이트칼라층이 주로 이에 해당된다. 이들의 소득 수준은 미혼자의 경우 15만 위안 이상, 기혼자의 경우 20만~30만 위안 이상이다.

중국의 신흥 중산층은 젊은 연령대의 바링허우, 주링허우로 구성되어 있다. 이 중 바링허우가 차지하는 비중이 54%대로 가장 크다. 학력도 대학 본과 이상을 나온 경우가 70%를 넘는다. 이들은 주로 베이징, 상하이, 선전 등 1선, 2선 도시에 거주한다.

그리고 1선 도시에 거주하는 신중산층의 86.9%, 2선 도시에 거주하는 신중산층의 93.8%의 가정이 자기 집을 소유하고 있다고 한다. 집의 가치는 평균 500만 위안(약 8억 5,000만 원) 이상으로 측정된다.

배불리 먹고사는 것만으로는 부족하다

지난(济南)에 있는 친구들 중에 부동산으로 돈을 번 사람들이 꽤 있다. 산둥성 성도인 지난에 지하철 건설이 시작되고 첨단산업 개발단지인 고심구(高新区)에 대한 개발이 확대되면서 아파트 값이 확 뛰었다고 한다. 기존 토박이들이 돈을 번 것이다. 내가 살던 집의 주인도

중국 신흥 중산층의 평균 표본

나이	32세
가족	결혼 유, 자녀 1
사는 곳	1선 도시(베이징, 상하이, 광저우, 선전)
직업	중간 관리자급
수입	월 2만 5,000위안(약 420만 원)
학력	본과 이상, 석사 졸업(17.8%)
휴대전화 브랜드	아이폰
즐겨 입는 옷	심플한 캐주얼 & 댄디 믹스매치한 스타일링
시계 브랜드	조르지오 알마니
여가 생활	헬스, 여행
관심사	어린 자녀의 STEAM 교육, 예술 교육(그림, 발레)

출처: 아이루이 자문(艾瑞咨询 iresearch.com),
tourongjia 공동 〈2018년 신중산층 생활 태도 및 인터넷 재산 관리에 대한 안전 행위 연구 보고서(度及网络理财安全行为研究报告)〉

중국 신흥 중산층의 직업 분포

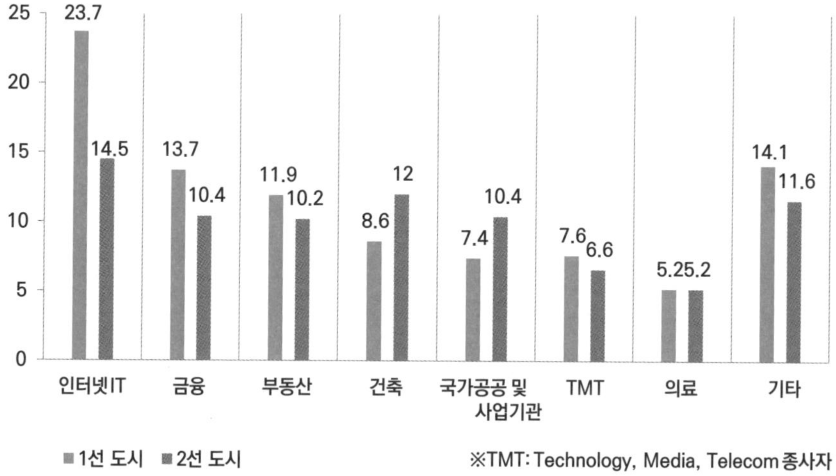

출처: 아이루이 자문(艾瑞咨询 iresearch.com),
페이차이차이징(韭菜财经) 〈2019년 신중산층 직장 보고서(2019年新中产职场报告)〉

그랬다. 친구 역시 회사 월급은 박봉이지만 자기 집을 가지고 있어 제법 여유로웠다. 2선 도시까지 부동산으로 이익을 얻는 사람들이 많아진 것이다.

신중산층은 귀속감, 안전감 및 자신감이 크다. 하지만 이들이 가진 고민도 있다. 바로 자산 증식에 대한 초조함이다. 풍요롭게 먹고살 돈은 있지만 '어떻게 자산을 더 늘릴 수 있을까' 고민하고 있는 것이다. 그들은 최소 5,000만 위안(약 80억 원)은 있어야 재정적으로 자유로울 수 있다고 생각한다.

부에 대한 욕심이 상당하다. 부모 부양과 아이를 좋은 학교에 보내는 것, 직장에서의 승진도 신중산층이 가지고 있는 목표다. 중진국 함정(middle income trap·중진국 수준에서 선진국으로 가지 못하고 침체기에 빠지는 현상)보다 '중소득 함정'에 빠지는 것을 두려워하고 있는 상황이다.

신흥 중산층은 중국에 어떤 의미를 부여할까? 이들은 온중구진(稳中求进·안정 속 성장)으로 가기 위한 중국의 전략이 걸린 집단이라고 할 수 있다. 다시 말해 중국이 중산층을 늘려야만 하는 이유다.

그 목적은 바로 샤오캉 사회를 달성하기 위해서다. 또한 빈곤층을 감소시킬 수 있는 유일의 해법이기 때문이다. 샤오캉 사회의 종착지는 배불리 먹고사는 것을 넘어 정치, 경제, 문화 등 다방면에서 도시와 농촌을 만족시키는 것이다.

샤오캉 사회는 덩샤오핑의 경제사회 발전 청사진 때의 구상이었다. 시진핑은 다시 전면적으로 이 샤오캉 사회를 완성시킨다는 입장이다. 즉, 인민들이 고루 풍요롭게 사는 시대를 달성하고자 하는 것이다. 이것은 시진핑이 제창하는 '중국 특색 사회주의 신시대'로서 중국 전체가 공동 부유를 맞이하는 시대라고 요약할 수 있다.

국가의 품격은 규모로만 말하지 않는다

그다음으로 신흥 중산층이 중국에 가져다주는 의미는 도시화에서 찾을 수 있다. 중국의 도시화는 중산층들을 크게 증가시켰다. 현재 중국에는 GDP 1조 위안(약 168조 원)의 도시로 베이징, 상하이, 광저우, 선전, 톈진, 항저우, 청두, 쑤저우, 우한, 난징 등 총 14개가 있다. 그중 GDP 2조 위안(약 336조 원)급의 도시는 베이징, 상하이, 선전이다.

중국 국가 통계국에 따르면, 2018년 말 중국의 도시화율은 59.58%에 달한다. 선진국의 도시화율 80%와 비교하면 아직 먼 수치이긴 하다.

그래서 중국 중앙정부는 2014년에 2020년까지의 새로운 도시화 계획을 발표했다. 바로 '신형 도시화' 계획이다. 신형 도시화는 도시와 농촌의 일체 통합 발전이라고 할 수 있다. 농촌을 도시와 똑같은 방식으로 발전시키는 것이 아니라 농촌과 낙후된 지역 등을 중심으로 산업 협력, 거주 환경, 사회 보장, 생활방식 등을 도시형으로 탈바꿈시키겠다는 것이다.

발전이 필요한 곳에 인프라, 소비, 문화 시설을 강화해 신도시로 변모시키면 자연스레 농민공들의 1선 도시로의 유입 문제도 절충화할 수 있다는 게 중국 정부의 생각이다. 이를 통해 도시와 중간 계층이 같이 안정적으로 성장할 수 있도록 하겠다는 것이다.

신흥 중산층 1억 5,000만 명을 포함해 현재 중국의 중산층 인구수는 3억 명 정도다. 중국 정부는 14억 인구에서 중산층이 차지하는 비율이 여전히 낮다고 지적한다. 중산층의 부상은 소비를 키워 중국 내수 시장의 성장에 도움이 된다. 하지만 아직 중국의 사회 구조는 서로 다른 이익 계층의 복합체인 것이다.

《대한민국 신중산층 시대가 온다》라는 책은 현대사회의 위기를 해결할 수 있는 유일한 방법은 중산층의 확대라고 강조하고 있다. 또한 건강한 사회의 모습은 상부의 상류층과 하부의 하류층이 좁으면서 중간의 중산층이 옆으로 튀어나온, 전체적으로 '두툼한 항아리형' 모양이라고 말하고 있다.

그렇다면 현재 중국의 중산층 모습은 건강한 상태일까?, 라는 질문을 던져보아야 한다. 과거 중국은 인구에 의한 생산이 내는 이익을 바탕으로 성장했다. 하지만 한편으로는 그 인구가 먹고살아야 하는 민생 문제도 감당해야 하는 것이었다. 그런데 지금은 경제가 커졌다고는 하지만 저출산 및 고령화 문제까지 더해져 문제해결 비용이 더 많이 드는 구조를 시험받고 있다.

중국은 2030년에 이르면 국민 3명 중 1명은 중산층일 수 있기를 목표하고 있다. 과연 이를 이룰 수 있을지, 또 동시에 사회적 모순도 함께 풀어낼 수 있을지는 미지수다. 사실은 둘 모두를 이뤄내야 그들이 말하는 샤오캉 사회를 달성하는 것이다. 왜냐하면 진정으로 품격 있는 국가는 소득 수준과 규모로만 말하지 않기 때문이다.

◈ 동영상을 이용한 온라인 매장 '또우상점'의 등장 ◈

중국의 유명한 영상 앱인 또우인(抖音)이 또우상점(抖店)을 개설했다. 새로운 마케팅 창구가 생겨난 것이다. 엔터테인먼트적인 성격을 띤 동영상 플랫폼에서 상업 활동이 이루어진다는 점이 다른 플랫폼과 다르다.
이제 젊은이들은 실시간으로 물건의 쇼트클립 동영상을 게시하고 홍보한다. 일부에서는 웨이상(微商·위챗을 통해 물건을 파는 사람들)을 대체할 새로운 직업으로 보고 있다. 중국 매체에서는 다중뎬핑(맛집, 생활 정보 서비스 기업)의 동영상판으로 여기기도 한다.
또우상점에는 매장의 위치, 영업시간, 쿠폰을 등록할 수 있다. 대표적으로 POI(point of interest) 기능은 상업가와 매장에 대한 위치 정보를 포함하고 있어 판매자가 소비자의 유입, 전환율도 파악할 수 있다.
베이징 근처에 위치한 여행 명소 구베이수전(古北水镇)은 춘절 기간 동안 또우상점을 활용했다. 그 결과 POI 페이지의 방문자 수가 이전 대비 540%나 증가했고 관련 동영상 재생은 260% 증가했다고 한다. 신규 팔로워 수는 55배가량 늘었다.
또우상 기업, 또우상 연맹회까지 생겨나면서 또우상점 마케팅, 기획, 비즈니스 모델 등에 대한 교육도 활발해지고 있는 추세다. 앞으로는 또우상지에(또우상의 날)가 열릴지도 모른다.
또우상 그룹의 이사장인 양잔(杨展)은 이를 위해 자원, 사람, 기업을 모으고 단합시키는 데 전력을 다하고 있다. 덕분에 중국의 상업가들은 또우상점이라는 공간에서 쇼트클립 동영상 + 콘텐츠 + 엔터테인먼트 + 상업의 새로운 물결을 타고 있다.

2부

중국에선 어떻게 글로벌 기업이 줄줄이 나올까?

혁신이라는 말을 중국만큼 폭넓게, 깊게 쓰는 나라도 없을 것 같다. 성과도 놀랍다. 연이어 글로벌 기업이 솟아나고 청년들 사이에서는 창업이 하나의 문화가 되고 있다. 중국 기업의 비결! 중국에서는 도대체 무슨 일이 벌어지고 있는 것일까. 중국과 비즈니스를 한다면 반드시 알아야 할 중국 기업들의 사고 체계!

대륙의 혁신 기지
'중관춘'을 모르면 중국을 모르는 거다

자리가 사람을 만들까, 사람이 자리를 만들까

작년 여름, 베이징의 중관춘(中关村科技园·Zhongguancun Technology Park)을 방문했을 때 방학이기 때문인지 거리가 썰렁했다. 중관춘은 중국의 실리콘밸리라 불리는 곳이다. 텅 빈 거리에서 마주친 사람들은 한국 대학생들이었다. 학교에서 단체로 교수님과 함께 창업 거리를 방문한 것이다.

그들도 무언가 배우고 참고하기 위해 온 듯 보였다. 한국이 아닌 중국에서 서로가 비슷한 목적으로 발길을 들인 모습을 마주하니 괜스레 부끄러움이 밀려왔다. 기업가정신과 도전의식 같은 문화를 배우러 중국에 오게 되다니…. 이것이 지금 우리가 처한 현실이란 게 씁쓸할 뿐이다.

자리가 사람을 만든다는 말이 있다. 특정한 위치가 그 사람의 능력,

이미지, 사회적 존재감에 미치는 영향이 크다는 뜻이다. 그런 면에서 장소와 환경은 사람이 성장하는 데 매우 중요한 요소다.

중관춘은 청년들에게 창업의 기회를 마련해주고, 나아가 국가의 격을 올리는 데 크게 공헌하고 있다. 여기서 '격'은 기술, 창의와 혁신, 인적 교류의 성숙한 수준을 의미한다. 중국에는 이런 실리콘밸리가 적어도 7~10개가 있다.

홍콩대의 경제학자 장우창 교수는 중국의 실리콘밸리가 미국의 실리콘밸리를 추월할 것이라는 전망을 내놓았다. 알리바바그룹이 운영하는 오픈 마켓인 타오바오의 설립 초기, 마윈도 중국의 IT 혁명이 미국의 실리콘밸리를 넘어설 것이라고 했다. 이들의 말은 세계무대에서 중국이 새로운 가치 창출을 하는 주체로서 경쟁력을 이끌어간다는 것을 뜻한다.

중관춘을 통해 중국이 설정한 미래 경제에 대한 구상은 무엇일까. 결론부터 말하자면 중관춘은 중국의 새로운 성장 발전 동력 모델에 필요한 전략체로서의 의미가 있다.

중관춘의 모든 것을 관리하는 기관인 이노웨이(Innoway) 사무실에서 일하는 한국인 담당자를 만났다. 이곳 사무실에 무작정 들어가서 창업에 대한 안내를 받고 싶다고 했다. 그랬더니 한국인 담당자를 안내해주었다.

먼저 그녀에게 중관춘에서의 한국 사람들의 창업 현황에 대해 물었다. 그녀가 대답했다.

"주로 IT 기업들이 많이 찾아옵니다. 저희가 그런 기업들을 위해서 인큐베이팅을 해주고 있습니다. 최근 한국을 포함한 해외 스타트업들의 유입이 활발해지고 있는 것은 사실입니다. 노인치매 관련 사업을 하고 있는 한 네덜란드 스타트업 회사도 있고요."

답변이 끝나자마자 "그럼 혹시… 저는 화장품업을 준비하고 있는데, 가능한가요?"라고 물었다. 내가 준비하고 있는 프로젝트도 가능한지 너무 궁금했다. 그녀의 대답은 IT 기술과 융합한 뷰티 쪽으로도 문을 두드리는 회사들이 있다고 했다. 역시 IT 융합이 강세를 보이고 있었다. 한번 도전해보고 싶은 마음이 생긴 것이 사실이다. 참고로 중관춘에는 한국 기업들의 창업을 도와주는 든든한 지원군인 KIC(Korea innovation center)라는 기관이 있다.

아시아 실리콘밸리를 넘어 세계 제일을 꿈꾼다

약 30년의 역사를 가진 중관춘은 인재 자원과 첨단 과학기술이 모인 집합체라고 볼 수 있다. 세계적인 IT 기업인 바이두(百度), 렌상(联想·Lenovo), 샤오미(小米)와 같은 글로벌 기업을 탄생시킨 'zero to one(무에서 유를 만든다는 영어식 표현)'의 요람이다.

현재 이곳의 첨단 과학기술 기업의 수는 2만여 개에 달한다. 한국의 실리콘밸리라 불리는 판교의 870여 개 업체와 비교하면 우선 규모 면에서 압도적이다. 이는 중국이 장기적으로 안정적인 경제성장을 위해 내부 가치의 창출과 혁신에 집중한다는 의지를 보여주는 일이다.

그렇다면 중관춘의 엔진을 돌아가게 하는 것은 무엇일까? 무엇보다 중관춘에는 청년 창업가와 기업가들이 몰릴 만한 '생태계

(eco-system)'가 잘 조성되어 있다.

중관춘 창업거리(创业大街)는 약 41개의 대학교, 200개가 넘는 과학 연구기관, 67개의 국가 중점 연구소, 27개의 국가 엔지니어 연구중심 기관과 협력 관계를 맺고 있다.

이외에도 2,000여 개의 리스크 투자 기구, 벤처캐피탈(VC)과 엔젤 투자를 받을 수 있는 서비스 시스템을 갖추고 있다. 중국의 집단지성들이 모여 창조·혁신 생태계 구축에 필요한 협업 시스템을 구비한 모습이다. 이를 대변하듯 최근 중국의 투자 3분의 1이 중관춘에서 이루어지고 있다.

여기서 강조하고 싶은 것은 중국의 투자 규모가 아니라 그들이 지식과 산업의 경쟁력을 높일 수 있는 혁신 클러스터를 조성했다는 점이다. 그러면 중관춘의 클러스터 능력은 어느 방면에서 뛰어나다고 평가할 수 있을까?

무엇보다 생성(birth) – 확장(expansion) – 지배(leadership) – 자기혁신(self-renewal)의 과정이 선순환되는 구조를 갖추고 있다. 랜시티와 레빈(Lansiti and Levien)이 쓴 《생태학적 전략(Strategy as Ecology. Havard Business Review)》에 따르면, 건강한 에코시스템(ecosystem·산업 생태계)은 수익성(productivity), 강건성(robustness), 시장 창출 가능성(niche creation or innovation)이 필수 요소라고 했다.

이러한 측면에서 볼 때 중관춘은 건강한 에코시스템을 가지고 있다. '산업, 연구, 인재, 자금'의 요소들이 결합해 수요와 공급을 잘 이끌어내기 때문이다.

중관춘 IT 기업들의 매출액은 4조 700억 위안(약 684조 원)에 이른

중관춘은 분투(奮斗, 있는 힘을 다해 싸운다)라는 말로 표현할 수 있다. '좁쌀' 샤오미도 이곳에서 '큰쌀(따미)'로 성장했다. 중국 최초의 창업 혁신 시범지역인 중관춘은 중국의 품격을 높이는 데도 기여하고 있다.

다. 나아가 해외의 인재와 기업들도 네트워크 안으로 빨아들이고 있다.

'중관춘 거리에 양촹커(羊创客·서양 창업자)가 왔다.'라는 기사문이 실릴 정도로 이제 세계 각지의 청년들이 중국을 향해 가고 있다. 미국, 이스라엘, 핀란드, 스위스, 프랑스, 싱가포르, 호주, 인도 등 20여 개 이상의 국가와 창업 합작을 진행하기도 했다. 해외 우수 인재에게 영주권을 부여하는 파격적인 혜택까지 주고 있다.

중국은 미국의 실리콘밸리를 본떠 중국식 창업 혁신 기지에서 새로운 경제성장 모델을 연구하고 있다. 이는 중국이 시장경제를 기반으로 경제적 사유와 발전 전략에 대한 사고가 변했다는 것을 보여주는 일이다.

만약 중국의 실리콘밸리가 미국의 그것을 뛰어넘는 일이 정말 현실화된다면, 그때는 중국에 빼앗긴 세계의 인재 유출이 심각한 이슈로 논의되지 않을까 우려된다. 우리 입장에서는 국가 경제를 위해 꼭 필요한 창조와 혁신 인재를 빼앗겨서는 안 된다. 그런 만큼 중국이 어떤 전략과 열망으로 창조·혁신의 에코시스템을 만들어가는지 주시할 필요가 있다.

창업 생태계의 모든 것이 갖춰져 있다

중관춘의 혁신은 '사람'으로부터 나온다고 할 수 있다. 그들은 국가 경제의 존속을 위해서는 사람이 가장 큰 자원이라는 것을 알고 실천했다고 볼 수 있다.

사실 중국은 예로부터 인재교육을 매우 중요시했다. 이 사람 중심의 교육이 중국 실리콘밸리에도 똑같이 적용되었다.

2008년부터 시행하고 있는 '천인계획'이 그 예를 보여준다. 세계적 수준의 인재(주로 과학과 공학, 자연과학 분야)를 한 해 1,000명 이상 유치한다는 이 계획은 외국에서 전문가를 영입한다는 야심찬 인재 목표다. 유치되는 인재에게는 고액의 연봉은 물론 본인 책임으로 운용 가능한 파격적인 연구기금과 중국 대학이나 국영기업의 전문가 신분을 안겨준다.

중관춘이 위치해 있는 베이징 하이덴구(海淀区)는 천인계획을 통해

2018년에도 1,343명의 인재를 유치했다. 하이뎬구는 '인재 + 플랫폼 + 기지' 운영 모델을 위해 기업을 지원해준다. 또한 국제 합작 프로젝트 지원과 인재 영입을 위해 적극적인 행동에 나서고 있다.

궁극적으로 중관춘에서 인재란 중국의 경제 혁신을 위해 필요한 실존적인 가치의 주체다. 이외에도 중국은 1994년 백인계획, 2012년 만인계획을 중심으로 인재 영입에 나선 일이 있다. 하지만 이제는 정예 인재를 중심으로 하는 맨파워 구축에 나서고 있다.

조금 더 세심하게 본다면, 중관춘의 사람 중심 시스템은 글로벌 인재를 도입하고, 동시에 본토 인재를 '일어서게 하는(扶上去·푸상취)' 투트랙(two-track)으로 진행되고 있다.

사람 중심 시스템은 베이징에 있는 처쿠카페에 가면 그 열기를 고스란히 느낄 수 있다. 처쿠카페는 개방된 카페 공간으로 청년들은 물론 중·장년층까지 창업의 희망을 가지고 모여드는 곳이다. 창업자들은 앞에 나가서 프로젝트 발표, 협력자 구인 등 다양한 아이디어와 정보를 나눈다. 또한 주변 사람들과 거리낌 없이 피드백을 나누고 교류한다.

나 역시 처쿠카페로 향했다. 가장 눈에 띄는 것은 '기술자 구함', '공동 창업자 구함', '마케터 구함' 등 사람을 구하는 구인 게시판이었다. 그리고 어떤 프로젝트가 진행되고 있는지에 대한 공고와 행사도 적지 않았다. 사람들을 둘러보니 피곤에 지쳐 자고 있는 사람들 반, 일하는 사람 반이었다. 포스터에 있는 QR코드를 스캔하면 생방송으로 창업에 대한 강의도 들을 수 있었다.

중관춘에서 일하는 한 청년의 인터뷰를 보면 이곳에 모인 사람들의 공통적인 정신을 짐작해볼 수 있다. 그는 "세계를 바꿀 순 없더라

중관춘의 처쿠카페는 창업 희망을 가진 사람들이 모여드는 공간이다. 창업 프로젝트 발표, 협력자 구인 등 다양한 아이디어와 정보 교류가 이루어진다.

도 적어도 나의 창의성과 꿈이 내 눈앞에서 실현되는 것에 도전하고 싶다."라고 말했다.

중국과 중관춘은 비슷한 색채를 띠고 있다. 중국의 생각이 투영된 중관춘이고 보면 반대로 중관춘을 통해 중국이 그리는 미래도 유추해볼 수 있다는 뜻이다.

대륙의 혁신 기지 생태계권 안에서 출현되는 기술 혁신의 창조, 비즈니스 모델의 창조, 기업가의 창조는 혁신의 굴기와 산업의 굴기를 목표로 미래 성장 모델을 그리는 중국 정부의 큰 전략과 확실히 닮았다.

중국은 '인터넷 + 창업·혁신(창업과 혁신 투 트랙 전략으로 '쌍창'이라 부른다)' 서비스 모델을 통해 사람 중심의 혁신과 산업 발전을 이루고자 한다. 또한 중국의 시장경제가 개방형으로 전환되는 모습과 중관춘의 클러스터 협업, 상생 협업의 구조도 분립해 생각할 수 없는 메시지다.

또한 '창업·혁신 + 산업' 모델을 통해 산업을 업그레이드해나가는 모습에는 세계화를 향한 중국의 야심이 담겨 있다고 할 수 있다. 그들이 추구하고자 하는 것은 단순히 내수 시장에 필요한 역량 강화인 것만은 아니다. 세계로 나아가기 위한 글로벌 토양을 단단히 만들어놓겠다는 외침이다.

그렇기 때문에 중관춘은 앞으로 세계적인 혁신 프로젝트, 서비스 기구, 기업들과의 협업을 바탕으로 세계적인 수준의 역량 구축을 더욱 탄탄히 하려고 할 것이다.

한때 중국은 매년 8%의 성장을 하며 장밋빛 궤도를 달려오지 않았던가. 중국은 이제 과거의 총체적인 양이 가져다주는 달콤함에 중독되는 것이 무서운 합병증을 유발한다는 것을 알았다. 부동산 버블, 빠른 고령화, 낮은 노동생산력, 과잉 생산, 기업 부채 등의 부작용을 쌓아온 과거의 방식으로는 경제성장에 제동이 걸릴 것이라는 것을 인식했다.

그래서 중국은 더더욱 창의, 혁신, 사람 중심의 경제 개혁 드라이브를 걸고 있는 것이다.

창업으로 또 하나의 취업문을 여는 청년들

과도한 창업 열기로 인해 반작용 현상도 생겨나고 있다. 바로 '만찌우예(慢就业·천천히 취업하는)'라는 현상이다.

만찌우예 청년들은 졸업하고 바로 취업하지 않는다. 여행, 혼자만의 시간, 창업 고려 등 천천히 자기 인생의 방향에 대해 고민한다. 특히 주링허우에게서 이런 현상이 많이 보이고 있다. 중국 내에서는 이들을 가리켜 '캥거루족'이라는 비판적인 평가도 따른다.

파리의 패션 스쿨에서 석사과정을 공부하고 돌아온 친구는 1년 동안 백수였다. 주위의 많은 사람들은 그가 세계 패션의 중심지인 파리로 공부를 더 하러 간다는 말에 기대가 컸다. 그런데 1년 동안 놀았다는 사실에 솔직히 '그 친구 푸얼다이(재벌 2세)인가?'라는 생각을 했다. 오해였다. 다른 친구의 말에 따르면, 유럽에서 패션 공부를 하고 중국으로 돌아온 학생들이 많아 패션계도 취업 경쟁이 워낙 치열하다는 것이었다. 그는 몇 번의 실패를 맛보고 낙심해 1년 동안 여행을 다녔다고 한다.

만찌우예가 많아진 이유 중 하나로는 창업을 독려하는 배경 때문이기도 하다. 정부가 창업을 독려하다 보니 창업 준비를 하나의 취업 방패로 삼는 이들도 있다.

지금 중국 젊은이들은 취업과 관련해 자아 중심(自我定位)과 자기 발전을 중요시한다. 그렇기 때문에 만찌우예 현상을 단순히 취업을 미룬다기보다는 자신이 원하는 일을 하고자 고민하는 시간을 거쳐 가는 것으로 볼 수 있다.

현재 중국에서 실업자로 등록된 인구는 970만 명이다. 이에 중국은 문제의 심각성을 깨닫고 구조적인 취업 모순을 해결하겠다고 나섰다. 대안은 바로 취업과 창업을 동시에 추진하는 전략이다. 2019년

6월 한국무역협회가 발표한 '한·중 대학생 창업생태계 비교 연구'에 따르면, 2018년 중국 대졸자들의 창업률은 8%나 된다(한국은 0.8%). 이는 선진국의 1.6%에 비해서도 대단히 높은 수치다.

또한 인민대학에서 발표한 〈2017년 중국 대학생 창업 보고〉에 따르면, 90% 이상의 대학생들이 창업을 고려해본 적이 있다고 했다. 그리고 이 중 26%가 창업에 강한 의사가 있다고 밝혔다.

창업자들 사이에서는 우스갯소리로 알리바바 라인으로 가려면 항저우행 기차를 타고, 바이두 라인으로 가려면 베이징행 기차를 타고, 텐센트 라인으로 가려면 선전행 기차를 타란 말이 있다.

중국은 계획적으로 창의 혁신이 생겨날 수 있는 환경을 조성하고 있다. 이는 청년들에게 주도적 학습과 발전의 앞마당을 제공한다는 면에서 의미가 크다.

물론 중국 청년들도 취업이냐 창업이냐, 또는 부모가 바라는 직장이냐, 조금 가난해도 내가 원하는 일을 할 것이냐 고민하고 있다. 이 기로에서 한국과 다른 점이 있다면 공무원의 수를 늘리는 것 같은 이벤트적 실행이 아니라 청년들이 자기주도적으로 꿈에 도전하도록 지원해 고용 창출의 길을 모색하고 있다는 것이다. 이런 점은 우리도 새겨봐야 할 것 같다.

◈ IT 기업들이 모여 있는 베이징의 시얼치역 ◈

바이두(百度), 디디(滴滴), 왕이(网易), 신랑망(新浪网), 션저우 디지털(神州数码) 등 중국을 대표하는 IT 기업들이 모여 있는 거리가 있다. 베이징의 시얼치역(西二旗站) 부근이다. 요즘 중국에서는 이곳을 중심으로 일하는 사람들을 가리켜 '시얼치런(西二旗人)'이라 부른다.

이들은 얼굴 인식 기능을 통해 회사에 출퇴근하고, 알리페이나 위챗페이로 점심을 먹는다. 출퇴근은 공용자전거 혹은 전동차를 이용하고, 위챗으로 뉴스를 보고 정보를 받아보며, 비즈니스 자리에 가서는 위챗으로 업체 사람을 친구로 추가하기도 한다. 야근을 하는 것도 두려워하지 않는다.

유니클로, GAP 브랜드 옷을 즐겨 입으며, 샤오미 백팩에 레노보 노트북을 들고 다니고, 명품은 아니더라도 스마트 시계를 찬다. 그렇게 구석구석 스마트한 이미지와 스타일을 연출한다.

요즘 각광받는 IT 업계에서 일하면서 바쁘게 사는 대도시 라이프에 잡혀 있다. 어떻게 보면 불쌍한 듯 시간에 치여 사는 모습이다. 그렇지만 마음만 먹으면 집을 살 수 있을 정도의 수입이 되는 사람들이다. 시얼치런이 살아가는 단면들이다.

월 5만 위안을 벌면서 월 5,000위안 월급자같이 산다는 말도 따른다. 많은 연봉을 받지만 실제로는 돈을 쓸 시간이 없고, 사치스러운 삶도 살지 않기 때문이다. 중국인들의 디지털 라이프가 아주 자연적인 일상이 되면서 시얼치런의 삶은 디지털 중국인들의 표준이 되고 있다고 할 수 있다.

어촌에서 첨단산업 클러스터로 변신한 선전

살아 있는 기업 도시

홍콩에서 일할 때 중국 훠궈(火鍋·중국식 샤브샤브)가 그리워 주말마다 옆 동네 선전(深圳)에 갔던 기억이 난다. 지하철이 선전역까지 이어져 있어 쉽게 갈 수 있다. 선전에서 사는 지인이 "여기 왔으면 꼭 가봐야 할 곳이 있어."라며 데리고 간 곳이 있다.

바로 한국에도 많이 소개된 따공팡(大攻防)이란 곳이다. 따공팡은 스타트업을 지원하는 중국 정부가 인정한 민간 하드웨어 액셀러레이터다. 건물 내를 걷는데 지인이 옆구리를 찌르며 "앗, 저분 유명한 사람이야. 따공팡 CEO."라고 했다. "누구? 누구?" 하며 횡설수설하다가 명함이라도 받아볼 기회를 놓치고 말았다. 내가 생각했던 이미지와는 다르게 자연스러운 옷차림과 동네 아저씨 같은 편안한 인상의 사람이었다.

고대 그리스의 철학자 소크라테스는 "시골에 있는 건물들과 나무들은 나에게 아무것도 가르쳐주지 않지만 도시에 사는 사람들은 나를 가르친다."라고 말했다.

중국에서 하나의 기업에 비유되는 도시가 있다면 그곳은 바로 선전이다. 선전은 중국 남방의 대표적인 메트로폴리탄이자 IT와 제조, 현대 문명이 맞닥뜨리며 성장한 도시다. 문명의 진보가 도시를 발달시키고 그 도시를 기반으로 국가가 부흥되는 원리는 선전과 국가로서의 중국 간에도 똑같이 적용되었다.

그렇다면 선전은 어느 정도로 중국과 중국인의 삶을 풍요롭게 만들었을까? 광둥성의 특별자치구로서 중국에서 경제가 가장 먼저 성장한 선전은 덩샤오핑의 남방경제가 실행되기 전에는 작은 어촌에 불과했다. 그러나 지금은 첨단기술 기업들이 가장 많이 밀집되어 있는 도시다. 중국 최대의 '첨단 제조 산업 클러스터'를 대표하는 곳이라 할 만하다.

2017년 11월 기준으로 선전에 소재하는 350개 상장사의 시가총액의 합은 한화 1,600조 원에 달했다. 같은 해 기준으로 선전의 GDP는 2조 2,300만 위안(약 374조 6,000억 원)을 돌파했다. 1,090만 남짓한 인구로 중국 인구 전체에서 자치하는 비중은 약 0.75%이지만 GDP로는 그 3배 이상의 지분을 낸 것이다. 특히 선전의 경제특구인 난산구의 1인당 GDP는 5만 달러(약 5,770만 원)나 되었다.

2018년 세계 최대 가전 전시회인 CES에서도 선전의 파워를 엿볼 수 있는 모습이 있었다. CES에 참가한 중국 기업들 중 선전 출신 기업들이 652곳에 달했다. 또한 2017년 기준 국제특허 출원신청 건수가 2

만 건으로 중국 최대의 특허출원 건수를 보유하고 있는 도시이기도 하다. 중국 전체 특허출원의 4분의 1이 선전에서 나온다.

선전은 중국 국무원에서 지정한 경제 중심 도시이자 국제화 도시다. 개혁개방 이후 첫 번째로 개발된 '경제특구'로 산업화, 도시화, 현대화를 거치면서 매우 빠르게 국제도시로 거듭났다. 선전의 발전 속도는 도시 건설의 속도를 상징하는 말이 되었다. 이른바 중국의 빠른 작업 건설 속도를 비유하는 '선전속도(深圳速度)'라는 표현이 있다. '3일에 건물 1층을 뚝딱 지어내는 속도'란다.

그 속도에 힘입어 선전은 마천루 96개를 보유한 세계 최대의 빌딩 도시가 되었다. 마천루는 도시의 부를 상징하는 아이콘이 아닌가. 선전의 위상은 세계적으로도 인정받고 있다. 2018년 〈포브스〉 중국판에서 발표한 30개 혁신 도시 중 순위 1위에 올랐다.

덩샤오핑이 꿈꾼 부국 중국의 염원이 담긴 땅

중국은 양회에서 발표되는 정부업무보고(工作报告·공작보고)를 통해 아주 계획적이고 단계적으로 경제 발전 목표들을 실현해나간다. 이런 정책의 수혜 도시가 된 선전의 변화는 개혁개방 이후 남방 지역의 경제를 대대적으로 개발하면서 시작되었다.

덩샤오핑의 남순강화는 제2의 개혁개방으로 불릴 만큼 중국 경제의 큰 성장을 불러일으켰다. 덩샤오핑은 1992년 우한, 상하이, 선전, 주하이 등을 순회하며 남방경제특구의 건설에 박차를 가했다. 이에 힘입어 중국의 경제성장률은 1989년 8.4%, 1993년에는 13.8%까지

급등했다.

남방 지역을 중심으로 중국의 전면적인 도시 경영이 시작된 것이라고 볼 수 있다. 그리고 선전은 도시 경영의 성공적인 케이스라고 할 수 있다.

개혁개방 이후 초기의 선전은 저임금을 기반으로 하는 가공무역과 제조업이 주된 산업이었다. 그러다가 1990년대에 남방경제특구에 포함되고, 2000년대에 들어서는 기술 연구·개발의 중심지가 되면서 첨단기술 도시로 탈바꿈했다. 기존의 제조업에 금융, 정보기술, 창업·혁신이 결합해 중국 최고의 첨단기술 산업 클러스터를 가진 도시가 된 것이다.

선전은 첨단 기술의 성지, 창업의 성지, 혁신의 성지가 되었다. 이에는 짧은 리드타임(lead time·설계가 끝난 후 생산이 시작되기까지의 시간)을 가능케 하는, 잘 조성된 인프라가 큰 역할을 한다.

선전에서는 '제품의 생산부터 완성품까지 단 일주일이면 가능하다'라는 말이 있을 정도로 '광속 제조'가 어렵지 않다. 개발자들은 유연한 제조 체인에 더해 신속한 문제해결 능력이 선전의 경쟁력이라고 설명한다.

서울의 용산전자상가와 같은 화창베이(华强北)는 IT 부품 업체들이 몰려 있을 뿐 아니라 아이디어가 있으면 바로 시제품을 만들어볼 수 있는 '메이커 스페이스'도 잘 갖추고 있다. 이런 환경이 여러 자원들의 조달을 유연하게 해 제조업 도시로서의 가치를 극대화시킨다. 짝퉁의 본거지이자 전통 전자상가였던 화창베이는 이제 첨단기술 단지로 변화되고 있다.

도시가 도시다우려면 인접성도 매우 중요하다. 사람과 자원 그리고 문화와 소비 등이 서로 만나 가치를 창출해야 그곳을 도시라 부를 수 있다. 선전의 난산 소프트웨어 파크는 전자상거래, 인공지능(AI), 빅데이터 등 소프트웨어 산업이 발달한 산업단지다. 이러한 자원들의 집중은 선전의 인접성(adjacency) 가치를 드높였다.

에드워드 글레이저가 쓴 《도시의 승리》에는 '똑똑하고 야망 있는 인재들을 끌어들이는 도시의 힘이야말로 나라의 번영과 개인의 행복을 결정짓는다.'라는 대목이 나온다. 그의 말처럼 중국은 선전을 통해 사람, 기업, 자본을 끌어모아왔다. 사람이 도시를 낳게 한다는 에드워드 글레이저의 말을 그대로 입증한 것이다.

그렇다면 선전은 중국 미래 경제성장에 어떤 가치를 창출했을까? 답은 중국 산업화의 선례가 되고 있다는 것이다. 〈광저우일보(广州日报)〉에 따르면, 선전의 신흥 산업은 이 지역의 GDP 40%를 넘게 차지한다. 이를 포함한 서비스 산업의 비중은 71%였고, 과학기술이 진보에 공헌한 비율은 61%, 선진 제조업에 따른 공업 증가치 비중은 69.7%였다.

강국으로 가기 위해 필요한 제조업, 서비스업, 과학기술 삼위일체의 모든 조건을 다 갖춘 선전의 모습이다. 〈광저우일보〉는 향후 선전의 계획은 '지혜로운 도시'를 건설하는 것이라고 밝혔다. 바로 '만물을 감지하고', '만물을 상호 연결하며', '만물을 스마트화'하는 테크놀로지를 기반으로 하는 도시다.

선전은 교통 분야에서도 일체화, 스마트화, 지혜화를 제공하는 교통 서비스 시스템을 높여가고 있다. 이미 70%의 전기버스가 공급되고, 30% 이상의 전기택시가 운영되는 도시 풍경을 보면 이를 이해할 수 있다.

기업이 도시를 만들었다

다음으로는 기업의 공통점을 살펴보자.

세계 드론 시장의 70%를 점유하고 있는 DJI, 전기차 시장에서 미국 테슬라와 정상을 다투는 비야디(BYD), 세계 최초로 5G에 성공한 화웨이, 중국 최고의 IT 기업인 텐센트, 중국 최대 부동산 기업인 완커, 중국 최대의 보험사이자 2017년 'BrandZ 최고 가치 있는 글로벌 브랜드 10'에 선정된 핑안보험, LG를 뛰어넘을 플렉서블 디스플레이 업체인 로욜레(ROYOLE), OLED로 유명한 중국 최대 가전 업체인 스카이워스그룹(Skyworth Group). 이들의 공통점은 모두 선전에서 탄생한 기업들이라는 것이다.

선전은 인구 8명 중 1명이 IT 기업을 운영할 정도로 기업가정신(entrepreneurship)이 충만한 도시다. 하지만 이는 창의적 인재가 도시로 몰려들었기 때문이라는 점도 기억해야 한다. 그러면 이렇게 될 수 있었던 가능성의 배경은 어디에서 나온 것일까?

세계 드론 1위 업체인 DJI를 보자. 세계 드론 시장이 매년 29% 성장하고 있고 2020년이면 그 규모가 150억 달러(약 17조 3,200억 원)에 달할 것이라는 드론 업계에서 당분간 DJI의 적수는 없어 보인다. DJI의 성공을 타고 현재 중국 드론 업체의 75%가 선전에 소재해 있다. 2018년 선전의 드론 생산액은 400억 위안(약 6조 7,200억 원)을 돌파했고,

2020-2030년 5G가 중국 경제에 미치는 규모 예측

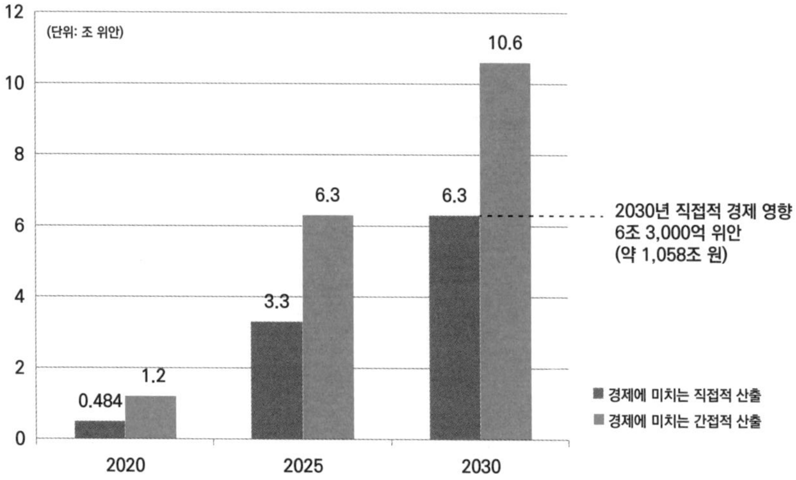

출처: 중국통신원(中国通讯院) '2019년 중국 5G 산업 전체 도표(盘点2019年中国5G产业全景图谱)'

관련 기업 수는 360여 개를 넘었다. 이런 시점에 DJI는 지역 경제와 중국 드론 산업의 시장을 주도하는 역할을 톡톡히 하고 있다.

2006년 홍콩 과기대 출신의 왕타오가 설립한 이 회사는 2015년 2월 미국 유명 월간지 〈패스트 컴퍼니(fast company)〉에 소비류 전자제품 혁신 회사로 선정되었다. DJI가 성장할 수 있었던 비결 중 하나는 바로 선전에 위치해 있었기 때문이다. 이른바 '선전 효과(Shenzhen effect)'의 힘이었다. 선전의 저렴한 운영비용과 생산 네트워크 체인으로 인해 틈새시장을 공략할 수 있었던 것이다. 지역 도시의 자원의 힘이 얼마나 중요한지를 볼 수 있는 대목이다.

하드웨어 기술의 양대 산맥인 통신장비 업체 화웨이와 ZTE도 여기가 태생지다. 화웨이가 선전을 탄생시켰는가? 아니면 선전이 화웨

이를 만들었는가? 이에 대한 토론은 현재진행 중이다. 분명한 사실은 이 둘 중 어느 하나만이 독립적으로 설명될 수 없다는 점이다. 1987년 중국군 출신의 엔지니어들이 설립한 화웨이가 선전을 선택한 것은 화웨이로서나 선전으로서나 최고의 조합이었음에 틀림없다.

선전이 가지는 지리적 위치와 정책상의 우대 요건들은 기업들에 특히 매력적인 요소로 꼽힌다. 그래서 베이징은 인터넷 기업이 발달한 반면, 선전은 풍부한 제조 환경으로 인해 하드웨어적인 생태가 더 활성화되어 있다.

중국의 이런 지역도시 경제 활성화는 공산당의 힘이 있기 때문에 가능했다. 공산당 정부는 정책 하나에도 여·야당, 언론이 논쟁을 일으키는 민주국가와는 업무 추진 방식이 다르다. 좋은 정책이든 나쁜 정책이든 한 번 정하면 무섭게 바로 실행 가능하고 강한 추진력을 발휘한다.

선전은 남방경제특구의 청사진을 제대로 그려간 성공적인 결과물이었다. 이 도시는 위에서 언급한 대로 수많은 세계적인 기업들을 창출해 이제는 중국 경제가 역으로 선전 효과의 영향을 받고 있다.

선전은 어떻게 세계적인 기업을 탄생시켰을까?

단순히 선전의 첨단 제조인프라 환경 때문에 다양한 혁신 기업들이 나올 수 있었을까? 물론 그것이 다는 아니다. 그게 다가 아니어야 창조 혁신 도시가 어떻게 탄생했는지에 대한 답을 얻을 수 있게 된다.

그 비결은 선전에는 산업의 허리 역할을 하는 중소기업들이 많기

선전(深圳)은 전기차, 전기버스를 제일 많이 생산하고 이용하는 도시다. 전기차 및 배터리 분야의 세계적 기업인 BYD는 '소형 신에너지 기차'라고 불리는 전기버스 K12A를 출시했다. 길이가 27m나 되며 250명을 태울 수 있다.

때문이다. 선전시 정부보고서에 따르면, 선전 공상국에 등록된 기업 중 99.6%가 중소기업이고, 이들이 내는 세금은 선전시 소재 기업 세수의 51.5%를 담당한다. 그만큼 선전에는 대기업이 독점하는 형태가 아닌, 경제와 노동을 이끌어가는 중소기업들이 많다.

주목할 점은 이 중소기업들은 일반적인 제조업 기반의 중소기업이 아니라는 것이다. 많은 중소기업들이 첨단 핵심기술 분야를 주 종목으로 하고 있어 실적 이상의 미래적 잠재력을 가지고 있다. 스마트화, 소자본, 경계를 뛰어넘는 융합의 요소들을 갖추고 있는 것이다.

중국 매체의 최신 통계에 따르면, 2018년 선전시 국가급 신기술 기업이 1만 개 이상인 것으로 나타났는데, 그중 80%가 중소기업이었다. 그리고 이들 중소기업이 보유한 특허출원 건수만 7만여 건으로 선전시 특허출원 건수 총량의 68.4%를 차지했다. 선전의 '혁신', '끊임없는 연구개발' 환경이 많은 중소기업들을 탄생시킨 것이다.

텐센트 CEO 마화텅에 따르면, 선전 상인에게는 특징이 있다고 한다. 첫 번째는 혁신과 뛰어들 줄 아는 도전정신이다. 그는 이러한 정신들을 선전의 환경과 절대 분립해서 생각할 수 없다고 설명했다.

두 번째로는 성실이다. 선전에 들어온 창업자들 대부분은 중국 각지, 세계 각지에서 모인 사람들이다. 낯선 곳에 뛰어들었을 때의 절박하고 성실히 임할 수밖에 없는 이유가 시작부터 느껴지지 않는가.

세 번째로는 개방성이다. 선전은 권위주의, 보호주의가 존재하지 않는 도시다. 모두 평등하다. 로욜레의 창업자 류즈홍(刘自鸿)은 이에 대해 "선전은 다원적이며 포용성을 가진 도시."라는 말로 공감을 표했다. 도시가 성장하기 위해서는 절대적 기준보다는 우선 다양성을 포용해야 할 필요가 있지 않은가. 창조적인 아이디어와 자원들이 나올 수 있는 곳은 세계 어디를 가든 평등, 포용, 다양성과 원래 친하다.

선전의 서커우공업지구(蛇口工业区)에 가면 덩샤오핑이 남긴 '시간은 돈이며 효율은 생명이다(时间就是金钱，效率就是生命)'라는 구호가 적혀 있다. 또한 유명한 슬로건인 '일단 왔으면 선전 사람이다(来了就是深圳人)'라는 말도 있다.

이는 선전이라는 도시가 누구에게든 새로운 가치를 창출할 수 있는 권한과 기회를 줄 수 있는 땅이라는 것을 말해주고 있다. '도시'로서의 존재성과 개방성 그리고 포용성의 진정한 의미를 알려주고 있다. 이것이 바로 중국이 시대에 맞게 도시를 세워가는 방식이다.

도시의 발전은 국가의 번영을 의미하고 그곳에 사는 사람들의 에너지를 담고 있다. 선전은 새로움을 자극하고 호기심에 열정을 부어주는 그런 에너지가 가득한 도시다. 그리고 2만 3,000달러(약 2,650만 원)의 1인당 GDP를 만들어내며 중국 최고의 부자 도시로 거듭났다. 선전은 중국이 어떻게 도시 경영을 이루었는지를 보여주는 대표적인 성공 사례다.

연결 사회가 낳은 중국의 공유경제

사용에 대한 인식이 업그레이드되다

세탁 전문 글로벌 프랜차이즈 업체인 C사가 인도에 진출했다가 실패한 일이 있다. 사연은 이렇다. 인도의 인상적인 풍경 중 하나는 여자들이 강가에 모여 옷을 빠는 빨래터다. 이를 기회로 본 것이다. 하지만 C사의 판단은 틀렸다.

실패한 이유는 인도인들의 의식을 간과한 때문이다. 인도 여자들은 빨래를 하면서 시어머니, 집안 살림에 대한 수다를 떨며 스트레스를 푼다. 여자를 낮게 보는 문화 때문에 이들한테 빨래터는 유일한 스트레스 탈출구다. C사는 문제를 잘못 정의한 것이다. 공유경제의 가장 중요한 핵심은 바로 문제에 대한 정의다.

돈 한 푼 없이도 호텔을 소유할 수 있고, 차 한 대 없이도 자동차 회사를 운영할 수 있고, 상품 하나 없이도 백화점을 열 수 있는 세상이 가능할까?

세계 최대의 공유자동차 서비스 업체인 우버(Uber) 회장은 "이 세상에서 가장 많은 차를 보유한 사람은 나다."라고 말했다. 공유숙박 서비스 업체인 에어비엔비(Airbnb) 회장도 "이 세상 모든 집은 다 내 것이다."라는 비슷한 말을 했다. 이것은 공유경제가 사물에 대한 시각을 바꾼 새로운 경제 형태를 탄생시켰음을 의미한다.

공유경제는 미국 하버드대 교수 로런스 레식(Lawrence Lessig)에 의해 처음 사용된 말이다. 한 번 생산된 제품을 여럿이 공유해 쓰는, 협력 소비를 기본으로 하는 경제 방식을 말한다.

현대는 이 개념이 더 발전하고 있다. 단순히 수요와 공급을 이어주는 공유적 플랫폼을 넘어 '서로 협력하는 경제'이자 마치 '동료 같은 형태의 경제'로 나아가고 있는 것이다.

한국에서는 지지부진한 공유경제가 중국에서는 그야말로 봄날이다. 국가정보국(国家信息)에 따르면, 현재 중국에는 6억 명 이상이 공유경제에 참여하고 있다고 한다. 중국이 가진 디지털기술의 응용과 영역의 확대로 참여가 확장될 수 있었다. 이러한 현상은 많은 중국 사람들이 공동체와 자원에 대한 신뢰를 가지고 있음을 보여주는 일이라 할 수 있다.

그러나 이를 빌미로 무질서 사회를 만드는 오류를 범해서는 안 된다. 단순히 공동이라는 개념으로 만들어가서도 안 된다.

중국에서 공부할 때의 일이다. 대학의 외국인 기숙사에서 살았는데 각 층에 공동주방이 마련되어 있었다. 밖에서 시켜 먹기 지겨울 때 그곳에서 한 번씩 음식을 조리해 먹었다. 기숙사 친구들이 생일을 맞으면 각자 자기 나라 음식을 만들어 파티를 열어줬던 추억이 생각난다. 음식을 한 후의 뒤처리는 매우 깔끔했다. 위험을 방지하기 위해 가스레인지가 아닌 인덕션만이 있었다. 단순할 수 있는 공동주방이 뜻밖에 서로의 문화를 즐기는 공유의 공간이 된 것이다. 한국에서도 최근 공유주방이 생겨나고 있다.

공유경제를 통한 부동산 재고 문제 해결을 설명해 유명해진 양즈웨이는 공유경제에 대해 이렇게 말했다. "자원 공유, 자산의 공유를 통해 자원의 이용률을 높이는 것, 그래서 그 안에서 대가를 얻는 것이다." 양즈웨이는 중국의 '국가 공유경제 혁신교역 시범지'의 책임자이기도 하다.

공유경제가 대중에게 사용된 대표적인 사례는 에어비엔비와 우버다. 두 업체는 단순한 소유의 개념에서 사용의 개념으로 전환하며 공유경제를 새롭게 비즈니스화해 눈길을 끌었다.

중국 정부는 2016년 3월 중앙 13차 5개년 규획(中央十三五规划纲要)에서 처음으로 공유경제라는 개념을 언급했다. 그리고 정부업무보고(政府工作报告)에서도 실질적으로 사용하기 시작했다. 정부업무보고는 '공유경제 발전을 지지하고, 자원 이용의 효율성을 제고해 사람들이 많이 참여하기를 바란다'라고 입장을 밝혔다.

중국의 경제 발전 목표와 최상의 이슈들을 다루는 정부업무보고에서 언급했다는 것은 공유경제를 경제성장에 필요한 새로운 핵심 요소로 중시하겠다는 뜻이다.

공유경제가 앞서 언급한 '협력의 의미'로서 가치를 띠려면 사용자의 참여야말로 가장 중요한 요소가 된다. 아무리 좋은 상품이라도 소

공유숙박 사이트인 샤오쥬(小猪). 사이트에 접속하면 방 크기, 이용료, 집주인에 대한 정보 등을 볼 수 있다. 사진의 집은 선전에 위치하고 198위안부터 시작한다고 소개되어 있다.

비자가 사지 않는다면 상품으로서의 가치를 가질 수 없기 때문이다. 그래서 공유경제가 활성화되었다는 것은 중국 사람들의 재화 사용에 대한 인식에 변화가 생겼음을 뜻한다.

대표적으로 모바이크(Mobike), 디디추싱(滴滴出行)의 교통공유 서비스 플랫폼과 따중디엔핑(大众点评), 메이투완(美团外卖)의 생활·음식 등의 정보공유 서비스는 필수 애플리케이션이 되었다. 이러한 공유 플랫폼 기업들이 생겨나면서 중국 국민들은 사실 공유경제에 대한 제대로 된 지식조차 모른 채 사용부터 하기 시작했다. 더구나 공유경제 기업들이 유니콘 기업으로 성장하면서 다른 나라에서도 중국 공유경제 시장에 주목하기 시작했다.

그러나 사실 중국에서는 2009년부터 공유경제가 싹을 틔우기 시작했다. 정확히 말하자면 2009년부터 2012년까지가 중국 공유경제 시장의 형성 단계다. 당시 디디추싱(滴滴出行), 런런다이(人人贷), 투지아(途家), 샤오쥬(小猪) 등의 공유 플랫폼 기업들이 생겨났다.

그리고 2013년부터 본격적으로 공유경제가 확산되기 시작했다. 중국은 세계 공유경제 시장의 발전 속도에 비해 1~2년 정도 늦게 출발했다. 하지만 규모 면에서는 놀라울 만큼의 기적을 보여주고 있다.

우버 택시 넘어 자전거 공유까지 사업화했다

2025년 세계 공유경제 규모는 3,350억 달러(약 387조 원)에 이를 것으로 전망되고 있다. 그때가 되면 중국의 공유경제 규모는 중국 GDP의 10%를 차지할 것이라 한다.

중국의 공유경제 시장 규모는 솔직히 파악이 쉽지 않다. 시장이 급격히 확산되고 있어 심지어 중국 내의 규모 측정과 예측이 세계 전체 수치를 웃도는 경우까지 나오고 있기 때문이다. 그럼에도, 또 중국의 공유경제 기업에 대한 의심의 눈초리가 여전히 존재함에도 잠재력 있게 평가되는 이유는 무엇일까.

그 바탕에는 방대한 인구, 호기심에 강한 90허우, 00허우 밀레니엄 세대들의 등장, 일상생활에서의 모바일 사용의 높은 접착성, 자전거를 타는 문화에 익숙한 사람들 등 여러 사회문화적 요소가 존재한다. 특히 중국의 소비 결제, 기업과 소비자 혹은 서비스와 이용자 간의 인터페이스가 모바일 사용과 접착성이 크다는 점은 중요한 환경으로 꼽힌다.

공유경제는 무엇보다 '연결을 구조조정'하는 것이라고 할 수 있다. 연결되지 않았던 자원들을 연결하고, 기존에는 상상할 수 없었던 새로운 연결 사회의 가치를 부여하는 것이다. 결론적으로 중국의 공유시장은 체험의 재구성, 상업의 재구성, 연결의 재구성의 원리에 기반한다고 할 수 있다.

중국의 기업들은 거리에서 첫 번째로 공유경제의 칼을 빼들었다.

미국 공유자동차 업체인 우버는 2013년 중국에 진출했다. 하지만 2016년 우버차이나에 인수되며 사실상 소리 소문 없이 후퇴했다. 지금 우버는 사업의 다각화를 위해 단기 인력공급 공유 서비스인 우버워크스를 만들었다. 이런 가운데 미국 대신 게임의 승자가 된 회사는 아래 소개하는 중국의 디디추싱이었다.

중국 사람들은 여전히 구글과 바이두, 우버와 디디추싱, 아마존과 알리바바를 비교하며 외국 기업들이 중국에서 패배하고 자국 기업이 승리를 거머쥐는 이야기를 듣고 싶어 한다. 이를 정확히 보기 위해서는 중국 현지의 현실을 아는 것이 중요하다. 다시 말해 중국 기업들이 어떻게 시장에 접근했는지 관찰해보자는 것이다. 다음의 기업들을 보면서 중국의 공유경제를 좀 더 살펴보자.

▲디디추싱(滴滴出行)

2012년 설립된 디디추싱은 중국 최대의 공유자동차 기업이다. 현재 기업 가치는 약 500억 달러(약 57조 7,000억 원)로 추산된다. 우버차이나를 인수했으며, 알리바바와 텐센트보다 거액의 투자금을 유치한 데카콘(기업 가치 100억 달러 이상) 기업이다.

중국인들의 '1km 외출'에 착안한 공유자전거는 중국의 거리 풍경마저 바꿔놓았다. QR코드 스캔을 적용해 누구든 쉽게 이용할 수 있도록 했다.

알리바바가 투자한 콰이디다처(快的打车)와 텐센트가 투자한 디디다처(滴滴打车)가 합병하면서 현재의 이름으로 변경했다. 이 기업이 주목받는 이유 중 하나는 '원스톱 다원화 서비스'를 제공한다는 점 때문이다. 현재 디디추싱은 택시, 스페셜 카, FlashGet(快车), 카풀(car pool), 카셰어링(car sharing), 버스, 기업 전용차, 대리차 등 12개의 다양한 교통 서비스를 제공하고 있다.

이용자가 4억 8,000만 명으로 중국의 교통 시스템 풍경을 바꾸어놓았다. 현재 약 400여 개 도시에 퍼져 있는 디디추싱은 2018년 1월부터 공유자전거 서비스까지로 사업을 확대했다.

그들은 꽤나 전투적인 행보를 보이고 있다. 자국 공유 업계의 선두 주자로서의 체면을 살리고자 그들은 브라질의 공유자동차 업체 99를 인수했다. 그 밖에도 유럽의 택시 어플인 택시파이(Taxify), 중동 최대 차량호출 업체인 카림(Careem), 미국의 또 다른 차량공유 업체인 리프트(Lyft)에 투자하며 공유 업계의 큰손임을 증명했다.

▲오포(ofo)

낡은 자전거를 타고 다니던 중국 거리의 풍경을 바꿔놓은 공유자전거 업체다. 2014년 설립된 이래 시장의 포화로 업계가 재편 중이지만 공유경제 개척자로서 중요한 의미를 띠는 도전을 해왔다.

창업자 다이웨이(戴威)는 중국인들의 '1킬로미터의 외출' 문제를 남다르게 보았다. 여기에 중국인들에게 익숙한 모바일 결제와 QR코드 스캔을 적용해 효율적인 스마트 교통 인터페이스를 구축했다.

그들은 '개방·공유형 + 인터넷 혁신 모델'을 통해 자전거 재고 시장을 변동시켰다. 2016년 베이징에서 개최된 도시전략발표회(城市战略发布会)에서 '도시 대공유(城市大共享)'의 중요성을 언급했다. 도시에서 무엇을 공유해야 시민들의 효율성을 올릴 수 있을까 하는 것이 발표회의 주안점이었다. 이후 오포는 창업을 통해 교통수단의 응용이야말로 시민의 가장 기본적인 삶의 조건을 채워줄 수 있다는 것을 보여주었다.

중국은 엄청난 자동차 수로 인해 도시가 겪는 교통 체증과 그로 인한 환경오염이 매우 심각하다. 자전거는 중국의 이런 사회적 환경문제를 해결하는 데 좋은 수단으로 활용되고 있다. 단 1위안(1시간 기준)으로 가까운 거리를 갈 수 있게 된 것이다. 학생은 0.5위안이다.

중국에서 공유경제는 신뢰의 경제

중국에서 공유경제를 이끌어가는 원동력은 무엇일까? 중국의 디지털기술 응용 능력을 보면서 얻은 답은 네트워킹(网络化)을 건설하고 시장에 응용하는 능력이 탁월하다는 것이다. 2016년 7월 중국이 발표한 〈국가 정보화 발전전략 개요(国家信息化发展战略纲要)〉에 따르면, '공유경제가 발전하려면 네트워킹을 설립해 협동적으로 혁신적인 시스템을 만드는 것이 중요하다.'라고 했다.

중국에서는 과연 어떤 배경에 공유경제가 이렇게 활성화될 수 있었을까? 중국은 전체 생태계를 꿰뚫어보는 사유 방식과 시각으로 시장경제를 규모화시키고 심층화시키는 작업에 뛰어나다. 다시 말해 나무와 숲을 동시에 통찰하는 방법으로 기술과 시장을 연결하고 있다.

디테일에 강하며 전체적인 설계 능력도 뛰어나다. 중국이 협력 네트워크를 기반으로 한 디지털 연결의 메커니즘을 시장경제에 작동시켰다는 것을 기억해야 한다. 무엇보다 모바일 결제, QR코드 스캔, 위챗이 디지털 연결의 매개체가 될 수 있었다.

4차 산업혁명 시대에 접어들면서 항상 강조되는 '연결(连接·connecting)'이라는 사유 방식이 공유경제를 빠르게 성장하게 했다는 것 역시 빼놓을 수 없다.

연결 사유 방식을 통한 새로운 네트워킹 모델은 중국의 꽌시와도 직결된다. 왜냐하면 6억 명 이상의 중국인들이 공유경제에 참여한다는 것은 끈끈한 유대 관계, 신뢰 관계를 엿보게 하기 때문이다.

2018년 춘절 기간 동안, 디디추싱의 순펑처(카풀 개념)는 연인원

3,067만에 달하는 승객을 고향으로 모셨다. 춘절 때 몰리는 교통체증을 해결한 것만으로도 중국 사회에 공유경제 시스템이 어떻게 조화를 이루고 있는지 알 수 있다. 아이리서치에 따르면, 중국인 80% 이상이 공유경제 애플리케이션 플랫폼을 사용해본 적이 있다고 했다.

이런 참여가 가능하자면 일단 장애물이 없어야 하는데, 중국의 공유경제 서비스의 경우 진입장벽이 낮은 점이 긍정적인 역할을 했다. 별도의 애플리케이션의 다운 없이도 QR코드 하나면 바로 서비스를 이용할 수 있다. 위챗페이와 알리페이 결제 서비스와도 모두 연결되어 있어 한 번만 클릭하면 결제가 끝난다.

현재 중국의 많은 기업들이 단일화된 공유경제에서 에코시스템(ecosystem)의 청사진을 가지고 공유 범위와 개념을 확장해나가고 있다.

아이리서치 보고서에 의하면, 공유교통 운행의 경우 '자동차 금융 + 자동차 수리 서비스 + 새 차 판매'를 융합한 서비스가 있다고 한다. 온라인 의료 서비스의 경우는 '오프라인 치료 + 약국과의 합작 + 의료보험'의 서비스를 융합할 수 있다. 임대 서비스의 경우는 '건설사 + 스마트 인테리어 + 여행 + 생활 서비스'를 융합한 예가 있다. 이것이 바로 단일화된 공유경제에서 생태계 시스템을 구상하고 공유경제를 만들어가는 중국의 방식이다.

중국의 월간지인 〈비즈니스 차이나(中国商界)〉는 '공유경제는 경제 발전의 새로운 엔진이 되었다.(共享经济成为经济发展新引擎)'라는 글을 실었다. 그뿐만 아니라 18기 5중 전회에서 공유경제 개념이 거론된 이후로 '공유경제는 중국 경제의 새로운 성장점이다.'라는 사회적 반응이 나오고 있다.

인터넷 플러스(모든 전자기기에 인터넷을 더한다는 뜻) 전략이 강조되는 것은 인터넷·모바일을 기초로 인프라와 다른 요소들을 융합해 새로운 경제 형태가 창조되어야 한다는 뜻이다. 인터넷이 공유플랫폼 성장에 중요한 기초 자원인 것을 고려하면, 공유경제는 중국 경제가 성장하는 데 새로운 경제 모델이 되고 있음을 보여주는 일이다.

새로운 경제는 특별히 큰 정책에서 나오는 것도, 명철한 연구자의 머릿속에서 나오는 것도 아니다. 누군가의 혁신적 사고의 실행으로 탄생한다.

◈ 공유형 전동차 배터리 ◈

중국의 3대 공공교통은 자동차, 공유자전거, 전동차다.
전동차는 전기스쿠터를 의미하는데 이용자가 약 2억 9,000만 명에 이를 정도로 국민 교통수단이다. 전기를 사용하므로 환경오염을 방지하고 자전거에 비해 튼튼해 오랫동안 타고 다닐 수 있다는 것이 장점이다.
공유형 전동차 배터리를 교체해주는 충전소가 생겨났다. 전동차 배터리 생산업체인 'e환디엔(e换电)'이 셀프식 배터리 교체소, 스마트 배터리 창고, 애플리케이션 연동 플랫폼을 만든 것이다.
e환디엔은 거리에서 전동차를 충전하느라 시간을 허비하지 않도록 충전이 아닌 배터리를 바꾸는 형태의 아이디어를 생각해냈다. 사용자들이 전동차를 타고 가다 배터리가 떨어지면 e환디엔의 앱을 열어 가까운 충전소를 검색하고 미리 예약해 배터리를 교체하면 된다.
배터리가 4.5킬로그램에 불과할 만큼 가벼워서 차량용 배터리는 무겁다, 라는 인식을 해소시켰다. 그만큼 편의성을 강화했다. 배터리 안에는 GPS 위치추적 시스템이 들어 있어 배터리의 분실도 방지할 수 있게 했다.
중국에서는 자동차, 자전거, 전동차 등 탈것을 공유하는 시스템이 폭넓게 자리하고 있다. 자동차의 경우 택시도 공유자동차 회사에 멤버로 가입하고 있어 공유자동차가 택시계의 반발로 시장을 열지 못하는 우리나라와는 입장이 다르다.

중국에 유니콘 기업이 잇달아 탄생하는 이유는?

중국 경제의 산소가 되고 있는 유니콘 기업

중국 학생들은 초등학교, 중학교 때부터 전통 시를 외운다. 그뿐만 아니라 문언문(文言文)이라는 고대한어 산문을 아침마다 읊조린다. 그리고 글자 하나하나를 현대적인 의미로 해석한다. 학창시절, 나 역시도 땀을 뻘뻘 흘리며 그런 현실을 따라갔다. 외국인이라고 가끔 봐준 기억도 있지만 개인과외를 받으면서 고대한어를 독파하려고 노력했다.

중국인들의 이런 교육 환경이 어쩌면 그들이 유니콘(unicorn) 기업을 많이 세울 수 있었던 촉진제와 같은 역할을 했을지도 모른다. 문언문을 배우며 철학적 질문과 인문학적 질문을 한다. 그것은 그들이 끊임없이 기업을 만들어내고 실패하는 과정을 받아들일 수 있도록 만든다.

황하 문명을 일으킨 중국은 5,000년 이상의 역사를 그려왔다. 그리고 30년 이상의 개혁개방을 거치면서 새로운 경제 발전 모델과 전략을 모색해왔다. 그 결과 농촌 개혁, 국영기업, 수출 주도형, 내수 시장 활성화 등 다양한 방법들이 나왔다.

중국은 과거의 강국 역사를 재현하려 한다. 학자에 따라 견해가 다르지만 18세기 청나라는 세계 GDP의 30~40%, 세계 무역 흑자의 40% 이상을 차지했다. 실제로 당시 서구의 귀족과 부자들이 갖기를 열망하던 사치품인 비단, 도자기, 차의 생산을 중국이 거의 독점하다시피 했다. 경제적인 힘이 지금의 미국 이상이었던 것이다.

그러나 현대의 강국 개념은 과거와는 다르다. 내부적으로 국민의 인정을 받아야 하고, 외부적으로 국제사회에서 역량을 드러내는 국가여야 강국이다. 중국은 이제 먹고살 정도의 수준에 도달했고, 많은 민영기업들이 생겨났으며, 소비 시장에 큰손들이 출현했다.

중국은 진정한 강국이기보다는 아직은 대국 이미지의 단계에 있다. 중국은 강국으로 인정받기 위해 이제는 균형적 발전과 혁신적 발전의 형태를 만드는 것에 집중하고 있다. 여기에 동력이 되는 것이 바로 기업이다.

특히 내부적으로 내수 경제와 산업을 활성화시키고 외부적으로는 세계에서 중국 기술이 인정받도록 하고 있는 유니콘 기업들을 주목하고자 한다.

유니콘 기업이란 기업 가치가 10억 달러(약 1조 1,550억 원) 이상인 비상장 신생 기업을 일컫는 말이다. 뿔이 하나 달린 말의 형상을 한 전설상의 동물인 유니콘처럼 상장하기도 전에 기업 가치가 1조 원

이상 되는, 상상 속에서나 가능할 일이 현실에서 일어났다는 의미에 이런 말을 쓰게 되었다. 2013년 여성 벤처 투자자인 에일린 리(Aileen Lee)가 처음 사용한 용어다.

미국 스타트업 분석 업체인 CB 인사이트(CB Insights)에 의하면, 전 세계 222개의 유니콘 기업 중 미국이 1위로 절반을 차지하고 있고, 중국이 2위로 50개 이상을 배출했다고 한다.

세계적인 드론 업체인 DJI, 빅데이터 콘텐츠 업체인 진르토우탸오(今日头条) 모두 유니콘 기업을 거쳤다. 유니콘 기업도 대단한데 샤오미와 디디추싱은 다시 이의 10배인 100억 달러 이상의 기업 가치를 보유한 것을 뜻하는 데카콘(decacorn) 기업 수준에까지 이르렀다.

중국 경제의 새로운 속도는 바로 이러한 공유경제, 전자상거래, 과학기술, 빅데이터 등 혁신적인 기업들이 부상하면서부터 시작되었다. 한편, 한국은 쿠팡과 옐로우모바일 등 2개의 유니콘 기업을 가지고 있다.

실패를 실패라고 꼬집지 않는 분위기

그렇다면 중국은 어떻게 세계 2위이자 아시아에서 가장 많은 유니콘 기업들을 배출하게 되었을까? 결론부터 말하자면 정부의 창업주도 정책인 '대중창업, 만중혁신(大众创业 万众创新)'과 인터넷 플러스 전략이 배경에 있었다.

먼저 꼽은 쐉촹(双床·대중창업, 만중혁신)은 두 번의 창조 혁신을 강조하면서 무에서 유를 만드는 것을 두려워하지 않는 사회적 분위기를 조성했다. 이에 힘입어 많은 스타트업이 생겨날 수 있었다. 실제로 중국에서는 창업에 실패했다고 해서 낙오자 취급을 하지 않는다. 재도전할 수 있는 환경이 우리보다 유연하다.

중국 친구들과 오랜만에 연락을 주고받으면 꼭 나오는 이야기가 있다. 비즈니스 관련 이야기다. 지난주 중국 친구와 웨이씬으로 수다를 떨다 받았던 메시지다.

'나도 앞으로 인플루언서 콘텐츠 쪽으로 창업할 비전을 갖고 있어.'

직장인이지만 회사에 자신의 인생을 거는 것이 아닌, 언젠가 자신도 물고기가 보이는 곳에 낚시를 하러 가겠다는 것이다.

그 친구는 다음에 자신과 같이 한번 해보자고 제안까지 했다. 그 말이 진짜가 될 수 있을지는 모르지만, 멋진 친구를 두었구나 하는 생각이 들었다. 감사하게도 주위에 이런 친구가 많다. 그들은 과연 무엇에 영향을 받은 것일까?

다음과 같은 이유가 있을 것이다. 무엇보다 중국 정부의 탄탄한 창업 제도가 개방적인 창업 생태계를 조성했다. 중국의 실리콘밸리인 중관춘을 보면 느낄 수 있다. 유니콘 기업의 절반 이상이 중관춘에서 나온다. 또한 첨단 기술개발 단지인 고심구(高新区·하이테크존)에서도 많은 신생 기업들을 육성하고 있다. 중관춘과 고심구는 중국발 유니콘 기업의 산실이다.

선전, 상하이, 항저우 역시 유니콘 기업들이 탄생할 수 있는 여건들이 잘 조성되어 있다. 투자기관이 대중 창업을 촉진시키고 어느 분야든 혁신의 시선으로 연구하고 도전한다는 인식이 폭넓게 자리 잡고 있다.

최근 각광받는 중국의 유니콘 기업들

기업명	사업 영역	사업 특징
오루이보 (欧瑞博, ORVIBO)	스마트 가전, 스마트 홈 솔루션	스마트 도어록, 스마트 전기스위치, 와이파이 서킷, 에너지 매니지먼트 시스템, 스마트 어뮤즈먼트 시스템, 스마트 R+T 시스템
메이차이 (美菜)	농수산 식품 전자상거래 및 플랫폼	농촌과 직거래, 공급 체인을 통해 온라인으로 신선식품 판매
비터따루 (比特大陆, BITMAIN)	컴퓨팅 기술 개발, AI 기술 개발	암호화폐 채굴(Antpool, 마이닝), 블록체인, AI 기술, AI 딥러닝 칩 개발
탄윈쯔넝 (碳云智能, iCarbox)	스마트 건강	디지털 건강관리 플랫폼(觅我), 건강 빅데이터 플랫폼(단백질 대사인 소변, 땀, 혈액/피부, 위장의 미생물 등을 포함한 데이터)
아이후이쇼우 (爱回收)	중고 전자제품 회수 및 환경보호 처리 플랫폼	오프라인에서 중고제품 회수 기기 운영, 징둥 이커머스 기업과 합작해 트래픽을 모으는 데 집중
졸리시크 (Jollychic)	전자상거래 (중동 지역)	요르단 온라인 쇼핑 기업 Marka VIP 인수, 중동 지역 전자상거래 플랫폼 확장

출처: 중국 337개 유니콘 기업 최신 명단(中国337价独角企业史上最新最全名单 2019)

두 번째 요소인 인터넷 플러스 전략은 '인터넷 사유' 방식을 가리킨다. 하이테크 기술과 인터넷, 전자상거래, 모바일 등 디지털기술이 인터넷 사유와 만나서 무에서 유를 창조하는 새로운 비즈니스 기회를 만들었다. 여기에 중국의 모바일 결제 시장의 인구 보너스까지 합세해 유니콘 기업들이 뭐든 해볼 수 있는 판이 형성되었다.

대표적으로는 금융과 테크를 융합한 P2P(개인 간 대출) 핀테크 회사인 루팩스(Lufax)가 있다. 중국 최대 보험사인 핑안보험의 투자로 만들어진 루팩스는 아시아 핀테크 유니콘 기업 중 1위이며 전 세계 유니콘 기업에서는 13위의 시장 지위를 차지하고 있다. 2018년 루팩스의 기업 가치는 2,600억 위안(약 43조 6,800억 원)까지 성장했다.

대륙의 기업가정신은 하루아침에 생기지 않았다

중국은 창업 혁신 단지를 조성함으로써 기업가정신이 생겨날 수 있는 환경을 의도적으로 만들고 있다. 한국은행의 〈중국의 창업 활성화 배경과 시사점〉이라는 보고서에 따르면, 인구 1만 명당 한국은 15개, 중국은 32개의 기업이 설립된다고 한다.

또한 미국 경제전문지 〈포브스〉가 발표한 '글로벌 2,000대 기업 국가별 현황'에 따르면, 2019년 이 숫자에서 중국은 전년에 비해 18개가 늘었지만 한국은 같은 기간 5개가 감소한 것으로 나타났다.

이는 사회적으로 재능을 살려 기업가정신으로 무장하고 새로운 분야를 연구 및 개척하는 분위기 면에서 중국이 앞서 있다는 것을 말해준다. 이런 차이가 지속된다면 미래에 적지 않은 중국 기업들이 한국의 기업을 앞지를 가능성이 높아질 것이다.

또한 예로부터 장사에 능했던 중국인을 보면 그들이 민족적으로 기업가정신, 모험정신의 DNA를 가지고 있다는 생각을 하지 않을 수 없다.

그렇다면 중국의 기업가들은 공통적으로 어떤 정신을 함양하고 있을까?《창업가 정신: 중국 창업가는 어떻게 중국과 세계를 변화시켰나(创业家精神: 中国创业者如何改变中国与世界)》라는 책은 중국 기업가정신의 특징 중 하나로 '민족적 자신감(民族自豪感)'을 꼽고 있다. 중국인들의 민족적 자신감은 애국주의 교육으로부터 형성된다.

특히 사회주의 시장경제 체제를 가진 중국에서 기업가정신은 애국주의와 분립해 말할 수 없다. 모험을 무릅쓰고 혁신을 시도하는 모습에서 중국 기업가들의 내면을 흐르는 레드 캐피털의 피가 느껴지는 것 같다.

중화의 직업 교육은 기본적으로 애국주의적 색채를 띤다. 이는 개인의 자아 개념을 형성하는 데 당연히 영향을 끼칠 요인이다. 그런 교육에 따른 발현은 사회 속의 존재감과 개인으로서의 인정을 동시에 얻는 방향으로 인도되는 것 같다. 이런 의식이 중국 기업가들에게 미치는 정신적인 작용을 뺀 채 중국의 기업가정신을 언급할 수는 없다.

맹자 역시 그의 선의후리(先義後利) 철학을 통해 기억에 남는 리더가 되려면 이익이 아닌 인간과 사회를 먼저 생각해야 한다고 말하지 않았던가.

중국이 신경제 모델과 청사진을 강조하면서 새로운 기업의 형태가 생겨나기 시작했다. 인터넷 사용자가 급속히 늘었던 1990년대 말부

스마트 가전 분야의 유니콘 기업인 오루이보(欧瑞博, ORVIBO)가 구축한 스마트 홈 솔루션.

터 중국 기업들은 해외 시장을 목표에 넣었다. 기업들은 그때부터 미래 노선은 스스로가 만들어가야 한다는 것을 인식하기 시작했다. 중국의 기업과 시장 환경이 개방적, 수평적, 혁신적인 색깔로 변모한 것도 그때부터다.

1978년 중국이 개혁개방을 했을 무렵엔 단 한 개의 사영기업(私营企业)도 없었다. 국유기업이 전부였던 시대였다. 그런 환경을 뚫고 1978년 이래 자영업자, 향촌기업, 사영기업 등이 생겨나기 시작했다. 그리고 1980년대부터는 1세대 창업가들이 생겨났다.

1990년대로 넘어와서는 정부에서 사직(下海)한 관료들이 기업을 세우기 시작했다. 90년대 중·후반에는 알리바바, 텐센트, 바이두와 같은 온라인 기업들이 탄생했다. 21세기인 현재는 샤오미, 디디추싱, 진르토우탸오와 같은 유니콘 기업들이 중국 경제에 새로운 아이콘으로 자리를 잡아가고 있다.

'신기술, 신산업, 신경영, 신모델'이 유니콘 기업의 방식

〈2018년 ICT 심도관찰 대형보고(2018年ICT深度观察大型报告x会白皮书)〉에 따르면, 전 세계 유니콘 기업의 시가총액은 800조 원으로 추정되었다. 국가별로는 미국이 46%, 중국이 41%를 차지하는 것으로 나타났다.

흥미로운 점은 중국의 스타트업이 유니콘 기업으로 성장하기까지 걸리는 기간은 4년으로 7년이 걸리는 미국보다 빠르다는 것이다. 디디추싱, 모바이크는 2년이 걸렸다. 샤오미는 불과 1년 8개월 정도가 걸렸다.

성장 속도뿐만 아니라 양적인 팽창까지 보이는 중국의 유니콘 기업들은 미래 중국 경제에 어떤 영향을 미칠까? 유니콘 기업은 중국 경제의 혁신을 구동시키는 역할을 한다. 중국의 유니콘 기업들을 보면 주로 첨단 제조, 클라우드, 인공지능, 생물과학 쪽인 것도 눈에 띈다.

유니콘 기업의 특징은 혁신적인 새로운 비즈니스 모델을 창출하는 데 있다. 이들은 이미 중국의 인터넷과 과학기술 발전에 힘입어 새로운 상업 모델을 창조했다. 새로운 상업 모델은 새로운 경영 방식을 낳고, 나아가 기술 영역까지 확장시키는 엔진 역할을 한다.

유니콘 기업은 중국의 경제 발전을 이끄는 과학기술 혁신의 주체다. 그리고 이는 국제사회에서 군사 강국만이 아닌 경제 강국으로서의 중국의 위상을 높이는 데 기여한다. 2018년 중국 유니콘 기업을 보면 1위 앤트파이낸셜, 2위 디디추싱, 3위 샤오미, 4위 진르토우탸오, 5위 메이퇀디엔핑 순위로 몸집을 키워나가고 있다.

유니콘 기업이야말로 신경제 기업이다. 왜냐하면 4개의 신(新), '신기술, 신산업, 신경영, 신모델'을 갖고 있기 때문이다.

아시아에는 약 75개 이상의 유니콘 기업이 있다. 그중 중국이 3분의 2가 넘는 57개 정도를 보유하고 있다. 이들 대부분은 전자상거래, 모바일 결제, 공유경제, 핀테크, 스마트 하드웨어 분야에서 엔진 역할을 하며 성장해가고 있다.

중국은 아직 경제적으로 기술적으로 세계적인 수준에는 이르지 않았지만, 아시아에서는 이미 엄청난 시장 장악력을 보이고 있다. 경각

심을 가지지 않을 수 없다.

성장이 곧 성공을 보장하지는 않는다. 그러나 중국 유니콘 기업들의 밸류에이션이 점점 높아지고 있다는 것을 부정할 순 없다. 이들 유니콘 기업들은 4차 산업혁명 시대에 맞는 혁신적인 모델을 만들어가고 있다는 점에서 국제적인 가치를 평가받을 가능성은 충분하다.

◈ 인공지능이 결합된 동영상 ◈

'video++ 지렌커지(极链科技)'는 인공지능 기반의 동영상과 광고를 제작하는 플랫폼 회사로서 중국 내의 동영상 트래픽 65%를 차지하고 있다.

알리바바 산하의 원펑기금(云锋基金), 중국국투(中国国投) 등의 투자로 설립되었는데, 순방문자 수가 월 4억 명이 넘는다. Video 인공지능인 Video OS, 동영상 콘텐츠 스캔 인식, 동영상 데이터 관리 시스템, 상업 기회 탐색 시스템을 기반으로 광고(ASMP), 전자상거래(Vmall), 엔터테인먼트(Vfun) 업무를 진행한다.

자랑이라면 역시 인공지능 기능과 동영상의 결합이다. 방송국, 전자상거래, 소셜 네트워크, 광고대행사 등의 동영상을 제작해주는데, 동영상에 나오는 인물, 물건, 브랜드, 장소, 움직임 등의 데이터를 인공지능으로 분석, 제공한다.

지렌커지의 가장 성공한 상품인 ASMP(AI scene marketing platform · 인공지능 동영상 마케팅) 시스템은 동영상 내용들을 인공지능으로 처리한 후 광고주들과 생산자 등 참여자들의 수요와 가치를 동영상으로 창출해낸다. 동영상 관람자와 클라이언트들 간의 접근성을 최단 거리로 해 원스톱 방식으로 수요가 실현될 수 있도록 한 것이 특징이다.

'좋아요' 클릭, QR코드, 홍바오 수령, 당첨자 뽑기, 전자상거래가 연동된 '바로 구매' 기능을 결합해 개방적인 참여가 가능하도록 했다.

연간 영업이익이 5억 위안(약 840억 원)에 달하고 구글에서 주관한 '2018 Google Landmark Recognition' 대회에서 1위를 차지하며 무섭게 성장하고 있다. 지금 중국의 동영상 콘텐츠 제작 플랫폼 시장은 첨단기술을 보조적 수단으로 삼아 개성화, 다양화, 개방화되어가고 있다.

한국 기업보다 한류를 더 잘 파는 중국 기업의 비결은?

기본은 현지화 전략

최근 아로마테라피 화장품 창업을 준비하며 많은 사람들을 만났다. 5명 중 3명은 나보고 중국 시장에 도전해보는 것은 어떻겠느냐고 한다. 나는 다소 조심스럽게 "화장품 시장은 이미 포화되었지만 중국인들에게 맞는 향을 개발해 아로마테라피 쪽으로 진출하면 가능성은 있다고 생각해요."라고 답했다.

그러나 돌다리도 두드려보고 건너야 하지 않겠는가. 중국어를 할 수 있다고, 중국에 오래 살았다고 해서 쉽게 덤빌 수 있는 문제는 아니다. 나는 창업 준비 기간을 통해 두 가지를 발견했다. 첫째는 여전히 많은 사람들이 중국을 최대 소비 시장이라고 생각한다는 것, 둘째는 그럼에도 불구하고 두려움과 염려로 인해 도전을 망설인다는 것이다. 그렇다. 앞으로 우리는 "왜?"보다 "어떻게?"에 집중해야 한다.

한류는 중국에서 여전히 유효하다. 등락은 있었으나 2000년대부터 쌓아온 저변이 꽤 된다. 음악, 드라마, 패션, 뷰티 등 장르도 다양하다. 이것이 내려가면 저것으로 치고 나갈 정도로 힘이 축적되어 있다.

한국수출입은행 해외경제연구소가 발표한 〈한류 문화콘텐츠 수출의 경제효과〉에 따르면, 2018년 K팝, 방송, 지식정보, 광고 등 한류 문화콘텐츠 수출액은 75억 달러로 전년(68억 9,000달러)보다 8.8% 늘었다. 이는 2018년 우리나라 전체 수출 증가율 5.4%를 능가하는 성장세다. 한국수출입은행은 또 한류 문화콘텐츠 수출이 100달러 늘면 다른 소비재 수출 약 250달러 증가를 견인한다는 분석 결과도 내놓았다.

사드 배치의 영향으로 중국에서 한국 상품, 한국 셀러브리티들의 활동이 제한되었음에도 전체 수지에서는 악재마저 이겨내는 저력을 보여준 한류다.

피해는 오히려 중국 내에서 한국 음식과 의류, 화장품을 파는 소상공인과 중소기업이 더 크게 입은 것 같다. 한국 음식을 파는 중국 가게 앞에는 '한국 식당이 아니다. 중국인이 운영하는 식당이다.'라는 팻말을 자주 볼 수 있었다. 그렇게 한국, 한류는 한동안 중국에서 민감한 단어였다.

1992년 중국과 수교를 맺은 것을 시작으로 한국의 대중국 투자는 급증했다. 그만큼 의존도 역시 커져갔던 것이 자연스레 중국에 칼자루를 쥐어준 모양새가 되었다. 한국의 수출에서 중국이 차지하는 비중은 24.8% 정도인 반면 중국의 한국 수출 비중은 5%다. 중국이 기침하면 감기는 한국이 앓는다는 말이 숫자로도 드러난다.

나는 이 감기몸살을 직접 경험했다. 알리바바 산하의 전자상거래 티몰에 한국 브랜드의 입점을 넣었을 때 허가받기가 쉽지 않았다. 한국 클라이언트들은 왜 답변을 주지 않느냐며 아우성을 쳤지만, 사드의 영향으로 입점이 제한되고 있다는 말밖에 할 수 없었던 때가 있었다. 브랜드 입점에 대한 심사가 까다로워져 웬만한 온라인 쇼핑몰들은 손해 보는 장사였기 때문에 감히 덤빌 수조차 없었다.

여태까지 중국은 돈 벌기 좋은 나라였다. 세계 각국은 중국인들이 필요로 하고 열광하는 각자의 자원을 가져다 팔면서 돈을 벌었다. 규모의 경제를 신뢰한 결과였다. 그러나 중국의 혁신 능력이 발전하면서 이제는 자국 방식으로 경제를 부흥시킬 수 있는 단계에 올라섰다.

이것은 시장에서 중국과 우리의 관계에 변화가 생겼다는 것을 의미한다. 그동안의 단일화된 소비자와 판매자 개념이 쇠퇴하고, 새로이 상호 파트너 관계, 즉 거래 관계가 다원화로 넘어가고 있는 것이다. 앞으로는 중국과의 거래가 우리에게 윈-윈 게임일 수도 있고 혹은 제로섬 게임이 될 수도 있다는 뜻이다.

그럴수록 우리는 여전히 중국과 협력하며 생존하는 방법을 모색해야 한다. 그렇다면 어떻게 해야 할까? '한국보다 한류를 더 잘 파는 중국 기업'을 통해 그 비결을 찾아볼 수 있다.

중국에서 한국 본토 기업보다 한류를 더 잘 판다는 기준은 무엇일까? 그것은 바로 현지화(localization)다. 현지화란 그 나라의 우수한 콘텐츠가 중국 시장, 문화, 사람, 산업 환경에 녹아들게 하는 것이다. 그리고 이는 반드시 현지 시장과 사람들의 공감을 불러일으켜야 한다.

이것이 바로 진짜 현지화된 상품이자 고객들이 진짜 원하는 것이기 때문이다. 단순히 브랜딩과 마케팅으로 포장하는 것이 아니다. 최종적으로 중국인들의 공감을 얻고 문제를 해결해줄 수 있는 것이 진정한 현지화 경영이다.

한류 팬들의 마음을 파고든 중국의 한류 업체

그렇다면 중국의 어떤 기업이 한국 본토 기업보다 한류로 성공했을까? 바로 유명 연예인 전지현, 박신혜, 지창욱이 이미지 홍보대사로 있는 한두이서(韩都衣舍)다. '한류에 지붕을 튼다.'라는 뜻을 내걸고 한국에 가서 옷 살 시간이 없으면 한두이서에 와서 사라며 고객을 당긴다.

한두이서는 중국 최대의 온라인 브랜드를 운영 중인 전자상거래 기업이다. 보유하고 있는 패션·라이프 스타일 브랜드만 50개 이상이다. 크게 자사 브랜드, 대리 운영 브랜드, 인큐베이팅 브랜드를 운영하고 있다. 티몰, 징동 등의 전자상거래 몰에서 상품을 판매하고 있지만 중요한 것은 한두이서가 단순한 온라인 패션회사가 아니라는 점이다.

한두이서는 패션, 라이프 스타일 브랜드의 에코시스템을 운영한다. 그래서 이들은 자신 스스로를 온라인 브랜드의 생태계를 운영하는 회사라고 말한다. 그렇다면 한두이서가 한류를 선택한 이유는 무엇일까? 왜 한국 스타일의 옷을 선택했을까? 왜 전지현 등 유명 한국 연예인들을 이미지 홍보대사로 선정했을까?

한두이서의 창업자는 한국과 인연이 깊다. 창업자 자오잉광(赵迎光)

은 중국 산동대 한국어과 출신이다. 회사를 창업하기 전인 1997년, 산동 국제경제기술합작회사의 한국지사에서 대표로 일한 경험이 있다.

그 후 그는 2001년부터 한국의 화장품, 산모 용품, 자동차 용품을 중국에서 팔기 시작했다. 그리고 2006년 한두이서를 설립하고 2008년 한국 스타일의 여성복 브랜드인 HStyle을 처음으로 런칭했다. 중국 시장에 한국 패션의 경쟁력을 접목해 현지화 전략의 사업을 성공적으로 일군 사례라고 볼 수 있다.

한국의 패션은 중국보다 앞서 있다. 한두이서는 한국의 감각적인 패션 콘텐츠 요소들을 현지 소비자와 시장 수요에 접목시켰다. 그러

한두이서는 한류를 모티브로 창업해 중국 최대의 온라인 브랜드가 된 전자상거래 기업이다. 보유한 패션·라이프 스타일 브랜드만 50개 이상이며, 2018년 광군절 때는 10분 만에 억대 위안의 매출을 기록했다.

곧 온라인 소비자들에게 중국 최초로 한국 'SPA 패션(의류기획·디자인, 생산·제조, 유통·판매 전 과정을 제조회사가 맡아 저렴하게 파는 의류 전문점)'을 선보였다.

전지현과 같은 한국 유명 연예인을 활용한 것도 신의 한 수였다. 왜냐하면 한국 스타일의 옷을 파는 온라인 회사로서 한국 연예인을 브랜드의 간판으로 내세워 다른 온라인 브랜드와 확실하게 차별화할 수 있었기 때문이다. 브랜드 인지도와 신뢰도를 제고할 수 있는 가장 좋은 방법이었다.

흥미로운 건 쟈오잉광은 패션에 관해서는 별 지식이 없는 사람이었다는 점이다. 그는 패션보다 한류의 매력을 본 것이었다. 한두이서의 급부상은 해외 대학에서도 연구 과제로 채택할 만큼 인정받았다.

한두이서는 한류를 중심으로 시작한 브랜드였지만 그들이 성공할 수 있었던 이유는 그게 다가 아니다. 뚜렷한 경쟁사 선정도 성공 이유 중 하나다. 브랜드 창립 당시 다양한 스타일, 빠른 업데이트, 높은 가성비의 특징을 지닌 'Zara'와 'H&M'을 경쟁 브랜드로 택했다.

그리고 이들 브랜드보다 '어떻게 더 다양한 스타일, 빠른 공급망, 높은 가성비로 승부할 것인가'를 고민했다. 이것이 성공의 또 다른 출발점이었다. 진정한 한류 기업은 한류 그 자체로만 승부하지 않는다는 것을 말해주고 있다.

그 결과 한두이서의 판매 실적은 2008년 300만 위안에서 2016년 14억 3,100만 위안(약 2,400억 원)까지 성장했다. 2018년 솽스이(11월 11일·중국 최대 쇼핑 행사) 행사 때는 5분 만에 5,000만 위안(약 84억 원)어치의 판매를 기록했다.

이 밖에 6·18(상반기의 중국 최대 쇼핑 행사) 때는 '6·18 팔로워가 가장 사랑하는 브랜드 Top 10'에 들었다. 한두이서는 2014년 유명 스타인 리빙빙, 황샤오밍, 런춰엔이 공동 설립한 벤처캐피탈 'Star VC'에서도 투자했을 만큼 각광받는 기업이다.

300여 개의 소조가 저마다 전문성으로 무장

한두이서의 성공 비결을 좀 더 이야기해야겠다.

이 회사의 가장 큰 경쟁력이자 성공의 핵심은 '소조(小组·unit)'를 통한 아메바 경영(소집단 개체)이다. 소조, 즉 작은 집단을 중심으로 브랜드가 운영된다는 것이다. 한두이서에는 300개가 넘는 작은 집단이 있다. 그러면 소조와 아메바 경영은 무슨 연관성이 있을까?

먼저 이 소조에 대해서 자세히 들여다보자. 소조란 브랜드 운영에 필요한 기획, 디자인, 마케팅, 홍보 등 각 파트의 책임자들로 구성된 작은 팀을 가리킨다. 소조의 멤버가 된 이들은 스타일 선정, 가격 선정, 생산량, 홍보마케팅 등 브랜드 운영에 관해 결정할 수 있는 권한과 책임을 가지고 있다.

간부가 결정을 내려서 통보하는 식이 아니라 이 소조들이 고객 중심, 빅데이터를 기반으로 결정하고 브랜드 운영 프로젝트를 진행해 나간다. 그래서 소조의 조장은 '샤오라오반(小老板·작은 사장님)'이라고도 불린다.

직원들도 경영자의 마인드로 일하게 되는 방식이다. 이 작은 유닛은 마치 아메바가 세포를 증식하는 것에 비유된다. 생산 1팀, 마케팅

1팀이 기업의 유닛을 결성하지 않는다. 각 브랜드마다 각자 주특기를 가진 직원들이 하나의 유닛으로 구성되어 움직인다. 그리고 이를 기반으로 상품 소조 중심의 독창적인 단품 통합운영 시스템인 'ISSOP(integrated operating system for single product)'을 개발했다.

ISSOP은 상품의 디자인에서부터 생산, 판매 과정까지 단품 하나 하나를 중심으로 기획, 생산, 마케팅, C/S, 물류 등 모든 관련 파트들을 협력화시키는 것이다. 그리고 이 모든 과정들을 빅데이터화, 정교화해 운영 관리한다. ISSOP 덕분에 한두이서의 재고자산 회전율(inventory turnover·창고의 물품이 일정 기간 동안 어느 정도의 속도로 판매되는지를 나타내는 지표)은 6회 이상, 해당 시즌 판매율은 90~95%에 이른다고 한다.

한두이서의 단품 통합운영 시스템은 중국식 아메바 경영 관리의 혁신적인 모델이다. 그러면서 인터넷을 이용해 운영 효율을 극대화할 수 있는 시스템으로 인정받고 있다. 이 시스템은 칭화대학 MBA, 장강상학원(CKGSB), 중국 유럽 국제경영대학원(CEIBS MBA), 하버드 EMBA 케이스 스터디로 쓰이고 있다.

사람에게 과감히 투자한 사람 경영도 빛났다

사람 경영. '인재 육성'도 한두이서가 성공할 수 있었던 배경에서 빼놓을 수 없다. 기업의 인재 육성은 아무리 강조해도 지나치지 않다. 한두이서 역시 그러하다.

그전에 재미있는 담화를 하나 보고 넘어가자. 중국의 유명 패션회사인 인만(茵曼)의 대표는 "한두이서는 0에서 1을 만든, 사막에서 출발한 회사나 다름없다."라고 했다. 광저우에 거점을 두고 있는 인만의 경우는 의류업을 하기에 가장 비옥한 환경에서 시작했다. 하지만 한두이서는 산둥성 제남, 패션업과는 거리가 한참 먼 환경에서 시작했다. 때문에 사막에서 자라난 나무와 같다고 찬사를 보낸 것이다.

사람 경영은 한두이서가 성장할 수 있었던 가장 큰 원동력이자 그들이 투자해야 하는 마땅한 대상이었다. 한두이서는 2011년 3월 IDG 캐피탈이 투자한 1,000만 달러(약 115억 원)를 과감히 인력을 확보하는 데 썼다. 2010년 400명에서 2011년 1,100명까지 직원을 늘렸다. 대부분이 패션디자인학과 출신의 학생들로 한두이서는 이들을 모두 상품 개발에 투입시켰다. 인력에 투자했지만 회사는 오히려 더 성장했다.

판매액이 2010년 8,700만 위안(약 146억 원)에서 2012년 2억 8,000만 위안(약 470억 원)으로 크게 증가했다. 그사이 인력 확대도 계속되어 1,200명에서 2013년엔 2,100명까지 늘어났다.

그럼 왜 이렇게까지 투자했을까? 한두이서가 인력에 투자한 이유는 소조의 능력과 규모를 늘리려고 했기 때문이다. 사람은 한두이서에 잠재력 있는 가치이자 자원인 것이다.

결론을 내리자면 한두이서가 한국 제품 대리구매상에서 큰 기업으로 성장할 수 있었던 이유는 한류만을 이용한 데 있지 않았다. 창립자 쟈오잉광은 "온라인을 단순한 유통 경로로 보지 않았다."라고 말한다. 그는 온라인을 '혁명'으로 보았다. 그런 신념으로 문제에 접근했기 때문에 단순한 온라인 쇼핑몰을 뛰어넘은 것이다.

그 과정에 한류를 활용했고, 그 결과 온라인 브랜드의 전체적인 생태계를 운영하는 전자상거래 기업이 될 수 있었다. 한류 콘텐츠를 들여와 Zara와 H&M과 차별적으로 나아갔던 전략이 한국의 패션 기업보다 한류를 더 잘 파는 왕서방을 만든 셈이다.

왕서방보다 더 잘나가는 한국 기업이 되려면 한류라는 자원을 뛰어넘어야 한다. 그래야 중국 기업들에 더 이상 눈뜨고 코 베이지 않을 수 있다. 한두이서의 성공은 무엇을 팔든 중국식 사유와 글로벌 시각으로 대륙의 공감을 자아낼 만한 전략이 필요하다는 것을 말해주고 있다.

유통 혁신으로 대륙의 라이프를 점령한 '미니소'

온라인 세상에 오프라인 숍으로 반전을 이루다니!

중국에 가면 언제부턴가 예쁘고 싼 소품이나 생필품을 사기 위해 타오바오가 아닌 오프라인 매장을 가기 시작했다. 그곳에서 한 친구한테 생일선물로 줄 10위안(약 1,700원)짜리 향수를 샀다. 친구가 향수를 써보더니 "이거 어디서 샀어? 향 괜찮은데."라고 말했다. 너무 싼 거 줬나 하는 미안한 마음에 대답하지 못했다.

그런데 얼마 후 그 친구와 함께 쇼핑을 갔는데 친구가 그 오프라인 매장에서 아이라이너, 마스크 팩, 향수 등을 폭풍 구매하는 것이었다. "너 이런 거 중국에서 믿고 살 수 있어?"라는 나의 말에 "여기 요즘 트렌드 숍인 거 몰라? 나 얼마 전부터 온라인 쇼핑 줄였어. 여기 와서 필요한 것들 사."라고 받아쳤다. 그제야 나는 "그때 그 향수 여기서 샀어."라고 답했다.

과거에 메이드 인 차이나(Made in China)는 싸고 품질이 좋지 않은 것으로 인식되었다. 중국이라고 이 사실을 모르진 않았다. 이에 중국은 자국 제품에 대한 세계의 낮은 평가를 전환시키기 위해 여러 노력을 기울였다.

중국 제품의 가성비를 높이고 모방할 수 없는 그들만의 독특한 시장 밸류체인(가치 사슬)을 이루어간 것이 대표적인 시도라고 할 수 있다. 특히 품질이 개선되고 저렴한 가격대의 중국산 제품들은 선진국, 개도국 할 것 없이 환영받고 있다.

그러다 보니 중국산 제품들의 높아진 경쟁력에 이제는 경쟁국 기업들이 위기감을 느끼기 시작했다. 메이드 인 차이나에 대한 인식을 반전시킨 결과다. 이를 대표적으로 실행한 중국 기업이 있다면 바로 미니소(MINISO·名创优品)를 꼽을 수 있다.

한국 거리에서 다이소를 많이 볼 수 있듯이 중국에서는 미니소를 손쉽게 볼 수 있다. 미니소는 중국인과 일본인의 합작으로 탄생했다. 합작 브랜드이지만 메이드 인 차이나의 문제에 대한 혁신적 사유를 통해 만들어졌다.

2013년 일본에서 처음 시작해 중국에는 같은 해 11월 광저우에 1호점이 개설되었다. 이후에는 급속한 확산이 있었다. 선전, 상하이, 베이징, 심양 등 중국의 1선 도시와 2선 도시로 권역을 넓혀 2014년까지 중국 내에 300개 매장을 열었다.

이어서는 글로벌 시장으로 미니소의 지도를 확대시키기 시작했다. 현재는 캐나다, 미국, 러시아, 싱가포르, 말레이시아, 홍콩 등 약 60여 개국에 진출해 있다. 4년 만에 총 2,600개 이상의 글로벌 매장을 운영 중인 무시무시한 기업으로 성장한 것이다. 2020년까지 전 세계에 6,000여 개의 매장을 열 계획이다.

미니소의 출현은 중국산 제품과 전통 유통 기업에 대한 재발견을 느끼게 한다.

미니소는 2014년 11월 중국 유명 생활정보 및 전자상거래 기업인 58동청(58同城)으로부터 '중국 베스트 업체상(中国好商家奖)'을 받았다. 이어 '중국 최고의 리테일 기업상(中国连锁商业卓越企业奖)'을 받으면서 탄탄하게 기반을 닦아나갔다. 이에 그치지 않고 텐센트 위챗으로부터 '공중하오(公众号·위챗의 기업 공식 계정) 1등 기업'으로 인정받았다.

그 배경에는 미니소 공중하오의 영향력이 있었기 때문이다. 2017년 미니소의 공중하오는 팔로워 1,000만 명, 조회 수 1억 명을 넘었다. 미니소 관련 콘텐츠 기사들에 대한 조회 수도 200만 건을 넘었다.

중국에서 공중하오는 소비자와의 소통 및 브랜드 인지도 측면에서 기업의 가치와 중요성을 전달하는 도구다. 이 무대에서 미니소가 1등 기업으로 인정받았다는 것은 그들이 소비자들과 돈독한 유대 관계를 구축했다는 것을 말해준다. 단순히 가성비 높은 제품을 파는 오프라인 가게가 아닌, 온라인으로도 다양한 마케팅을 통해 차별화된 브랜드 이미지를 심어주었다는 의미다.

미니소는 친구들과 만날 때나 외출 중에 갑자기 무언가 사고 싶을 때 들를 수 있는 라이프 스타일 숍에 가깝다. 무엇을 사야 할지 모를 때 미니소에 가면 나에게 필요한 딱 맞는 물건이 있다는 것을 발견하게 된다. 그것도 10위안 정도면 살 수 있어 부담이 없다. 그렇지만 한국의 '천원숍'과는 좀 다르다. 그 얘기는 다음 단락을 보면 자연스럽게 풀린다.

미니소의 중국 영업액은 2018년 170억 위안(약 2조 8,500억 원)을 돌파했다. '중국 굴지의 유통 기업이다.'라는 말이 손색없을 정도다.

중국산 이미지를 바꾼 '싸면서도 괜찮은 상품'이 비결

그렇다면 미니소는 중국에서 어떻게 170억 위안 이상을 파는 역사를 쓸 수 있었을까? 그런 힘은 과연 어디서 비롯되었을까? 그것은 미니소 회장 예궈푸(叶国富)가 메이드 인 차이나에 대해 던진 질문에서부터 시작되었다.

미니소의 탄생은 중국 시장에 대한 새로운 창의적인 질문과 발상의 전환을 통해서 생겨났다. 소비자의 욕구, 상품의 욕구, 서비스 욕구, 공급의 욕구를 모두 이해한 결과였다.

예궈푸가 유럽과 미국 오프라인 매장에서 접한 상품들은 '값도 싸고 품질이 좋은' 메이드 인 차이나인 경우가 많았다. 비교적 최근의 일이니 중국은 이미 그런 제품들을 만들어 내보내고 있었다.

그는 '왜 중국에 있는 소비자들에게는 이런 좋고 값이 싼 상품들이 공급되지 않을까?'라는 의문을 품었다. 중국의 공장들이 중국인들에게 판매하지 못하는 게 아니라 '중국 소비자들에게 좋은 상품을 공급해 줄 만한 적합한 플랫폼이 없다'라는 것이 그가 찾아낸 문제점이었다.

미니소는 중국인들이 겪는 불편함에 집중했다. 자국민에게 우수한 상품을 공급해 줄 수 있는 유통·공급망 플랫폼을 만들기로 했다. 그는 일본을 방문했을 때도 비슷한 경험을 했다. 저가 할인 숍에서 판매하는 200엔(약 12위안)의 상품 대부분 역시 중국에서 생산된 것임을 발견했다. 예궈푸는 12위안의 돈으로 좋은 중국산 상품을 살 수 있다는 것에 놀라며 중국산에 대한 전통적인 생각의 패러다임을 전환했다.

그러곤 일본의 수준 높은 디자인 능력과 중국의 저렴한 원가의 제조 능력을 결합했다. 일본 디자이너 미야케 준야가 디자인을 총괄하고, 예궈푸는 공급망과 운영 개발을 맡았다. 그러면서도 가격은 10위안대에 맞췄다.

중국은 언제부턴가 유통이 온라인에 치중되어 사람들 역시 인터넷

중국의 대표적인 라이프 스타일 매장인 미니소. '싸고 질 나쁜'이 아니라 '싸면서 질도 좋은' 상품을 자체 개발해서 판매해 중국산 소품에 대한 이미지를 바꾸어놓았다.

쪽으로 옮겨가 있었다. 예궈푸는 온라인 기업들이 소비자들의 쇼핑하는 즐거움을 물에 잠기게 했다고 표현했다. 그는 기쁜 소비란 '직접 체험하고, 만져보고, 가서 소비'하는 재미라고 말했다.

미니소는 온라인으로 쏠린 소비 환경에서 편의성을 극대화한 오프라인 매장으로 승부를 걸었다. 그리고 여러 공급처의 싼 물건을 그냥 들여와서 파는 게 아니라 디자인이 떨어지는 부류는 자체적으로 디자인하고 개발해 제품사에 의뢰했다. 이를 위해 처음부터 인력도 제품 디자이너를 포함한 R&D 파트 쪽을 주로 뽑았다.

미니소는 브랜드의 원칙인 '좋은 상품, 좋은 가격, 좋은 환경, 좋은 서비스'를 통해서 업그레이드된 중국 사람들의 소비 욕구를 채워주었다. 그것도 오프라인 매장에서는 가성비 높은 제품을 사기 쉽지 않았던 중국 시장을 고려한다면, 현장에서 바로 소비자들의 니즈를 채워준 것은 중국 오프라인 유통상들이 그동안 하지 못한 일이었다.

미니소 덕에 중국 소비자들은 이제 오프라인에서도 신뢰할 수 있는 우수한 제품을 저렴한 가격에 살 수 있게 되었다. 현재 미니소는 세계 각국에 200명의 디자이너를 두고 매월 500~1,000개의 상품 개발을 진행하고 있다.

중국의 시사 토크 프로그램인 〈차이징랑옌(财经郎眼)〉은 경제학자 랑젠핑(郎建平)의 말을 빌려 미니소의 성공 비결은 '상업 모델'의 전환에서 비롯된 것이라고 했다. 미니소는 오프라인 유통의 위기에서 새롭고 혁신적인 상업 모델을 그려낸 것이다.

마윈이 전자상거래의 새로운 역사를 쓴 주역이라면 예궈푸는 오프라인 유통의 새로운 역사를 세운 인물이다.

쇼핑의 재미를 느끼게 해주니 고객이 몰려왔다

미니소는 '소싱 능력, 신속한 유통, 디테일의 원칙'을 경영의 3대 요소로 삼고 있다.

예궈푸는 유통 서비스 역시 창의와 혁신이 필요하다고 생각해 공급 사슬망 시스템 개발에도 투자했다. 그는 3,000만 위안(약 51억 원)을 들여 맞춤화된 공급수요 및 데이터 관리 시스템을 개발했다. 그래서 미니소의 모든 상품들은 단순 유통 관리가 아닌 빅데이터를 기반으로 관리되고 있다.

《미니소는 비밀이 없다: 미래로 가는 상업역량(名创优品没有秘密: 通向未来的商业力量)》이라는 책에 이런 내용이 나온다. 미니소는 신속한 유통을 추구했기 때문에 브랜드가 구동될 수 있었다는.

다음으로 10위안대의 좋은 상품을 팔 수 있었던 비결은 미니소의 '소싱 능력'에 있었다. 미니소의 상품 대부분은 중국 공장에서 직접 소싱·구매한 것들이다. 또한 이 공장들의 80%는 선진적인 기술과 디자인에 대한 이해력이 높은 주장(珠江)삼각주와 장장(长江)삼각주 지역에 위치해 있다. 적극적인 로컬 소싱을 통한 가격경쟁력 확보와 우수한 디자인과 품질을 앞세워 오프라인에서 경쟁력을 확보해나가고 있는 것이다.

미니소 매장은 생활 용품, 뷰티·건강 용품, 사무·문구 용품, 디지털·전자 용품, 잡화 용품 등 3,000~1만여 종의 상품들로 구성되어 있다. 예궈푸는 로컬 소싱 능력을 통해 '품질이 좋은 상품, 사람들에게 감동을 주는 가격'에 서비스를 제공하는 것을 목표로 했다.

〈차이징랑옌(财经郎眼)〉에 출연한 예궈푸는 미니소의 저렴한 가격은 낮은 원가를 공략했기 때문에 나오는 것이 아니라고 밝혔다. 그보다는 효율을 추구한 결과라고 설명했다. 효율성 증대를 위해 소싱 능력을 강화하는 선택과 집중을 했기 때문이라는 것이다.

마지막으로, 디테일의 힘 또한 미니소의 전략 중 하나로 꼽힌다. 디테일의 힘은 미니소의 상품 진열에 적용되었다.《미니소는 비밀이 없다: ~》에 따르면, 미니소는 몇 가지의 원칙을 가지고 있다. 그중 미니소만의 차별화된 디테일 원칙을 보면 다음과 같다.

첫째, 이윤이 높은 상품, 시즌 상품, 특가판매 상품은 가장 중요한 위치에 진열하도록 한다. 둘째, 상품과 상품 간, 상품과 진열대 간에는 일정한 공간을 유지해 소비자들이 상품을 집기 편하도록 한다. 셋째, 상품의 종류가 풍부하고 많아 보여야 하고 상품의 배치는 가지런히 풍성히 해놓아야 한다.

미니소의 이러한 세심한 진열 방식은 제품이 더욱 좋아 보이게 하는 효과를 거두었다. 주로 대학가나 젊은 유동 인구가 밀집한 지역에 위치한 미니소 매장은 80허우, 90허우, 00허우 세대들이 많이 찾는다. 보고, 느끼는 것에 예민한 젊은 소비자들의 구매를 유도하기 위한 디스플레이 효과다.

중국 유통업계의 지평을 넓힌 미니소

유통 혁신을 이뤄낸 미니소는 특별한 다음 비전을 가지고 있다. 2018년 광저우에서 열린 '미니소 글로벌 시상식'에서 향후 '과학형

유통 기업'으로 나아갈 것이라는 발표를 했다. 더 치밀한 전략으로 2022년까지 '100개 이상 국가, 1,000억 위안(약 17조 원) 매출 달성, 1만 개의 매장 확대'를 목표로 나아가겠다는 포부를 밝혔다.

예궈푸는 "앞으로 전자상거래가 기존 유통을 대체하게 될 것이다."라고 말한 마윈에게 도전장을 내민 것이나 다름없다. 미니소는 중국의 전통적인 유통업계를 리모델링한 업적이 크다는 찬사를 받고 있다. 중국은 어떻게 보면 전자상거래가 필수 유통망이 되었고, 유통 시장은 전보다 치열해졌다.

무엇보다 온라인 유통 회사들이 오프라인을 공격하기 시작했다. 이는 오프라인 시장에 온라인 자본이 침입하고 있는 현상을 통해 확인할 수 있다. 또한 이마트와 롯데마트의 중국 철수, 월마트와 까르푸의 중국에서의 꾸준한 성장, 코스트코의 중국 진출처럼 오프라인 시장은 복잡한 상황이다.

현재 중국의 유통은 대기업, 중소기업 할 것 없이 산통을 겪고 있다. 위에서 설명한 유통 시장의 교통 혼잡 현상은 알리바바, 징둥, 텐센트 등 주요 전자상거래 기업들이 기존 유통업계들과 손을 잡으면서 시작되었다. 그리고 기존의 유통업계들은 온라인과 오프라인을 결합한 신유통의 상업 모델로 전환하면서 혼란한 상황이 이어지고 있다.

프랑스의 유통업체 오샹(Auchan)과 타이완의 루엔텍스(RuenTex·潤泰全球)가 합작 설립한 대형마트 '다룬파(大潤發)'를 알리바바가 사들인 것, 텐센트가 중국 최대 슈퍼마켓 체인점인 용후이(永輝)를 인수한 것 등은 그중에서도 이슈였다. 그렇게 몇 년 동안 중국의 유통업계는 온라인과 오프라인 사이의 구조조정을 거치며 성장의 길을 모색해왔다.

중국의 오프라인 유통 기업들이 살아남을 수 있는 방법은 무엇일까?

DT전상연합지에모데이터(DT电商联合芥末数据)에서 발표한 〈허남성 실물 유통업계 데이터 보고서(河南省实体零售行业数据报告)〉에 따르면, 중국 소비자들의 소비 능력 향상이 '상품의 객단가'와 '상품의 종류'에 다양한 변화를 불러일으켰다고 한다. 이는 고객, 상품, 서비스에 대한 새로운 접근 방식이 필요하다는 것을 말해준다.

미니소 역시 오프라인에서 소비자들이 '우수하고 저렴한 상품'을 체험할 수 있는 요소를 그들만의 상업 모델로 헤쳐나갔다. 그들은 중국산 제품과 유통이 가지고 있던 고질적 문제들의 위기를 기회로 바꾸어놓았다.

디지털 시대라고 무조건 첨단기술이어야 한다는 것은 아니다. 먼저 요구되는 것은 새로운 전략과 접근 방식이다. 특히 중국 시장과 연결되어 있을수록 무언가 새롭게 창출하지 않으면 큰코다치기 십상이다. 그만큼 중국의 소비자와 시장의 진화가 가속화되어가고 있기 때문이다.

새로움은 언제나 재발견으로부터 시작된다는 것을 기억해야 한다. 예궈푸가 메이드 인 차이나와 전통적인 유통 시장을 다른 관점으로 접근했던 것처럼 말이다.

중국인의 상업관을 알려면 장수 기업들을 들여다보라

기업의 가치는 실적만으로 평가되는 게 아니다

한국 지인들에게 중국에서 선물을 사다 주는 일은 쉬운 일이 아니다. 더러 갖는 티타임 클래스에서 만나는 사람들이 하나같이 하는 소리가 있다.

"중국에서 보이 차 선물을 받았는데, 이걸 먹어도 될지 잘 모르겠어요."

"맞아요, 우리 집도 보이 차만 두 세트 쌓여 있어요. 얼른 먹어야 하는데…."

중국과 교류가 많아지다 보니 생기는 일인 것 같다. 이런 난감한 상황을 어떻게 하면 좋을까. 그때 내가 즉석에서 제안한 방법이 '정부 인증 마크가 있는 차라면 한번 믿고 마셔보라.'라는 것이었다. 그리고 역사 깊은 곳에서 만든 차인지 확인해보라고 했다. 얼마나 수긍이 되었는지 모르겠지만 도움이 되었으면 하는 바람으로 꺼낸 말이었다.

기업의 가치를 결정하는 기준은 점점 다양해지고 있다. 여러 가지가 있겠지만 기업의 존재 가치는 단지 실적만이 아니라 고유성이 보전되고 혼에 비유되는 가치관이 존속될 때 더욱 빛난다고 할 수 있다. 오래된 기업의 정신과 문화를 높이 사는 이유다.

〈중국 민영기업 발전 보고서〉에 따르면, 중국의 일반 민영기업의 평균 수명은 2.9년이라고 한다. 일본 기업의 평균 수명은 35.6년, 한국의 중소기업 평균 수명은 12.3년. 중국 민영기업의 수명이 가장 짧다. 아래에서 다시 언급하지만 아마도 공산주의 정권이 엄혹하던 시기에

중국의 장수 기업들은 중국만의 문화와 철학과 고유 제조법을 생명처럼 중시한다. 그것은 전통 약국(同仁堂), 마오타이(茅台酒)로 대표되는 전통주는 물론 만두집, 월병집도 다르지 않다.

기업들이 대거 사라지거나 기업 활동을 거의 할 수 없었던 때문이 아닌가 싶다.

기업의 수명이 의미하는 바는 기업 고유성의 존속과도 연결성을 가지고 있다. 시대가 급변하면서 시대에 맞지 않는 기업은 도태되다가 결국 사라지고 만다. 그렇다면 '진정한 존속을 위해 기업은 어떤 가치를 지녀야 하는가?'라는 질문을 하지 않을 수 없다. 그 해답을 '백년 기업'을 통해서 보고자 한다. 우리가 흔히 아는 유명 기업 이외에 전통 정신과 역사를 지닌 기업을 살펴봄으로써 그 가치를 재해석해볼 수 있게 되기를 기대해본다.

중국에서는 역사가 깊은 장수(长寿) 브랜드를 '중화 라오즈하오(中华老字号)'라고 한다. 그들은 수백 년의 상업을 이어오고 대개는 극품(极品)을 가지고 있다. 중국 정부의 인증제도 아래 중화민족의 전통과 문화적 배경을 담고 있는 브랜드들이다. 중화 라오즈하오 기업은 중국인의 정서를 들여다볼 수 있는 곳이란 점에서 놓치지 말아야 한다.

〈중화 라오즈하오 계승 조사보고(中华老字号传承调查报告)〉에 의하면, 중국 해방 초기 때 라오즈하오의 수는 약 8,000개에 달했다고 한다. 그러나 사회주의 시장경제가 중심이 되면서 1991년 기준으로 예술, 음식, 복장, 의약 등 각 영역에서 인정된 라오즈하오의 수는 1,600개로 줄어들었다.

현재는 대략 1,000개 정도의 라오즈하오가 있지만 그중 70%는 경영상 문제가 있고, 20%는 장기적으로 손해를 보고 있는 상황이라고 한다. 결국 단 10%의 라오즈하오만이 브랜드 효과를 보고 있는 게 현실이다.

영국에서는 왕실이 인증한 브랜드를 의미하는 '왕실 인증(Royal Warrant)' 마크를 부여받으면 제품의 품질과 가치를 증명하는 수단이 된다. 이처럼 중국에서도 라오즈하오는 사회적으로 인정받는 전통 기업이라는 의미를 지니고 있다.

라오즈하오는 중국 상업계에서 100년을 넘게 이어온 고전이나 다름없다. 〈라오즈하오 기업 사례 및 발전 보고서〉에 따르면, 라오즈하오는 한 도시의 문명과도 상생 동반한다고 나와 있다.

중국의 라오즈하오는 지역별 라오즈하오로도 세분화된다. 예를 들어, 베이징 라오즈하오, 랴오닝성 라오즈하오, 지린성 라오즈하오, 장쑤성 라오즈하오, 광둥성 라오즈하오 등으로 나뉘게 된다. 이들 브랜드들은 각 지역의 특색 있는 문화와 역사적인 흔적을 가지고 있는 것이 특징이다.

공산 경제 아래서도 살아남은 장수 브랜드들

중국인들 사이에 전해 내려오는, '만리장성에 가지 않으면 남자도 아니다.(不到长城非好汉)'라는 말처럼 '베이징 덕을 먹지 않으면 섭섭하다.(不吃烤鸭真遗憾)'라는 말이 있다. 이는 베이징 라오즈하오 중 하나인 진취덕을 상징하는 표현이다. 진취덕은 1864년 청조(清朝) 때 개업한, 베이징오리 요리로 유명한 중화 라오즈하오 브랜드다.

중화 라오즈하오는 알리바바, 텐센트, 징동 등과 같은 기업의 세계적인 움직임에 비하면 가려진 소수점에 불과할 수 있다. 하지만 중화 라오즈하오 브랜드는 중국인들에게 자긍심을 주는 존재이며 국가가 인정한 기업이다.

▲전통 기술이 곧 문화인 마오타이주

베이징 왕푸징에 있는 레전데일 호텔에 묵었을 때의 일이다. 호텔 로비에 들어서자마자 왼쪽 맞은편에 위치한 화려한 마오타이주 소장관을 보고 놀라움을 금치 못했다.

"아니, 호텔에 술 기념관까지 갖추고 있다니, 얼마나 대단하길래?"

사실 세계적인 명주란 것은 익히 알고 있었다. 하지만 호텔에서 귀히 모셔와 마케팅하고 있다는 사실이 다시 한 번 생각을 가다듬게 했다. 한국 호텔에도 혹시 이런 마케팅을 하는 사례가 있을까? 친구에게도 물어보았다.

"우리나라에서 세계에 알릴 만한 마케팅의 가치가 있는 대표적인 술은 뭘까?"

"삼해소주 있잖아. 서울시 무형문화재이면서 1,000년의 역사를 지닌 우리나라 명주지. 안동소주도 있고."

우리는 새로운 고민에 휩싸였다. 아쉽게도 그런 술을 모르는 사람이 너무 많지 않은가.

중국 증시에 관심 있는 사람이라면 구이저우 마오타이주(贵州茅台酒)를 알 것이다. 구이저우 마오타이주는 800년 이상의 역사를 가진 중국의 대표적인 명주이자 국주(國酒)다. 예로부터 없어서 못 팔 정도로 귀한 대접을 받았다. 그러나 시진핑이 반부패 정책을 강화한 2013년 이후 사치품으로 지정되며 한동안 선물 금지 목록에 들기도 했다.

북한의 김일성이 덩샤오핑과 건배했던 술이며, '세계 명주, 조국의 빛(世界名酒 '祖国之光)'이라는 찬사도 듣고 있다. 오늘날 중국을 대표하는 알리바바와 텐센트와는 또 다른 품격을 지닌 전통 기업이다. 연간 매출액도 어마어마하다. 구이저우 마오타이주가 공시한 2018년 매출액은 750억 위안(약 12조 6,000억 원)이며, 순이익은 340억 위안(약 5조 6,117억 원)이었다.

마오타이주는 영국의 브랜드 가치 평가기관인 Millward Brown이 발표한 'BrandZ 2019 가장 가치 있는 중국 100대 브랜드'에서도 10위권에 올랐다. 1위 알리바바 아래 텐센트, 화웨이 등과 같은 IT 기업, 중국 5대 국유은행 중 하나인 공상은행, 중국 최대 이동통신사인 차이나모바일 등과 어깨를 견주는 것이다.

마오타이주는 사서 마셔버리기보다 귀하게 챙겨 두는 투자 상품이 되었다. 2018년 미국 뉴욕 타임스퀘어에 마오타이주 광고가 실리면서 저우추취(走出去·중국의 해외 진출 전략) 대상으로도 손색없을 위상을 보여주었다.

그럼 마오타이주가 중국 전통 브랜드로서 꾸준히 성장할 수 있었던 이유는 무엇일까? 바로 중국의 기억을 계승하고 문화와 철학을 이어나갔기 때문이다. 그들이 추구한 철학은 무엇보다 중국인에게 꼭 맞는 우수한 품질이었다. 그렇듯 문화와 철학이 깃든 양조법이 마오타이주를 유구히 사랑받는 브랜드로 성장하게 했다.

마오타이주는 귀주성 마오타이 현에서 수백 년을 내려온 전통 방식으로 생산된다. 찌고, 증류하고, 발효하고, 배합하기까지 약 3년의 시간을 거친다. 마오타이주의 양조법은 무형문화재로 등재되어 있다. 그리고 지금은 150여 국가에 진출해 중국의 소프트파워 능력을 과시하고 있는 라오즈하오의 성공적인 사례라고 볼 수 있다.

마오타이주의 경영층 역시 자신들의 경쟁력은 최고의 문화를 담고 있는 것이라고 강조했다. 기업으로서도 마오타이주는 수백 년 동안 축적된 문화적, 정신적 자산과 전통 양조 비법, 흉내 낼 수 없는 맛으로 쌓은 국민적 지지가 자산인 업체다.

▲과거와 현재를 조화시킨 상하이자화 화장품

또 하나의 중화 라오즈하오인 상하이자화 화장품의 브랜드 파워도 뺄 수 없다. 솽메이(雙妹)와 류선(六神), 바이차오지(佰草集) 등의 유명 제품을 보유하고 있는 전통 기업이다.

상하이자화는 중국에서 가장 오래된 화장품·생활용품 기업으로 1898년 홍콩에서 광성행(广生行)이라는 이름으로 출범했다. 상하이자화그룹에서 발표한 2018년 매출액은 72억 위안(약 1조 2,100억 원)이었다.

상하이자화는 중국 최초의 화장품인 솽메이를 런칭해 중국의 근대 산업 발전에 기여했다. 또한 전통 약재 성분이 포함된 바이오차오지를 런칭해 처음으로 중의(中醫) 화장품을 선보이기도 했다.

중국인들은 외국 화장품을 더 선호하지만 중국에 100년 이상 된 화장품 기업이 존재한다는 것은 신선한 충격이다. 대표적으로 중국 국민 초록병 류선의 화장수(모기 퇴치제로도 사용하고 몸에 살균용으로도 사용한다)는 모기 퇴치제 시장점유율 70%를 차지할 정도로 독보적인 존재다. 중의 약초 성분이 들어간 제품으로 독특한 경쟁 노선을 개척했다고 볼 수 있다.

라오즈하오 브랜드 발전 지수 TOP 10

	회사명	설립년도	총지수	시장력	창의력	인지도	사회적 찬사도	충성도
1	마오타이 (茅台酒)	1953년	82.3	96.4	92.2	78.0	68.9	57.0
2	헝위엔샹 (恒源祥)	1927년	81.9	100.0	88.5	98.4	67.6	36.0
3	윈난바이야오 (云南白药)	1902년	69.96	44.1	100.0	83.4	71.0	37.9
4	통런당 (同仁堂)	1669년	68.7	48.6	83.4	85.7	65.7	59.1
5	메이자징 (美加净)	1912년	66.2	40.6	97.1	87.7	56.5	35.6
6	우팡자이 (五芳斋)	1921년	61.4	31.3	73.5	78.9	63.7	67.5
7	신화슈뎬 (新华书店)	1937년	60.1	48.6	64.7	88.7	66.3	35.5
8	후이리 (回力)	1927년	59.95	50.6	60.0	100.0	55.5	39.7
9	동아아지아오 (东阿阿胶)	1952년	57.6	56	57	71.5	61.6	43.3
10	하이톈 (海天)	1990년	55.6	25.9	48.0	76.1	78.8	76.8

출처: 알리연구원과 베이징대학 광화관리학원 왕루이 교수 보고서
〈중화라오즈하오 브랜드 발전 지수(中华老字号品牌发展指数)〉(2018)

상하이자화가 100년 전통을 이어갈 수 있었던 비결은 새로운 것과 옛것의 조화다. '백년 고전의 역사'와 '뉴 스타일'을 융합해 생명력 있는 미학 문화를 창조해냈다. 중화 고전문화는 라오즈하오에 없어서는 안 될 기본 정신이다. 상하이자화는 이를 잘 지켰다.

다음으로는 '민족 기업'으로서의 위치와 '글로벌적 시야'를 조화시켰기 때문이다. 2015년 상하이자화의 계열 브랜드인 바이오차오지는 파리에 첫 해외 매장을 열었다. 또한 LVMH 산하의 세포라

(Sephora·세계적인 화장품 전문 매장)와 공동으로 '상하이-세포라 화장품 판매회사'를 설립해 해외 진출의 기반을 마련했다. 마지막으로는 '중국 문화'와 '현대 과학기술'을 합쳐 좋은 제품을 만들어 100년의 시간을 이끌어갈 수 있었다.

상하이자화는 기업의 발전 로드맵을 건축물에 비유한다. '혁신 우선', '성장 우선', '품질 우선'의 전략은 건축물의 천장 그리고 '연구개발 선행', '브랜드 구동', '유통 혁신', '공급 보장'은 건축물의 기둥, 즉 경영의 기둥으로 설정했다.

많은 외국 화장품 브랜드가 중국 시장을 점유하고 있는 상황에서 중국 화장품이 유럽 시장에 진출한다는 것은 대단한 역발상이자 도전이라고 볼 수 있다.

사람은 떠나도 기업은 존속한다

브랜드는 시간에 따라 가치와 스토리를 축적해가야 하는 사명을 가지고 있다. 우리가 샤넬, 에르메스, 루이비통을 찾는 이유를 생각해보면 알 것이다. 중국의 라오즈하오 역시 그런 존재다.

라오즈하오야말로 지속가능한 경영을 하고 있는 대표적인 중국 기업이라고 할 수 있다. 역사, 문화, 정신, 기술을 계승해 지속적인 발전을 추구해왔기 때문이다. 라오즈하오의 지속가능한 경영 비결에서 기억해야 할 점은 바로 '전통'과 '시대의 혁신'과 '흐름'을 융합해 가치를 이어왔다는 것이다.

라오즈하오 기업의 근본적 가치는 '중화민족 문화'에 뿌리를 두고 있다. 하지만 기업이 갖추고 있어야 할 기술, 서비스, 비즈니스 요소들도 매우 중시하고 있다는 점을 알아야 한다. 발전 역사, 경제 가치, 문화적 지위 모두를 갖추고 있어야 한다. 그래야 도태되지 않고 사회로부터 인정받을 수 있기 때문이다.

라오즈하오 기업의 경영 이념은 '시대에 따라 변하는 것, 끊임없이 개선하는 것, 영속성을 추구하는 것, 신용을 지키는 것, 근검히 창업하는 것, 품질 제일'이다. 현대 기업들이 지녀야 할 이념과도 같다.

마윈은 "모든 기업인들은 100년 전통의 기업을 하길 원한다. 그러나 100년 넘게 사는 사람은 없다.(每个人都想做百年企业, 但是没有人能活一百年)"라고 말했다. 사람은 떠나지만 기업은 어떻게 하느냐에 따라 영구히 존속할 수도 있는 것이다.

라오즈하오 브랜드처럼, 영국 왕실 브랜드처럼 히스토리를 보며 존속의 답을 찾기 바란다. 기업을 운영하는 최고 경영자라면 지속가능한 경영과 기업의 존속을 위해 어떤 가치관으로 살아야 하는지 고민할 필요를 느낀다.

중국은 급속한 현대화로 새로운 유입에 개방적 태도를 보여왔다. 하지만 언제나 자국의 정신과 문물을 보전하는 선에서 행한다. 중국이 말하는 개방이 모든 것을 수용한다는 의미는 아니란 점을 다시 한번 일깨워주는 대목이다.

티몰에서 발표한 〈라오즈하오 혁신지수 보고서〉에 의하면, 그 이유가 주링허우들이 중국 전통 브랜드의 주요 소비자로 떠오르고 있기 때문이다. 95허우들을 대상으로 라오즈하오 VS 국제 브랜드 팔로워 수를 조사했더니 상하이자화의 라오즈하오 브랜드인 세푸춘(谢馥春),

콩펑춘(孔凤春), 메이자징(美加净)의 팔로워 수가 30~40%로 세계적인 코스메틱 브랜드 에스티로더와 랑콤을 앞질렀다. 티몰에서 주링허우 소비자의 비중은 48%에 달한다.

이들 중국 전통 브랜드들은 점점 더 젊어지고, 디지털화, 글로벌화 되는 변화의 과정을 스스로가 거치고 있다.

348년을 이어온 중국 최대의 제약회사 통런당(同仁堂)이 그러하다. 유럽과 미국 등 19개 국가에 진출해 있다. 명나라 때 탄생한 390년 전통의 장샤오췐(张小泉·칼 브랜드)은 티몰을 통해 140개 국가에 진출해 저우추취(중국의 해외 진출)를 실행하고 있다.

티몰과 같은 중국의 플랫폼들은 자국의 전통 브랜드가 오래갈 수 있도록 시대에 맞는 창의적 발상과 기회를 제공하고 있는 듯 보인다.

3부

미래 중국을 위한 혁신 3축! 신도시·유통망·고속철

중국은 사회 시스템도 바꾸어 나가고 있다. 도시의 스마트화, 온라인과 오프라인의 경계를 허문 신유통, 대륙을 종횡으로 연결하는 세계 최고 수준의 고속철도는 그 상징적 모습이다.
외적인 구현만 그럴 듯한 게 아니다. 활용이 경험을 축적시키고 그것을 바탕으로 새로운 창조를 더해가는 중국이기 때문이다.

부국이 되려면 농민도 부유해져야 한다

농촌 진흥, 이번에는 이룰 수 있을까

2006년쯤 다롄에서 살고 있을 때 우리 집의 가사도우미의 한 달 월급은 1,500위안이었다(지금으로 치면 4,000위안쯤 되는 액수). 중국 산골 출신인 그 여성의 남편은 공사장에서 일했고 중학생 아들이 하나 있었다. 우리와 3,4년을 함께 지낸 그 여성은 한국 요리도 제법 잘했고 집안일 솜씨도 깔끔했다.

중국의 대명절인 춘절이 가까워져서 그녀에게 계획을 물었다.

"이번 명절 때 뭐 하세요?"

"음, 춘절 때 가족들과 함께 고향에 내려갈 것 같아. 모은 돈 가지고 고향 가서 맛있는 것도 먹고 잔치도 하려고."

그녀의 표정에는 걱정 반 기대 반이 스쳤다. 도시에 나와 어렵게 사는 그 여성에겐 모처럼 고향에 가는 것이 매우 중요한 의미였겠지만 생계를 위해 떠나온 고향이 마음의 부담으로 자리하는 듯했다.

중국 경제가 성장하면서 가려져 있던 문제 중 하나는 농촌·농민·농업, 이른바 삼농(三农)문제다. 이는 중국에서 여전히 과제인 불평등, 불균형의 모습을 보여주는 모순 현상이기 때문이다.

과거 중국은 세계 최대의 농업 국가였다. 농업이 GDP에서 차지하는 비중은 얼마 안 되지만 인구의 50% 이상인 7억 명이 농촌에 살고 있었다. 현대화와 도시화가 가속화될수록 삼농문제는 중국이 반드시 처리해야 될 난제였다.

도시화는 많은 중국인들과 기업들을 풍요롭게 했지만, 농촌은 돌봄을 받지 못한 채 시들어갔다. 생계를 위해 농촌을 떠나온 농민공들이 도시에 넘쳐났지만 정작 노동에 대한 대가는 크지 않았다. 중국이 진정 부강한 국가가 되자면 이제는 삼농에 대한 대가를 치러야만 하는 현실에 직면해 있다. 중국은 '어떻게 하면 농민을 부유하게 할까?'를 고민해왔지만 쉽지 않다.

중국 전역에는 2,800여 개 이상의 현이 있고, 60만 개 정도의 촌이 있다. 도시 주민과 농촌 주민의 수입 격차는 2.7배에 달한다. 중국 전체적으로 도시에 나와서 사는 농민공의 수는 2억 8,000만 명에 이른다. 매년 1,000만 명 이상의 농촌 인구가 도시로 이동하고 있다. 하지만 이는 삼농문제를 근본적으로 해결할 수 있는 대안책이 아니다. 농촌 출신의 가난한 사람들이 도시에서 사는 것은 결코 쉬운 일이 아니기 때문이다.

다롄의 한 동네에서 농민공 자녀들을 위한 미술치료 봉사활동을 한 적이 있다. 20여 명이 넘는 초등학생들을 대상으로 심리검사와 미술치료를 진행하는 과정에 한국에서 온 심리상담사를 도와 중국어 통역을 수행했다. 아이들의 부모는 대부분 공사장에서 일하거나 서비스직에 종사했다. 아이들은 주로 조부모 밑에서 자라고 있었다.

아파트 단지 내에 지역아동센터와 같은 곳이 있어 아이들이 간식도 먹고 방과 후 활동도 했다. NGO 단체 출신의 한 중국인 부부는 소외된 아이들을 위해 몇 년째 간식과 공부를 지원하고 있었다. 봉사활동을 하며 보게 된 아이들의 그림에서 외롭고 힘든 상황이 느껴져 마음이 무거웠다.

삼농문제는 중국 정부의 오랜 과제였다. 지난날 농촌의 공업화를 통해 경제 부흥을 일으키고자 했던 대약진운동은 많은 사람들을 죽음과 희생으로 몰고 가는 실패로 끝났다. 그 후에도 개방보다는 내부 개혁에 초점을 맞추다 보니 농촌의 생산성 향상은 오래가지 못하고 주저앉곤 했다. 1978년~1990년대 중에는 향진 기업의 성장을 통한 일자리 창출과 공업화를 추진했지만 별무소득이었다. 이렇듯 중국은 다양한 전략으로 농촌 경제 발전을 모색해왔으나 그 어느 것도 시원치 않았다.

21세기 중국은 다시 신농촌 건설에 대한 목표를 가지고 있다. 삼농문제는 중국 사회의 안정과 성장을 위해 반드시 해결해야 할 사회적 안건이기 때문이다. 중국의 농민문제는 민생문제와도 직결된다. 불평등 격차 해소를 위해 해야 할 첫 번째 미션이기도 하다.

2017년 베이징에서는 10만 명이 넘는 농민공들이 쫓겨나는 강제퇴거 사건이 발생했다. 베이징 외곽 지역인 다싱구의 노동자들이 주로 사는 임대아파트에서 일어난 화재를 계기로 중국 정부가 '하층민

정비 작업'에 나섰기 때문이다. 하지만 거의 강제철거 식이었다. 정부의 이런 강압적인 방법은 중국 국민들의 분노를 샀다. 대도시에서 농민공들은 대우받지 못하는 유령 시민이다.

중국 국가발전개혁위원회는 "삼농문제는 중국의 장기적인 지속발전에 매우 중요한 문제."라고 밝혔다. 이는 중국 사회의 안정과 경제의 안정을 위해 필히 바로잡아야 할 난제임을 뜻한다.

2017년 10월 시진핑은 19차 당 대회에서 '향촌 진흥 전략(乡村振兴战略)'을 발표했다. 중국의 새로운 농촌 건설을 위한 발전 전략이다. '농업을 전망 있는 산업으로 이끌어 농민을 매력 있는 직업으로 만들고, 농촌을 편안하고 아름다움이 있는 가원(家园)으로 만든다.'는 전략이다.

삼농문제에 대한 접근 방식이 '농업을 이해하고, 농촌을 사랑하고, 농민을 사랑하는' 새로운 삼농의 형태로 바뀌었다. 향촌 진흥 전략의 '삼보주(三步走·세 단계에 걸친 중국 경제 발전론)'를 보면, 2050년까지 먼저 농업을 강하게 하고, 두 번째로는 농민을 부유하게 하며, 세 번째로는 농촌을 아름답게 실현함으로써 성숙한 중국 사회의 토대를 마련한다는 것이다.

2050년까지 중국은 사회주의 속의 현대화 강국을 이룬다는 목표를 가지고 있다. 2018년 '중앙 1호 문건'에서는 농촌의 발전 없이 현대화는 불가능하다고 했다. 중국이 입에 달고 사는 '빈곤 탈출, 샤오캉 사회, 현대화 강국' 세 가지를 균형 있게 실현하자면 농촌 진흥은 반드시 거쳐야만 할 과정이라는 것이다. 중국의 그늘이다.

농촌 발전을 위해 알리바바가 나섰다

농민들이 도시로 이주하지 않고도 농촌에서 괜찮게 사는 방법을 찾아야만 할 중국이다. 과거 농촌에는 향진 기업이 세워져 농민들은 고향에서도 나름대로 돈을 벌었다. 그렇다고 점점 벌어지는 도시와의 수입 격차를 농민들이 모를 수는 없다. 농민이 끊임없이 도시로 나와 농민공이 되는 이유다.

현재 중국은 인터넷 플러스 전략을 통해 새로운 형태의 농촌 기업을 세우는 방식을 도입하고 있다. 지금은 오히려 기업들이 나서서 농촌 경제를 활성화시키고 일자리를 창출하고 있다.

샤오미의 레이쥔과 알리바바의 마윈은 농촌 경제에서도 기업과 시장의 기회가 있다고 봤다. 그러면서 알리바바는 '농촌과 전자상거래가 만나면 어떤 일이 발생할까?'라는 발상으로 농촌 시장에 뛰어들기 시작했다. 대표적인 사례가 바로 타오바오춘(淘宝村)이다.

▲타오바오춘

알리바바가 운영하는 오픈 마켓인 타오바오에 촌(村) 자를 붙여 작명한 타오바오춘은 농촌과 도시를 이어주는 전자상거래 플랫폼이다. '인터넷 + 농촌'을 기반으로 농촌의 특색 있는 상품들을 도시의 소비자들에게 판매할 수 있는 온라인 시장을 개설한 것이다.

농촌에 생긴 새로운 경제 모델이다. 타오바오춘을 통해 돈을 벌 수 있게 된 농촌 사람들은 굳이 도시로 가서 일을 할 필요가 없어졌다. 고향에 남아서도 지역 특산물을 팔아 경제력을 갖출 수 있게 되었기 때문이다.

현재 중국에는 3,000여 개에 이르는 타오바오춘이 개설되었다. 이로 인해 180만 개의 일자리가 창출되었다. 또한 타오바오춘은 농촌 프로젝트인 '천현만촌(千县万村)'을 통해 1,000개의 현급과 10만 개의 촌급 농촌에 타오바오춘 서비스센터를 세운다는 계획을 가지고 있다. 2018년 타오바오춘을 통한 전자상거래 판매액은 2,200억 위안(약 36조 9,600억 원)에 달했다.

세계은행에서도 '타오바오춘은 빈곤 감소와 번영을 일으키는 도구(The Taobao Villages as an instrument for poverty reduction and shared prosperity)'라며 주목했다. 2017년 〈중국 타오바오춘 연구 보고서〉는 2020년이 되면 타오바오춘은 5,500개, 인터넷 매장은 100만 개에 이를 것으로 전망하고 있다. 이를 통해 300만 개 정도의 일자리도 창출될 것으로 내다보고 있다.

그 가능성을 내다본 항저우 시위원회에서는 대학생들이 귀향해 타오바오춘을 창업할 수 있도록 지원하는 '천명촌관진만호(千名村官进万户)' 계획을 발표했다. 이뿐만 아니라 농민들도 이제는 농민상(农民商)이 되어 수입 증대의 효과를 보고 있다.

대표적으로 장잔허 할아버지는 꽃을 말리던 평범한 농민에서 타오바오춘 상인으로 부상했다. 그는 1묘(1亩·한국의 200평)의 농지당 1만 달러의 수익을 올리는 역사를 만들어냈다. 그는 농민상의 대표적인 성공 인물로 유명하다. 현재 꽃 말리기와 관련한 인터넷 매장은 630개로, 연간 판매액만 2억 위안(약 336억 원)에 달한다고 한다.

농업의 현대화 진행, 농촌 전자상거래, 물류의 발전, 휴대전화 보급

농촌에 '밖에 나가 뛰어다니는 것보다 집에서 타오바오를 하는 게 낫다.'라는 글귀가 내걸렸다. 농산물 전자상거래 플랫폼인 타오바오춘이 큰 성과를 보이자 도시에 나가 있는 농민공들에게 귀향을 촉구하는 말이다.

률의 확산으로 중국의 농민들은 새로운 농민(新农民·신농민)으로 점차 업그레이드되어가고 있다. 이들 신농민은 중국의 새로운 농촌 경제 발전과 농업 현대화를 추진할 수 있는 주력군이라 할 수 있다.

2019년 중국 과학기술협회와 농업농촌부는 향후 3년간 400만 명의 '신농민'을 육성하겠다는 계획을 발표했다. 2022년까지 스마트 농민 네트워크 플랫폼을 만드는 것이 목표다.

최근 수년 사이 농촌 출신으로 타지에서 살다가 고향으로 돌아가 창업한 사람은 700만 명 정도가 된다고 한다. 기술과 농촌의 시장성이 만나면서 새로운 블루오션의 기회가 열리고 있는 것이다. 농민공 2세들 역시 더 이상 맹목적인 베이징 드림이 아니라 실질이 보이는 꿈을 꿀 수 있게 되었다고 할 수 있다.

도시와 농촌의 네트워크 활성화에 길이 있다

중국의 농촌은 실질적으로 실물경제를 실현시키지 못하는 난관에 계속 부딪쳐왔다. 그러나 타오바오춘으로 대표되는 농촌 전자상거래 시장이 열리면서 달라졌다. 앞서 언급한 신농민의 출현을 가능하게 한 스마트폰의 확산, 농촌 시장의 플랫폼화 등 새롭게 펼쳐진 여건은 이번에는 뭔가 될 것 같다는 기대를 품게 했다.

실제로 농촌 전자상거래는 점차 규모화, 전문화, 조직화, 브랜드화 되는 과정으로 가고 있다. 이는 중국의 농민, 농촌, 농업도 현대사회에 적합한 생활 사유 방식으로 변화되고 있음을 의미한다.

그 결과 농촌 사람들의 소득 증대와 함께 도시 사람들은 더 질 좋은 농산물을 공급받을 수 있게 되었다. 무엇보다 상품의 안전, 친환경, 깨끗한 먹거리 등 현대 중국인들이 가장 고민하는 문제들이 더불어 해결될 수 있는 길이 열렸다는 뜻이다.

중국의 농민들 중 2억 명 정도가 인터넷을 사용하고 있다. 인터넷 쇼핑 참여율이 점점 확대되며 농촌 소매 판매액의 규모는 1조 위안(약 168조 원)에 달하고 있다. 인터넷 기업들이 중국의 농촌을 새로운 시장으로 재발견하면서 중국의 경제가 새롭게 성장할 수 있는 터전을 만들었다고 할 수 있다.

위의 장잔허 사례는 그만의 특별한 선택이 아니다. 중국의 동부 지역인 수양제챠오(沭阳解桥·장쑤성에 있는 지명)에서는 90% 이상의 가정이 말린 꽃 생산이나 판매와 관련된 일들을 하고 있다고 한다. 농촌에 새로운 경제 수단이 생긴 것이다.

'부유한 중국이 되려면 농민도 반드시 부유해져야 한다.', '아름다운 중국을 실현하려면 농촌도 반드시 아름다워져야 한다.'라는 말이 있다. 이는 중국 사회가 안정적이고 풍요로운 시대로 가려면 농촌의 취약점을 반드시 해결해야 한다는 것을 뜻하는 말이다. 농민들의 의식주, 문화 수준, 농촌 환경 등 많은 부분에서 개선이 이루어져야 가능할 일이다.

그러나 그에 앞서 농민들은 무엇보다 수입 증대를 통해 빈곤으로부터 벗어날 수 있게 되기를 희망한다. 그러자면 농민들이 이익을 얻을 수 있는 농촌의 시장 시스템을 형성하는 것이 중요하다. 농촌의 상업 기회 창출, 부의 창출, 도시와 농촌의 격차 해소의 돌파구는 결국 현지에 답이 있을 것이기 때문이다.

중국은 농촌을 일으켜 불균형적인 사회경제를 바로 세우려 한다. 이젠 다양한 주체들이 이에 동참하고 있다. 중국 2위의 전자상거래 업체인 징둥(京東)은 50만 개의 편의점을 농촌 지역에 세울 것이라고 밝혔다. 또 알리바바 산하의 허마셴성, 텐마오, 타오바오 등과 중화그룹은 전국에 실험 농장을 세우고 농업 자원 및 종자기술을 협력 개발하며 스마트 농업 시스템을 만들어가고 있다.

중국에서 농민도 도시민과 동등한 권리, 즉 시장 거래를 할 수 있도록 해야 한다는 생각은 확실히 과거보다 성숙해졌다. 하지만 중국이 오랫동안 해결하지 못한 농촌 부흥의 길이 정말 넓어지고 보편화될지는 좀 더 지켜봐야 한다.

우리 입장에서 부러운 것도 있다. 해마다 농산물 수매가나 영농 보상금에 목매는 한국 농촌에서는 타오바오춘과 같은 일이 왜 안 일어날까. 농가 개별적으로 온라인 직매를 하고는 있지만 농촌 전체로는 미진하다. 농협 같은 곳이 자체 매장을 통한 수익에만 열중하지 말고 한국판 타오바오춘을 열어 농촌 진흥에 팔을 걷고 나서면 안 될까. 그럼 청년 실업 해소에도 도움이 될 텐데.

◈ 블록체인으로 닭고기 안전문제를 해결한다 ◈

중국의 핀테크 업체 중안보험 산하 계열인 중안커지(众安科技)는 블록체인과 인공지능 기술 그리고 스마트 방역 기술을 결합한 부부지(步步鸡)를 출시했다.
좀 생뚱맞지만 소비자들을 위한 닭 사육 솔루션이다. 닭이 자라고 있는 위치와 건강 상태를 실시간으로 확인할 수 있다. 이 프로젝트는 산둥성, 쓰촨성, 허난성, 안후이성에서 실행되고 있으며 2020년까지 전국에 약 3,000개까지 스마트 양계장을 확대할 계획이다.
부부지는 블록체인 기술을 농업에 결합해 농촌 식품의 안전문제를 해소하고 농촌 브랜드를 고급화하는 것이 목표다. 닭은 중국 전체적으로 1년에 약 50억 마리가 소비된다. 중국인들의 식품에 대한 신뢰는 여전히 높지 않은 실정이다. 소비자들이 부부지의 QR코드를 스캔하면 품종, 위치, 성장 과정을 투명하게 확인할 수 있다.
중국에서 닭 값은 한 근 기준으로 30위안(약 5,000원) 정도인데, 부부지가 관리하는 닭은 한 근당 100위안가량 된다. 돈을 더 지불하고 건강한 닭을 안심하고 사 먹을 수 있다는 얘기다.
현재 중국 농산업과 블록체인 기술 결합의 붐이 일고 있는 것은 확실하다. 중안커지는 각 닭마다 보험 패스(通证 PBT)를 적용한 일명 CBT(chicken backed token)을 내세우며 자산 - 데이터 - 거래 유통을 가능케 하는 노선도를 제시하고 있다.

돈이 모이는 곳에 화교 경제가 있다

전 세계 7,000만 명에 이르는 화교의 힘

베이징대의 MBA 교환학생 시절, 태국 화교(華僑)와 인도네시아 화교 친구가 있었다. 알고 보니 태국 친구는 화교 3세로 패션회사의 후계자였다. 룸메이트였던 인도네시아 친구는 광둥성 출신으로 친척들이 중국에서 패밀리 비즈니스를 하고 있었다.

그 외에도 베이징에 와서 공부하는 화교 친구들 대부분은 부유한 집안의 자제들이었다. 그들은 별 부담 없이 유학을 오고, 결혼하고, 자녀를 양육하는 특권을 누릴 수 있는 환경에 있었다. 1선 도시 수저를 물고 태어나기도 힘든데 외국산 수저를 물고 태어난 것이다.

하버드대 중국연구소가 펴낸《하버드대의 중국 특강》에 이런 대목이 나온다. '중국 경제가 급성장한 이유 중 하나에 중국 교포(화교)가 있다.' 중국은 세계 각지에 퍼져 있는 교포를 적극적으로 활용하고,

교포들은 중국과 세계를 이어주는 다리 역할을 한다는 것이다.

개혁개방 이후 외국 기업들이 중국에 대한 투자를 주저하고 있을 때 먼저 나서서 도와준 것도 화교들이었다. 이렇듯 화교를 빼놓고는 중국 경제의 발전을 논할 수 없다.

세계에 퍼져 있는 화교는 약 1억 명에 달한다. 이 중 4분의 3은 인도네시아, 태국, 말레이시아, 싱가포르 등 동남아 지역에 집중되어 있다. 동남아의 화교 인구 비중이 5% 미만임에도 시장에서 차지하는 경제적 영향력은 70~90%에 이른다.

중국은 56개의 소수민족으로 구성된 다민족 국가다. 그럼에도 불구하고 항상 전체관을 강조하며 하나의 중국을 앞세운다. 국경 건너 화교들에게도 똑같이 적용되는 이야기다. 요즘 같은 글로벌 시대에, 전 세계에 나가 있는 민족이 하나가 된다는 것은 결코 쉽지 않은 일이지만 화교들은 그게 된다.

〈포브스〉지에 따르면, 전 세계 부자 1,000명 중 동남아 화교 부자가 32명이고 한국의 부자는 12명이었다고 한다. 화교의 영향력은 상업계, 정치계 할 것 없이 다양한 분야에 닿고 있다.

타이의 CP그룹, 인도네시아의 자룸그룹(Djarum Group), 말레이시아의 퍼블릭은행(PUBLIC BANK), 인도네시아의 BCA은행, 태국의 방콕은행, 필리핀의 SM그룹, 싱가포르의 METRO 등은 모두 화교가 세운 기업이다.

'연기 나는 곳에 화교가 있다.'라는 말이 있듯이 돈이 모이는 곳에는 화교들의 보이지 않는 손이 존재한다. 중국을 중심으로 세계 곳곳에 흩어져 있는 화교들까지를 포함해 중화 경제권이라는 말을 쓸 정도다.

그렇다면 화교들이 타국에서 경제력을 쥘 수 있었던 비결은 무엇일까?

첫째, 화교들은 대체로 근면 성실한 특징을 지니고 있다. 낯선 타지에서 기업을 세우고 세계에 중화 경제 네트워크를 칠 수 있었던 이유다. 중국 사회과학원의 〈해외화인 연구 중심 보고서〉에 의하면, 대부분의 화교들은 행상이나 조그마한 장사에서부터 시작한 경우가 많다고 한다. 구멍가게에서 조금씩 규모를 늘리면서 사업체를 만들어가는 과정을 거쳤다는 것이다.

화상 스리화 역시 태국에서 기업을 이끌며 억만 자산을 일군 인물이었으나 1997년 금융위기 때문에 파산하고 만다. 그때 그는 "좋다. 다시 시작하면 된다."라면서 길거리에서 샌드위치를 팔았다고 한다. 1년 후 스리화는 재기해 1998년도 태국 〈민족잡지(民族报)〉에서 '태국 10대 우수 기업가' 반열에 올랐다.

화교들은 제2차 세계대전 후 공업화 과정을 거치면서 제조업으로 전환하기 시작했다. 그들은 상업, 부동산, 금융업 등 다양한 분야에서 영향력을 확대해나갔다.

둘째, 화교들은 이것저것 따지지 않고 돈이 보이는 곳에 도전하는 특징을 가지고 있다. 부자가 되겠다는 뚜렷한 목표의식은 이들이 누구보다 빨리 시장을 선점하는 비결 중 하나다. 이러한 정신은 화교들이 낯선 땅에서 돈을 벌고 자신들의 생업을 개척하는 데 원동력이 되었다고 볼 수 있다.

화교의 영향력은 돈뿐만 아니라 인적 자산으로도 가치를 발휘한다. 태국의 전 총리 탁신 친나왓, 싱가포르 전 수상 리콴유, 미국 에너지부 장관을 지낸 스티븐 추 등 각계에 유명인이 널렸다. 그 외 미국 명문대 교수, 과학자, 실리콘밸리 IT 전문가 중에도 화교계인 사람이 수두룩하다.

화교 기업들을 보면 현지에서 온전히 뿌리를 내려 확실한 열매를 거둔다는 특징이 있다. 기업을 현지화, 규모화 시키고 정치계나 상업계에 영향력 있는 큰손으로 성장해 현지 경제에 발판이 되는 환경을 조성하는 게 그들의 기본적 방법이다.

동남아의 화교 VS 미주권의 유대인

모국으로 여기는 나라	중국	이스라엘
주요 활동 지역	동남아	미국
인구(2017년 기준)	약 7,000만 명. 인도네시아, 태국, 말레이시아, 싱가포르 등 거주	약 1,500만 명. 미국과 다른 나라를 포함한 유대인 수
주요 사업 분야	부동산, 금융, 제조, 요식	부동산, 금융, 언론, 재계
경제력	동남아시아 경제의 약 80%를 움직임	미국 거주 유대인의 80%가 미국 경제와 정치에 영향력을 미치는 위치에 있음
성격 특성	–끈끈한 유대감 형성 –'하나의 중국' 의식이 강해서 본국 투자를 금의환향으로 생각함	–끈기와 하나님에 대한 믿음 –유대인 공동체 지역, 유대인 학교 등 결속력이 강함
민족의식	중화주의(중국이 세계 문명의 중심이라는 사상)	선민의식(하나님의 선택을 받은 특별한 백성이라는 생각)
인생 참고서	상경(商經)	탈무드

※《상경(商經)》: 청(淸) 말의 거상이자 경영자인 호설암(胡雪巖)의 어록과 행적을 바탕으로 하는 경영 전략서.

출처: 〈한국경제tv뉴스〉 '정유신의 차이나Go – 중국의 화교와 경제적 영향력'(2017) / cafe.naver – 유대인과 화교의 지혜(2018)

그리고 기회가 되면 모국과의 경제 교류에도 적극 나선다. 중국에 대한 투자와 시장 진출에 스스럼없다. 물론 자신의 비즈니스를 수행하는 것이지만 결과적으로 중국 경제의 활성화에 큰 도움이 되는 화교 경제다.

화교 경제와 중국 경제는 상호보완적 관계

화교의 역사는 당나라 때로 거슬러 올라간다. 당시 실크로드를 따라 무역을 하며 해외에 뿌리를 내리는 중국인들이 많았다. 송나라 때는 남방 지역과의 무역, 명나라 때는 동남아 나라들과 조공무역을 하면서 화교의 숫자가 점점 늘어났다. 1567년 명나라 때는 오랫동안 금지되어 있던 사무역이 풀리면서 동남아 지역으로 이주하는 중국인들이 더욱 많아졌다.

화교들은 타국에서 몇 대를 내려가든 모국에 대한 애국심이 상당하다. 그런 인식이 중국과의 거리를 좁힌다. 이런 화교 기업인 중에 활동이 두드러진 사람을 살펴보면 다음과 같다.

먼저 대만 포모사그룹의 창업자 왕융칭(王永庆)이 있다. 석유화학, 정유, 에너지, 섬유, 자동차, 운송 등 40여 개의 계열사를 거느린 포모사그룹을 대표하는 그는 대만에서 가장 존경받는 기업가이자 '미세경영'으로 유명한 인물이다.

인도네시아 사림그룹의 회장 린샤오량(林绍良)은 농업, 금융업, 제조업, 임업 등의 업체를 가지고 있는데, 인도네시아 총생산의 10%에 달하는 매출을 올린다. 푸젠성 출신으로 인도네시아의 화교를 일컫는 푸지엔방(福建邦)의 중요 인물이다. 푸지엔방은 당나라 때부터 본토와 교류한 역사가 있으며, 경제력이 강한 5대 샹방(鄉幇·출신지에 따른 지연, 혈연적 집단) 중 하나다.

홍콩 청쿵그룹의 회장인 리카싱(李嘉诚)은 광둥성의 차오저우(潮州) 출신인데 아시아 최고 부자로 꼽힌다. 리카싱은 타지보다 중국의 고향 땅에 투자하면서 돈을 벌었다. 중국의 항만 개발 투자를 통해 공산당의 마음을 산 것은 그의 지혜로운 전략이었다. 개척정신과 신용이 뛰어난 전형적인 차오저우 상인이라는 평을 듣는 그는 젊은 날 판매원으로 하루 20시간을 일하며 사업의 기반을 다졌다고 한다.

말레이시아의 최고 부호 자리를 놓치지 않고 있는 궈허넨(郭鶴年) 역시 푸젠성 출신으로 케리그룹과 샹그리라 호텔을 운영한다. 그가 운

'화교'를 떠올리면 연상되는 이미지는 돈이다. 자본 정신으로 무장한 그들은 중국을 받치는 뒷배이면서 중화주의를 전파하는 첨병이기도 하다.

영하는 설탕 사업은 세계 거래량의 10%, 말레이시아 거래량의 80%를 차지하고 있을 만큼 막강하다. 궈허넨은 '손해를 보더라도 욕심을 부리지 말자.'라는 원칙을 지키는 것으로 유명하다.

화교 기업가들은 중국의 해외 진출을 돕는 방향타이자 든든한 뒷배다. 필리핀의 경우 화교 인구가 1%에 불과하지만 60%의 자본을 장악해 필리핀 시장을 움직인다. 또한 태국의 화교들은 이 나라의 상업 및 제조업의 90%를 차지하고 있다. 이런 화교들의 입지를 통해 중국은 손쉽게 시장 영역을 넓히는 것이다.

화교 자본과 중국 경제는 개혁개방 시기 이래 상호보완적인 관계였다. 1978년 개혁개방으로 돌아선 중국이 경제개발을 위해 해외 자본 유치에 나서자 절반 이상이 화교로부터 들어왔다. 그들은 고향의 도로, 교량 건설 등 인프라 구축에 참여하면서 중국이 필요로 하는 것들을 충족시켜주었다. 이것이 화교 자본, 화교 기업과 중국 경제 사이에 형성된 첫 번째 경제적 보완 관계라고 할 수 있다.

경제개발 시기 화교 자본은 중국에 매우 중요한 돈줄이었다. 외국 기업들이 아직 중국에 투자하지 않을 때 투자의 선도자 역할을 한 것이 화교 기업이었다.

중국도 어려운 때 본토 시장에 들어오는 화교 기업들에 혜택을 주었다. 따로 화교를 위한 법과 우대 정책을 실시해 다른 외국 기업보다 더 큰 파이를 얻을 수 있게 했다.

중국은 화교 사회까지도 하나의 중국으로 여긴다. 화교들 역시 중국 정부의 방침에 관심을 가지고 있다. 중국 CCTV에서 방영된 〈화교세계(华人世界)〉에 의하면, 중국을 보는 화교 사회가 가장 크게 느끼는 단어는 '신(新)'이었다고 한다. 사회주의를 지키면서 신시대를 만들겠다는 중국의 방향 설정에 화교들 역시 호응하고 있다는 뜻으로 들린다.

그렇다면 화교 자본은 얼마나 될까. 하나의 국가가 아니어서 집계가 자주 나오지는 않지만 여러 매체의 데이터를 종합해보면, 전 세계 화교의 총자산은 최소 3조 9,000억 달러에서 5조 달러까지 발표되고 있다.

많은 외국 기업들이 넥스트 차이나로 부상하고 있는 동남아 국가들로 향한다. 앞에서 보았듯이 동남아 국가에는 화교의 물질 자본, 인적 자본이 상당하다. 동남아 시장에서 우리는 중화 경제권과 경쟁자가 될 수도 있고 파트너가 될 수도 있다.

화교 자본은 일대일로를 다시 세워가는 중국을 도와서 아프리카와 중앙아시아까지 세력을 확장하고 있다. 중국이 각 나라의 돈줄을 잡고 있다는 것은 자본 시장에 대한 새로운 질서와 경제 시스템 구축을 뜻한다. 중국과 많은 부분에서 경쟁하는 우리로서는 그 사이를 어떻게 뚫을지 진지하게 고민해야 한다.

중국의 자원은 도시 브랜딩에서 나온다

스토리가 있는 중국의 도시들

중국은 화약, 나침반, 종이, 인쇄술 등 4대 발명품을 만들었다. 미국의 앨런 튜링은 세계 최초 컴퓨터 애니악을 만들었고, 라이트 형제는 비행기를 만들었다. 이탈리아의 안토니오 무치는 전화기를 발명했다. 이런 발명들을 통해 사람들의 삶은 편리해졌고 세상은 풍요로워졌다.

그렇다면 인간의 가장 위대한 발명품을 하나만 손꼽으라면 무엇을 들어야 할까? 그것은 바로 '도시'일 것이다. 도시는 사람들이 살아온 역사적 시간을 보존해온 공간이다. 우리가 어떤 국가의 도시를 가보고 안다는 것은 그 나라와 소통을 이루었다, 라는 의미로도 해석해볼 수 있다.

이런 비유도 가능하다. 우리는 파리와 스위스를 다르게 체험하고 몸속에 기억한다. 다시 말해 파리와 스위스를 유럽이라는 큰 둘레만으로 기억하지 않고 각 도시 고유의 공간이 가져다주는 느낌으로 기억하지 않는가. 이처럼 도시는 그곳 본연의 정신이 맴도는 특별한 공간이다. 중국의 도시도 다르지 않다.

상하이에서 살아본 사람과 내몽고 지역에서 살다 온 사람에게 중국에 대한 추억은 다르게 남을 것이다. 나 역시 해변 도시 다롄(大連)에서 살다가 광저우와 홍콩에서 살려니 기후, 집 환경 때문에 고생한 적이 있다. 그래서인지 중국의 도시들은 서로 다른 기억과 향기로 남아 있다.

중국은 4개의 직할시, 283개의 지급시, 374개의 현급시를 포함해 총 661개의 대·중·소 도시를 거느리고 있다. 이 가운데는 우리가 아직 발견하지 못한 굉장히 매력적인 도시도 존재한다. 최근에는 스마트도시화 하고 있는 슝안신구(베이징 근처에 있는 일명 시진핑 신도시)도 새롭게 주목받고 있지 않은가.

지금 중국은 4차 산업혁명에 맞는 도시들을 새롭게 건설하고 있다. 이것 또한 현시대에 그들이 도시라는 자원을 새롭게 브랜딩해 경제적 이익을 창출해나가는 신경제 성장 전략으로 이해할 필요가 있다.

그렇다면 중국은 어떻게 도시 브랜딩을 실행했을까? 중국의 도시 경제권을 분류하는 방법에는 여러 가지가 있으나 여기서는 크게 주장(珠江)삼각주, 장장(长江)삼각주를 중심으로 도시를 살펴보고자 한다.

역사가 도시의 정신이 되는 광저우

《서유기》를 쓴 오승은이 남긴 '집을 떠나 3리만 가도 다른 풍속이 펼쳐진다.'라는 말은 광활한 중국 땅이 갖는 지역 차이를 나타낸다. 이뿐만 아니라 중국의 지역 차이는 물리적인 요소인 기후와 시간 차이로도 존재한다. 동부 끝에서 서부 끝까지는 4시간의 시차가 난다. 춘절 기간 하얼빈에서는 빙등제를 열지만 남방에서는 꽃시장이 열리는 흥미로운 풍경이 펼쳐진다.

중국 남부를 대표하는 도시인 광저우는 어떨까. 광저우는 상인과 무역의 이미지로 브랜딩된 도시다. 기원전 진나라 시대부터 중원 지역(中原)과 영남(岭南) 지역 간의 경제적, 문화적 교류가 광저우를 통해서 오갔다. '베이징에서는 이데올로기를 논하고 광둥성에서는 장사를 논한다.'라는 말은 포괄적으로 광저우에 대한 인상을 담고 있다.

광저우의 옛 이름은 번우(番禺)로 진나라 시대부터 도시 문명이 시작되었다. 3세기에 이미 해상 실크로드의 주요 항구로서 교통의 중심지가 되었으며, 당·송시대 때는 중국 제일의 항구로 자리매김했다. 남쪽으로는 동남아시아, 서쪽으로 인도양, 보스만, 홍해를 잇는 지리적 환경이 광저우를 해상 실크로드의 무역 거점지가 될 수 있도록 했다.

발달된 교통망 시스템 덕분에 광저우는 경제 문화의 발전을 대표하는 도시로 성장할 수 있었다. 또한 도시의 자원이 사람이듯 과거부터 지금까지 다양한 인력 자원들을 끌어들이는 역할을 했다.

광저우가 오늘날 큰 시장을 형성할 수 있었던 것은 과거부터 개방적이었던 인프라를 갖추고 있었기 때문이다. 그리고 역사와 함께 수

중국 남부를 대표하는 광저우는 상인과 무역 이미지로 브랜딩된 도시다. 광저우를 상징하는 동물인 5마리의 양을 형상화한 오양석상(五羊石像). 양은 중국 전통문화에서 복을 상징한다.

많은 상인들 간의 왕래가 이루어지면서 광저우는 천년상도(千年商都)의 상업 공간으로서의 이미지를 갖게 되었다.

현대에 들어서는 그런 면모가 더욱 짙어져 국제 모터쇼, 섬유 박람회, 미용 박람회가 열리고, 세계 각국의 비즈니스맨들과 기업들을 위한 거래 교역의 중심지로 위상을 드러내고 있다. 그래서인지 베이징행 비행기에는 학자들이 곧잘 타고, 광저우행 비행기에는 비즈니스맨들이 흔하다.

광저우 도매시장에서는 러시아, 아프리카, 중동 사람들이 호기심 가득한 눈빛으로 물건을 찾는 모습이 목격된다. 잡화, 의류 도매시장이 몰려 있는 곳이 광저우이기 때문이다.

대표적인 의류 도매시장인 스싼항은 미리 동대문의 신상품 디자인을 보고 재빠르게 샘플을 찍어낸다. 파리 컬렉션에 나왔던 디자인을 조금 변형한 독특한 상품들도 찾아볼 수 있다. 조금만 가격을 흥정하면 품질 좋은 상품을 손에 쥐게 된다. 광저우에는 1,200개가 넘는 도매시장이 있으며 도매 사업 종사자도 500만 명이나 된다.

현재 광저우는 개방형 경제 신체제를 도입해 새로운 경제 발전 모델을 세우고 있다. 첨단 산업, 인력, 자본, 기술을 기반으로 광저우의 경제를 지속적으로 이끌어나가고자 한다. 이는 광저우가 상업만이 아니라 첨단기술까지 겸비한 도시로 변모할 것이라는 것을 말해주고 있다.

최근 제너럴일렉트릭(GE), 폭스콘(Foxconn), 시스코(Cisco)가 광저우에 들어온 것을 봐도 변화의 징조를 볼 수 있다. GE는 아시아에 최초로 생물과학기술원을 세웠는데 바로 광저우가 그곳이다.

중국 정부는 강국으로 가기 위한 로드맵을 도시를 통해 풀어가고 있다. 그런 만큼 도시는 중국을 이해하는 데 매우 중요한 역할을 한다. 광저우는 2035년까지 도시 마스터플랜을 기반으로 생태, 농촌, 스마트 과학기술 산업을 발전시켜 국제 일류 도시로 나아가려 한다.

홍콩과의 지하철 개통은 이곳 도시의 가치를 더욱 빛나게 해주었다. 홍콩에서 광저우까지 1시간이 채 걸리지 않는다. 글로벌 도시 홍콩의 에너지가 광저우와 선전을 거점으로 빠르게 퍼져 나가고 있다. 광둥권이 정말 하나로 묶였다. 정신을 바짝 차리지 않으면 광저우 - 선전 - 홍콩 메가시티가 어떤 일을 벌일지 모른다.

오양석상(五羊石像)이라는 게 있다. 오양석상은 광저우를 상징하는 동물인 다섯 마리의 양을 형상화한 석상이다. 양은 중국 전통 문화에서 복을 상징한다. 오양석상에는 5명의 신선이 다섯 마리의 양을 타고 광저우 사람들에게 벼이삭을 물어다 주었다는 전설이 흐른다. 광저우 사람들에게 물질, 돈, 복을 선물로 주었다는 뜻이다.

광저우 아시안게임(2010년) 엠블럼에도 이 오양석상의 의미를 본뜬 다섯 마리의 양이 그려져 있다. 중국에서 광저우는 재물의 복을 가져다주는 도시의 이미지로 각인되어 있다.

그 축복은 실제로 기업에 흘러들어갔다. 선전을 대표하는 기업이 화웨이와 텐센트라면 광저우는 웨이핀후이와 넷이즈가 명함을 내민다. 이 밖에 알리바바 브라우저 회사인 UC, 라이브 스트리밍 회사인 YY가 이곳에 터전을 잡고 있다.

광저우에서는 약 9,000개의 기술 회사들이 사업을 펼치고 있다. 그 중 전자정보 관련 회사가 거의 절반에 이른다. 광저우는 더 이상 상인, 기업 이미지에만 머물러 있지 않고 시대에 걸맞게 끊임없이 변모하고 있다.

상하이만 보면 잘사는 것처럼 보인다?

다음으로 살펴볼 도시는 장장삼각주의 상하이다. 상하이? 너무 뻔한 도시 아닌가. 하지만 상하이를 도시 브랜드 개념으로 살펴본다면 다른 시사점을 줄 것이라고 생각한다.

상하이는 중국 경제·사회 발전의 정신이 녹아든 도시다. 대표적으로 상하이의 마스코트 지역인 푸동신구(浦东新区)는 국가 경제계획 아래 세워졌다.

1990년대에 중국은 상하이 푸동지구를 대대적으로 개발하기 시작했다. 1992년 상하이가 국제 금융 중심, 국제 무역 중심, 경제 중심으로 확정되면서 계획적인 발전에 오르기 시작했다. 2010년의 상하이 엑스포는 세계에 상하이를 알린 첫걸음이었다. 2014년에는 시진핑이 상하이를 중국의 새로운 사명으로 지정하면서 이 도시에 대한 중국인들의 기대와 자부심은 커져갔다.

상하이는 재미있는 곳이다. 도시 곳곳에는 식민지의 흔적들이 남아 있어 서양과 동양, 과거와 현대가 공존한 듯한 모습을 느낄 수 있다. 상하이에는 3개(프랑스, 영국, 일본)의 옛 조계지(치외법권지역)가 있는데, 이 공간에서는 동양 어느 도시에서도 볼 수 없는 이중적인 상하이만의 특별한 느낌을 받을 수 있다.

그런 매력에 상하이는 늘 외지 사람들의 발걸음을 끈다. 아마 이런 시간의 축적들이 상하이만의 도시 색깔로 남게 되지 않았나 싶다.

상하이는 '하이파 문화'라고 불린다. 상하이의 '하이(海) 자'에서 따온 말이다. 바다로 열려서인가. 중국 최대의 글로벌 도시로 자리매김하고 있는 상하이다.

그래서 상하이는 아이덴티티가 뚜렷한 도시다. 상하이의 아이덴티티는 이곳 사람들의 정체성이기도 하다. 상하이 사람들의 입을 통해 듣는 '워 스 상하이런(我是上海人)'이라는 말은 때론 도시를 빗대어 그들의 정체성과 수준을 전달하고자 하는 말로 들릴 때도 있다.

그럼 상하이의 아이덴티티는 무엇이고, 그 안에는 어떤 정신이 녹아 있을까?

상하이의 슬로건은 '바다는 수백 개의 하천을 받아들이고 최고를 지향하라.'다. 여기서 바다가 수백 개의 하천을 받아들인다는 의미는 중국과 세계에 대한 복무 정신을 가리킨다. 그리고 최고를 지향하라는 것은 상하이가 가져야 할 도시의 품격을 가리킨다. 1등을 향해 고군분투하는 정신이다. 그래서 상하이는 개방과 서비스를 강조한다. 국제무대를 향해서 말이다.

이를 입증하듯 상하이는 아시아의 금융 중심지로도 크게 성장하고 있다. 2019년 영국의 싱크탱크인 Z/Yen과 중국 선전종합개발연구원(中国深圳综合开发研究院)이 발표한 '글로벌금융센터지수(GFCI 25)'에서 상하이는 5위에 랭크되었다. 서울은 아쉽게도 상위권에 없었다.

상하이는 아시아 패션의 중심지로도 유명해 셀럽과 미디어들의 발길을 끌고 있다. 미국 유명 언더웨어 브랜드인 빅토리아시크릿은 상하이에서 아시아 최초로 패션쇼를 열었다. 이유는 중국의 잠재력 있는 소비자들 때문이다. 한국 디자이너들도 상하이 패션위크에 참가하기 위해 중국에 간다. 그들에게 중국 바이어들은 매력 있는 비즈니스 파트너다.

상하이는 역사 흔적의 고유성을 유지하고 동시에 세계화를 지향하는 글로벌 도시다. 아편전쟁은 뼈아픈 역사이지만 그 이후 러시아 부르주아, 1만 8,000명에 달하는 유대인, 영국인, 프랑스인 등 당시 약 10만 명의 외국인들이 상하이로 이민을 왔다. 상하이는 더욱더 포용적이고 개방적인 도시로 진화하고 있다.

상하이는 더 큰 계획을 가지고 있는 듯 보인다. '상하이 서비스, 상하이 제조, 상하이 구매, 상하이 문화'라는 4개의 도시 브랜드 카드를 내걸었다. 이 주제는 2017년 상하이 대표위원회의 화두였다. 지금 중국은 성장에서 품질로, 더 높은 단계의 발전을 모색하고 있다. 그렇기 때문에 상하이의 '도시 4대 브랜드' 정책은 중국 경제에 큰 의미를 갖게 한다. 이를 구체적으로 설명하면 다음과 같다.

첫째는, 상하이를 더 높은 서비스 경쟁력을 가진 도시로 만들어야 한다.

둘째는, 상하이에서 새로운 브랜드를 창출하고, 첨단 제조 기술로 제품의 품질을 높여 보다 세계적인 명성을 쌓아야 한다.

셋째는, 더욱 편리하고 우수한 국제 소비 환경과 소비천국을 만들어야 한다.

넷째는, 상하이의 대표 문화 자원인 홍색(红色) 문화, 해외파 문화, 강남(江南) 문화를 영향력 있는 문화 산업으로 발전시켜야 한다.

브랜드 컨설팅 전문가 사이먼 안홀트는 "도시 브랜드가 없는 국가 브랜드는 허상이다."라고 했다. 중국은 상하이를 국가 경제 발전에 필요한 주축 자원 중 하나로 도시 브랜딩을 실현해가고 있다.

모험을 항해하는 도시 항저우

최근 중국의 젊은이들은 베이징, 상하이와 같은 1선 도시를 떠나 준1선급 도시로 몰리고 있다. 어느 정도 품격과 수준을 가꾸면서 살아가고 싶다는 뜻일까. 중국은 도시를 개발하면서 세련되고 국제적인 이미지를 쌓아올렸다. 특히 기업들을 유치하면서 도시의 지적 수준을 대거 향상시켰다.

상하이와 인접한 항저우가 바로 그런 곳이다. 항저우는 알리바바에 발전 기회를 주었고, 알리바바는 항저우를 새로운 도시로 거듭나게 했다고 볼 수 있다. 알리바바의 기술과 생태계를 통해 항저우는 디지털, 데이터, 과학기술 중심의 도시로 성장했기 때문이다.

항저우는 량주문화(良渚文化·항저우의 량주 유적에서 발견된 신석기시대 문화)의 고장으로 4,700년의 역사를 자랑하는 유서 깊은 곳이다. 중국 7대 고대도시 중 하나다. '상유천당 하유소항(上有天堂 下有苏杭)'이라고 위에는 천당이 있고 아래에는 쑤저우와 항저우가 있다면서 아름다운 도시를 강조한다. 도시가 갖는 이미지 파워의 중요성을 다시 한 번 느끼게 한다.

항저우는 'Life Quality City'라는 슬로건을 내세우며 새로운 라이프 스타일 콘셉트를 위한 채널을 구축하기 시작했다. 글로벌 무역, 전자상거래, 서정적 문화는 항저우가 갖는 성격을 말해준다.

중국은 항저우를 경제, 정치, 문화, 사회, 환경 5대 측면에서 최고 수준의 라이프 스타일을 누릴 수 있는 도시로 향상시키려고 한다. 정부, 업계, 기업 자원을 통합해 품격 있는 도시 생활권을 만듦으로써 국가의 격을 올리겠다는 것이다. 그러기 위해 매력을 느낄 만한 최적의 환경을 구상한다.

항저우는 중국 내 인재뿐만 아니라 세계 인재들을 불러들이는 대체 도시로서 내실을 다져가고 있다. 이 지역의 인공지능 마을(china artificial intelligence town)은 과학 인재들의 입맛을 당기는 매력적인 장소가 되었다. 실리콘밸리 출신의 샤전(夏真) 박사는 2016년 항저우로 돌아와 파이리에 커지(杭州排列科技有限公司)라는 IT 회사를 세웠다. 그의 팀원들은 야후, 구글, 우버 등 외국 기업에서 공부와 사회 경험을 마쳤다. 그들이 선택한 곳은 선전도 중관춘도 아닌 항저우의 인공지능 마을이었다. 그는 이 도시의 첫 천인계획을 실현한 인물로 통한다.

항저우는 도시를 대표하는 저장대학, 알리바바, 하이캉웨이스(HIK-

1978-2050 중국 인구와 도시화 수준 변화 추세

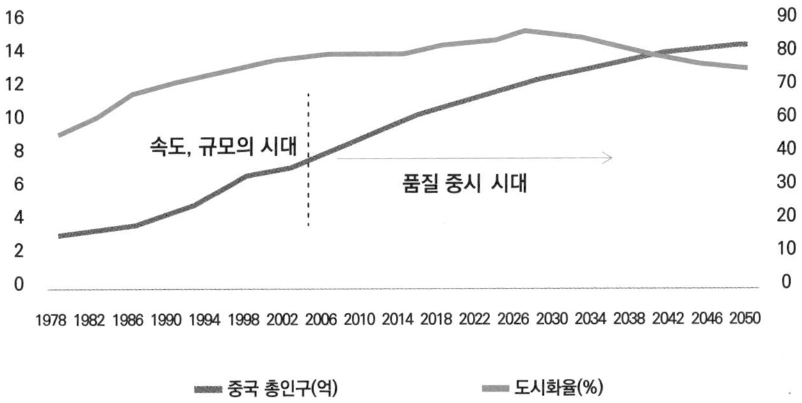

출처: 아이루이 자문(艾瑞咨询 iresearch.com)
〈2019년 중국 스마트 도시 발전 보고서(2019年中国智慧城市发展报告)〉

VISON), 베타 제약(BETTA Pharmaceuticals) 등 다양한 기업 및 학교와 협력해 인재와 산업 자원과 자본을 끌어모으고 있다. 그리고 인큐베이팅과 중개 기관들의 요소를 공간 안에 잘 담아 도시의 품질을 높이려 한다.

종합하면 항저우의 과학 도시들은 이런 발전 이념을 가지고 있다.

'먼저 생태계를 건설하고, 다음은 생활하게 하고, 마지막엔 생산을 해내자.'

이는 인재, 기업들이 모일 수 있는 인프라와 생태 시스템을 조성해 자원이 집중되게 한다는 뜻이다. 사실 이것은 항저우만의 생각은 아니다. 지금 중국의 도시 대부분이 이 3단계를 실행해나가고 있다.

멀리 가고 싶다면 도시를 브랜드화시켜라

우수한 도시를 보유하는 것은 국가 경제성장에 필요한 핵심 자원이라고 할 수 있다. 최근 적지 않은 도시들이 점점 현대화, 지능화 되어가고 있다. 그러나 도시의 진정한 경쟁력은 고유의 이미지를 잃지 않고 현대적 요소와 결합해나가는 것이다.

도시는 국가가 어떻게 관리하고 성장시키느냐에 따라 큰 영향을 받는다. 광저우와 상하이는 중국이 경제성장을 위해 도시를 어떻게 경영했는지를 결과로 보여주는 좋은 예다.

중국의 이러한 도시 경영은 중화권 국가인 싱가포르를 벤치마킹한 바가 크다. 인구 560만 명의 싱가포르는 지리적 한계에도 URA(urban regeneration authority·도시재개발청)를 세워 구체적으로 도시를 설계하고 관리해왔다. 그들의 뛰어난 도시계획은 중국은 물론 한국에도 전파되었다.

이렇듯 중국은 싱가포르 모델을 기반으로 각 도시마다 중국식 현대사회의 모습을 건설하고 있다. 그렇다면 왜 하필 싱가포르였을까. 싱가포르는 일당 장기집권의 정치체제를 갖고 있기 때문이다. 그러면서 자유로운 무역 시스템과 풍요로운 시장은 중국이 추구하는 가치관과 잘 맞아떨어진다.

싱가포르의 리콴유(李光耀) 전 수상은 일당정치 시스템을 기반으로 자본주의 시장의 요소들을 경제, 사회, 문화와 잘 융화시켰다. 이는 공산권 국가들에 아주 매력적으로 어필되는 것 같다. 덩샤오핑, 시진핑, 김정은이 싱가포르를 보며 자국의 미래를 상상하는 이유 가운데 하나다.

중국 국가여행국에 따르면, 2018년 중국을 찾은 여행객 수는 약 1억 4,000만 명이었다. 이 가운데 70%는 홍콩, 대만, 마카오 거주자의 중복 방문이었지만 30%의 비중화권 여행객도 약 4,200만 명으로 적지 않았다. 중국에 오는 사람들은 베이징과 상하이와 같은 대도시뿐만 아니라 쓰촨, 장가계, 하이난다오, 구이린 등 중국의 다양한 도시를 방문한다.

중국에는 여러 도시를 방문해볼 수 있는 선택의 여지가 많다. 이는 중국이 도시를 통해서도 경제를 견인할 수 있는 잠재적인 능력을 가지고 있다는 것을 의미한다.

만리장성과 고대도시 역사를 지닌 베이징은 국가 행정의 중심이자 실리콘밸리 중관춘이 있는 수도로, 과거와 현대가 융합된 도시로 발전하고 있다. 충칭은 유명한 싼샤(三峽·3개의 협곡) 관광지를 가지고 있으면서 일대일로의 길목으로서 '세계 충칭'이란 구호를 외치고 있다. 칭다오는 해양 도시이자 유럽 분위기가 도는 도시로 유명하다. 이처럼 중국의 각 도시는 마치 브랜드처럼 각각의 차별화된 이미지를 통해 마케팅 효과까지 내고 있다.

중국의 도시화 발전 개념은 과거 농촌이 도시화되던 범위를 넘어섰다. 중국의 도시화 발전은 미래적이다. 도시 관리에서 어떻게 도시 브랜드 단계까지 나아가느냐 하는 문제와 단지 도시 규모의 확대가 아니라 도시 브랜드의 가치를 세우느냐 하는 문제를 같이 고민한다.

그리고 4차 산업혁명 기술을 도입해 도시 경쟁력과 국가 경쟁력을 동반 성장시키려 한다. 상하이와 광저우를 스마트도시로 업그레이드시켜가고 있듯이 말이다. 이처럼 중국은 도시를 풍요로운 경제 공동체로 인식하며 발전시키고 있다.

이제 중국은 고속철도가 도시 간의 경제망을 연결시킴으로써 전면적인 메트로폴리탄 형성으로 나아가는 시점에 와 있다. 도시의 자원은 문화, 사람, 기업, 시장 등 다양한 요소들을 담고 있고 이는 결국 국가의 자원과 동일하다.

제2의 상하이가 될 중국의 미래 신도시

도시가 존재하는 이유

미세먼지가 한창 습격했을 때의 일이다. 가장 고통을 겪는 사람들은 중국의 대기에 익숙지 않은 외국인들이었다. 중국에 나가 있는 한국인들이라고 다를까. 베이징의 주재원 가족들의 경우 엄마가 아이를 데리고 한국으로 돌아오는 경우도 있었다.

궁금했다. 미세먼지를 만성으로 대하는 중국인들은 어떨지. 들어보니 돈이 많은 사람들은 아예 베이징에서 살지 않는다고 한다. 공기 좋고 깨끗한 환경을 가진 다른 도시나 외국에 가서 거주한다는 것이다.

이런 중국인들의 마음속에는 새로운 도시에 대한 열망이 점점 더 강렬해지고 있는지도 모른다. 그렇다면 어떠한 형태의 공간이 그들의 눈길을 사로잡을 수 있을까.

도시는 시대의 진화와 사회 시스템의 변화를 가장 먼저 반영한다. CTA(미국 소비자 기술협회)는 〈스마트 시티와 커넥티드 커뮤니티의 진화〉라는 보고서를 통해 '2025년까지 지구상에 88개의 스마트도시가 탄생하고, 2050년까지는 전 세계 인구의 70%가 스마트도시에 거주하게 될 것.'이라고 내다봤다.

세계 최대 전자제품 전시회인 CES는 2018년의 주제를 '스마트 시티의 미래(The Future of Smart Cities)'로 내걸었다. 이는 미래 산업에 발맞추어 도시의 모습 또한 변하고 있다는 것을 말해주는 일이다. 유명 경제학자인 에드워드 그레이저 교수는《도시의 승리》라는 책을 통해 도시는 혁신의 속도를 끌어올리고 시장과 문화를 연결하는 관문이라고 들려준다.

중국에서 도시는 특별한 의미를 갖는다. 그들에게 도시는 지속적인 경제성장을 위한 계획이자 사회 발전에 필요한 자원이다. 그렇다면 중국은 어떤 형태의 도시계획을 가지고 있을까?

중국은 현재 국가급의 신도시를 건설 중이다. 바로 허베이성의 슝(雄)·룽청(容城)·안신(安新) 3개현을 합친, 인구 100만의 경제특별구인 슝안신구 개발이다. 슝안신구는 '지혜 도시(智慧城市)'라는 타이틀을 가진 스마트도시다. 중국이 발휘할 수 있는 최고의 첨단기술을 도입하는 도시로 세워지고 있다.

이 도시가 주목받는 첫 번째 이유는 정부가 경제특구로 지정했기 때문이다. 중국에는 몇 개의 경제특구가 있다. 1979년부터 설치한 광둥성의 선전, 주하이, 산터우, 샤먼의 4개 특구, 1988년 성으로 승격된 하이난다오(海南島), 2010년 신장위구르자치구의 카슈가르(喀什·중국

명 카스)가 그곳이다.

여기에 슝안신구가 새로이 경제특구로 추가되었다. 슝안신구에는 '천년대계, 국가대사(千年大计'国家大事)'라는 거창한 슬로건이 붙어 있다. 백년대계도 아닌 천년대계로 불리는 의미는 더욱 남다르다.

베이징 도시발전연구소의 오양천(欧阳宸) 연구원은 '왜 슝안신구는 천년대계, 국가대사로 세워졌는가'라는 글에서, 슝안신구의 설립 자체가 큰 의미를 담고 있기 때문이라고 설명한다. 슝안신구 설립에 관한 문건은 중국의 최고 지휘부인 공산당중앙위원회와 국무원의 공동 발표로 나와 여타 도시와는 그 격이 다르다. 선전과 상하이, 샤먼을 설립할 때도 이런 일은 없었다.

두 번째로는 주장삼각주(주강 하구의 광저우, 홍콩, 선전, 마카오를 연결하는 삼각지대)와 장장삼각주(장강 하구의 상하이, 장쑤성 남부, 저장성 북부를 포함한 지역)의 뒤를 이을 신흥 도시이기 때문이다.

세 번째로는 징진지(베이징, 톈진, 허베이의 3개 지역) 권역과의 융합 발전이 가능하다는 점에서 제2의 선전, 제2의 상하이에 버금갈 경제특구 프로젝트라는 점이다. 그 안에는 중국의 새로운 성장 동력 발판을 위한 선택과 집중이 담겨 있다.

시진핑의 치적을 위해서도 성공시켜야 할 슝안신구

중국의 역대 주석들을 보면 자신의 치적을 대표할 수 있는 경제특구를 하나씩 건설했다. 시진핑 역시 집권 시기에 맞춰 국가급의 도시를 만들어야 한다는 생각을 염두에 두고 있는 것 같다.

경제특구의 역사가 그러하다. 1980년 덩샤오핑은 선전을 남방경제특구로 지정해 발전시켰다. 장쩌민은 상하이 푸동신구를 경제특구로 발전시켜 세계적인 금융·무역 도시로 변모시켰다. 후진타오는 톈진시의 빈하이신구에 제조, 물류, 금융 단지를 건설했다.

미국을 비롯한 세계 주요국이 간과한 것이 있다면 중국의 도시화에 대해 너무 방심했다는 것이다. 도시는 국력을 키울 수 있는 큰 자원인데 말이다. 9·11 테러가 터지고 2008년 미국이 금융위기로 휘청하던 시점에 중국은 몸집을 키워갔다.

중국의 도시는 매력적인 자원들이 생태계를 형성하고 정부 주도하에 고속 건설의 페달을 밟으며 성장했다. 그들이 가진 많은 인구와 국가 소유의 넓은 토지를 이용할 수 있다는 것도 유리한 부분이었다.

꼭 그래서만이 아니라 시진핑 시대에는 도시화 정책이 더욱 강조되고 있다. 과거보다 더 다변화된 중국은 이제 인구 분산, 지역 경제 발전, 산업 활성화 등의 이유로 새로운 도시가 필요하다. 앞서 말했듯이 슝안신구는 친환경과 스마트 환경을 결합한 녹색 스마트도시로 건설되고 있다.

여기서 이루어질 주요 산업은 친환경 생태 산업, 정보 서비스와 빅데이터 등이 결합된 하이테크 산업, 스마트를 기반으로 한 효율적인 교통 인프라와 의료 공공 서비스 등이다.

슝안신구는 신형 도시화의 필수 전략이자 미래 중국 경제의 새로운 성장 모델로 이목을 끈다. 《도시로 읽는 현대 중국》(김도경 외 지음)에 의하면, 신형 도시화는 중국의 내수 확대와 신성장 동력을 위한 것이다.

뿐만 아니라 최종적으로는 중국 사람들의 문화 수준의 격을 올리는 데 도움을 준다. 주변 1선, 2선, 3선 각 도시에 사는 중국 친구들에게 물어보았다. "도시란 어떤 의미일까?"라고. 모두 다른 대답이 나왔다.

"도시? 요즘 유럽의 유명 휴양지로 여행을 갈 계획을 잡고 있었는데 말이야."(베이징 토박이 친구)

"남자친구의 직장이 베이징이라 결혼하면 베이징으로 이사 갈 것 같은데 집값이 너무 비싸네."(대련에 사는 친구)

"성도로 이사 가는 것만으로도 아이들 교육이나 생활이 편해질 것 같아."(3선 도시 뤄양에 사는 친구)

도시는 중국 사람들에게 보다 더 다양한 시스템으로 작동하고 있었다.

코트라 시안무역관의 상무부주임인 왕췬은 신형 도시와 관련해 "과거 중국의 도시화 방식인 기업화 방식, 공업단지화 방식에서 벗어나 사회 중심의 개발로 역할을 수행해야 한다."라고 의견을 밝혔다.

중국은 슝안신구를 통해 단순히 첨단산업을 위한 경제특구가 아니라 사람이 중심이 되는 새로운 사회 구조를 만들고자 한다. 친환경 생태, 효율적인 교통 인프라, 의료 공공 서비스 등이 이 도시의 중요한 이슈인 것도 그래서다.

슝안신구는 중국 내륙에 처음으로 건설되는 경제특구 프로젝트다. 지금까지 중국은 남해와 동부 연해 지역을 중심으로 도시 경제를 구축했다. 하지만 슝안신구는 허베이성의 내륙 지역이다.

아직 슝안신구의 경제 총량 규모는 미미하다. 그러나 작은 항구이던 선전이 중국 최고의 하이테크 단지 도시로 변모했듯이 슝안신구 역시 정부의 전략적인 도시 건설 계획에 힘입어 이미 많은 정보통신 기술 및 인공지능 기업들이 움직임을 보이고 있다.

슝안신구에는 BAT(바이두·알리바바·텐센트) 기업들도 진출해 있는 상태다. 바이두의 경우 스마트도시 건설, AI 국가 실험실, 무인 자동차 영역을 맡게 되었다. 바이두윈(百度云·바이두 클라우드)을 기반으로 전면적인 도시 공공 서비스를 제공하는 것이 목적이다.

알리바바는 클라우드에 기반한 인프라 건설과 사물인터넷 및 ICT 도시 대뇌 영역에서 슝안신구와 합작했다. 텐센트는 위챗 플랫폼과 도시 서비스를 결합한 연결 능력을 통해 금융 과학기술과 같은 도시

중국 스마트 도시의 산업 사슬

출처: 아이루이 자문(艾瑞咨询 iresearch.com) 〈2019년 중국 스마트도시 발전 보고서(2019年中国智慧城市发展报告)〉

공공 서비스와 정무 공중하오 서비스를 연결할 것으로 보인다.

국가가 도시를 통해 경제적 이익을 창출하려면 도시를 기업하기 좋은 환경으로 가꾸어야 한다. 그래야 젊은이들이 몰리고, 일자리가 창출되며, 혁신적인 공공 서비스가 일으켜 세워진다. 중국은 디지털 혁신 기술들을 보유한 기업들을 슝안신구에 적극 유치함으로써 창조적이며 자주적인 도시 발전 단계를 밟아나가고 있다.

도시의 방식이 바뀌고 있다

그렇다면 중국에서 도시화는 무엇을 의미할까? 왜 중국은 도시화를 강력하게 추진하는 것일까? 서울대학교 조영남 교수의 논문 〈시진핑 시대 중국의 국가발전 전략: 사회 및 경제 정책을 중심으로〉에 이런 대목이 나온다. '도시화가 1% 증가할 때마다 약 7조 위안(약 1,176조 원)의 시장 수요가 발생하고 경제성장률이 1~1.5% 증가한다.'

저성장 시대에 진입한 중국에서 도시화에 따른 내수 시장 촉진 전략은 반드시 추진해야 할 과제다. 리커창 총리도 "향후 중국의 성장 잠재력은 도시화에 있으며, 신형 도시화를 통해 내수 시장을 촉진시켜야 한다."면서 슝안신구에 대한 기대를 드러냈다.

신흥 도시 개발을 통한 인구 분산도 중국이 노리는 바다. 1선 도시에만 노동력이 집중되는 현상을 완화하겠다는 것이다. 중국 역시 구직자들이 1선 대도시로 몰리는 현상이 있다. 그러다 보니 2,3선 도시는 유능한 인재가 부족한 실정이다. 이미 포화 상태가 된 베이징, 상하이, 선전의 뒤를 이어 일자리, 주거, 기업 운영 등에 적합한 도시 건설이 필요했다고 할 수 있다.

청쿵상학원(CKGSB Knowledge) 에서 발표한 〈슝안신구: 중국에서 가장 최근에 생긴 경제특구〉라는 글에 따르면, 슝안신구에는 앞으로 30만~50만 명의 과학 분야 전문 인력이 들어오게 될 것이라고 한다.

이는 징진지 지역과의 경제 협력이 기대되는 일이다. 또한 교통 인프라가 확충되면 베이징까지 30분이면 출퇴근이 가능해 베이징의 대도시병도 완화해줄 것으로 보인다. 정리하자면 슝안신구는 중국이 경제성장을 위해 계획적으로 주도하는 도시 과학이 실행되는 곳이다.

슝안신구의 목표는 다소 추상적으로 보일 수도 있다. 그렇다면 스마트 사회가 가지는 요인을 중심으로 이해해보는 게 좋을 것이다. 경제적 요소(economy components), 사람 요소(people components), 기관 요소(institutions components)가 그런 것들이다.

먼저 경제적인 요소로는 혁신 능력, 경제적 강인성, 글로벌 연결성과 같은 것들을 들 수 있다. 사람 요소로는 삶의 환경, 수준 높은 생활 방식, 재능 발전 가능성을 들 수 있다. 기관 요소로는 온·오프라인의 자유, 신뢰, 안전성, 공공 서비스가 꼽힌다.

이러한 측면에서 슝안신구가 갖추고 있는 친환경, 스마트, 인프라, 고효율, 대외 개방, 산업 발전 기능은 위 3대 요소를 다 품고 있다.

향후 중국은 약 500여 개의 스마트도시를 건설할 계획이라는데, 2020년까지 170조 원을 들여 계획을 추진할 것이라고 한다. 그 첫 번째로 띄우는 슝안신구는 저성장 시대 속에서 중국이 지향하는 도시 계획의 구체성을 드러낸 곳이다.

선전이 첨단 과학기술 제조 단지로 중국을 이끌고 상하이가 아시아를 대표하는 금융과 무역지로서 가치를 세우고 있다면, 슝안신구는 녹색 스마트도시로서 미래적인 라이프 스타일이 충만한 곳이 될 것으로 보인다. 앞으로 중국 투자와 진출에 있어 우리가 가야 할 도시는 어디일까?

◈ 중국은 스마트도시 천하 ◈

중국의 1인당 GDP(2018년 IMF 기준 1만 87달러)를 생각하면 이 나라에 구축된 수준 높은 스마트도시나 모바일 결제 시스템은 사실 의외다. 대개의 나라가 현금 결제 → 신용카드 → 모바일 뱅킹으로 넘어가는 데 반해 중국은 신용카드 단계가 생략되다시피 했다. 1990년대 신용카드가 국제적으로 대중화되었을 때 중국은 아직 현금 중심 사회였다. 그러다가 IT와 인터넷 분야가 급성장하며 바로 핀테크 시대로 들어갔기 때문이다.

현재 중국에서 스마트 기술이 가장 잘 구현된 곳을 꼽으라면 도시 공간이다. 전국적으로 최첨단 정보통신기술에 기반 한 스마트 도시들이 크게 늘었다. 부성급(副省級) 이상 도시의 95%, 지급 도시의 83% 등 500개가 넘는 도시가 스마트도시로 변모하고 있다.

도시의 스마트화는 빅데이터와 정무 서비스, 사물인터넷과 도시 정비, 클라우드와 산업 서비스, 빅데이터와 공공안전 영역 등이 결합하는 방식으로 이루어지고 있다.

인공지능을 기반으로 한 딥러닝(deep learning), 머신러닝(machine learning), 데이터 마이닝(data mining), 로봇, 데이터 분석 및 인공지능 기반의 솔루션(물체, 음성 식별), 인공지능 의학 상품인 텐센트 미잉(腾讯觅影), 텐센트 AI Lab 기술 등을 스마트도시에 구동시켰다.

또한 스마트 병원, 학교 서비스(학교, 교사, 학생을 연결하는 에코 시스템 플랫폼), 창업 공간 등 다방면에서 도시의 스마트화가 이루어지고 있다. 전체 스마트도시 규모는 2021년이 되면 18조 7,000억 위안(약 3,141조 6,000억 원)에 달할 전망이다.

온라인과 오프라인의 경계를 허문 신유통

순수한 전자상거래 시대는 지나갔다

베이징 중관춘 근처에 있는 한 지하 쇼핑몰의 푸드코트를 돌아다니고 있었다. 밥을 다 먹은 후 친구를 만나기 전에 잠시 화장실에 가서 화장을 고쳤다. 그런데 웬걸, 호텔에서 립스틱을 가지고 오지 않았다. 밋밋해 보이는 얼굴에 자신감이 사라졌다.

그런데 또 웬걸, 푸드코트 안에 운 좋게도 립스틱 무인 자판기가 있었다. 진짜 싸다. 위챗페이 결제 후 9.9위안의 발색력 좋은 립스틱을 득템했다. 생소한 브랜드라 검색해보니 마리 따이쟈(Marie Dalgar)라는 로컬 브랜드였다. 기술 마케팅을 얹어 소비자와의 간격을 공격적으로 좁히고 있는 중국 브랜드. 대단하다.

중국의 소비 시장 트렌드의 변화 주기가 점점 짧아지고 있다. 모바일 경제, 소득 상승, 자아실현, 개성 추구가 보편화되면서 소비자들은 하루가 다르게 새로움을 추구하고 있다. 선진적이고 다채로운 체험을 제공하는, 가치 있는 시장에 지갑을 열겠다는 거다.

중국인들은 이제 시간과 소비에 대한 새로운 효율을 추구하게 되었다. 이로 인해 기존 유통 구조에 변화를 불러일으켰다. 그런 만큼 신소비와 신유통의 관계를 면밀하게 살펴 중국 시장의 소비 트렌드를 이해할 필요가 있다.

친구 중에 이를 잘 실천하고 있는 사례가 있다. 디자이너 의상을 저렴하게 공유하는 패션 플랫폼을 운영하고 있는 것이다. 작년부터 상하이의 한 카페에 가상 피팅 기계를 도입해 판매를 확대하고 있다. 차를 마시며 모든 디자이너 브랜드의 옷을 함께 즐길 수 있는 문화 공간이다.

단순히 모바일로 고객을 만나는 게 아니라 오프라인에서 직접 고객을 찾아가겠다는 것이다. 많은 옷들을 재고로 떠안으며 단독 쇼룸을 열지 않았다. 차라리 여성 고객들이 많이 몰릴 법한 장소에 정교한 서비스를 담은 기계를 설치했다.

중국 정부 역시 내수 시장의 활성화를 위해 신소비에 주목하고 있다. 2015년 국무원에서 발표한 〈새로운 소비에 새로운 공급 동력을 형성하는 데 대한 지도 의견(关于积极发挥新消费引领作用加快培育形成新供给新动力的指导意见)〉에도 새로운 소비 형태가 경제성장을 구동하는 중요성에 대한 언급이 들어 있다. 정보 소비, 녹색 소비, 서비스 소비, 품질 소비, 농촌 소비, 패션 소비가 중국 정부에서 언급한 주요 '6대 신소비' 영역이다.

2016년, 알리바바 클라우드 개발자 콘퍼런스인 '알리윈치대회(阿里

云栖大会)'에서 마윈이 처음으로 신유통을 언급하면서 세계는 신유통과 신소비에 주목하기 시작했다. 마윈은 "10년, 20년 후에는 전자상거래라는 말은 존재하지 않고 오직 신유통이라는 말만 남게 될 것이다."라고 했다. 유통을 어떤 하나의 정해진 틀로 고정한 시대가 없어진다는 것이다.

바이두는 신유통을 '빅데이터, 인공지능 등 선진 정보통신기술을 상품 생산, 유통, 판매, 물류 과정에 적용하는 새로운 리테일 모델 방식'이라고 정의했다. 이를 좀 더 구체적으로 이해하기 위해 알리바바에서 제시한 신유통 전략 구성의 표준을 보면 좋을 것 같다.

첫째로 산업, 시장 발전, 혁신을 추진할 수 있는지 여부가 신유통의 대표적인 표준이다.

둘째로 신기술과 상업의 융합이 가능한지를 검토해보아야 한다.

셋째로 사용자의 소비 체험을 상승시킬 수 있는지 탐색해야 한다.

신유통의 핵심은 결코 물품 및 자원의 새로운 조달·구매·판매 방식이 아니다. 반면 소비자에게 어떤 체험을 통해 마트에서 물건을 사고 백화점에서 옷을 사게 할 것이냐의 문제다.

중국의 신중산층 출현, 농촌 경제의 부상, 신형 도시의 설립으로 신유통 시장은 더욱 활기를 띠고 있다. 신흥 부자층은 물론 현대적인 유통 혜택을 제대로 못 누리고 있는 농민층 등 신유통을 통해 새로운 소비 체험을 불러일으킬 여지는 많다.

메세베를린에서 CE차이나를 담당하고 있는 옌스 하이데커 회장

무인 립스틱 자판기. 운영 기업인 마리 따이자(Marie Dalgar)는 신유통 개념과 무인 자판기, QR코드 기술을 소비자 소통 및 가치 제안에 적절히 활용했다는 평가를 받는다.

역시 "중국 중산층의 성장이 신소비 시장을 만들고 있다."(전자신문 기사)라고 했다. 이는 소비 형태의 선진화가 사용자들에게 새로운 가치를 조달해주게끔 만들었다는 것을 의미한다. 신유통, 신소비는 중국의 새로운 시장 발전에 초점이 맞추어진 신형 경제 추세와 같다고 볼 수 있다.

사람 - 제품 - 체험의 일체화로 소비자를 끌어들인다

그렇다면 중국의 신유통, 신소비는 근본적으로 무엇을 가리킬까? 이 질문을 통해 우리는 미래 중국 소비자들의 소비관을 유추해볼 수 있을 것이다.

일단 의미부터 말한다면 신유통은 '장면화 사유(场面思维)'의 개념에서 시작되었다. '장면화'란 사전적 의미로 어떤 일이 벌어지고 있는 광경을 말한다. 다시 말해 신유통은 소비 장면의 변화가 불러일으키는 기업과 소비자 간의 거래 방식의 전환이라고 할 수 있다. 여기에 '사유'라는 말이 붙은 건 새로운 방식의 소비에 대해 사용자들이 체험을 통해 느끼는 판단쯤으로 해석할 수 있을 것 같다.

정보통신기술이 기업, 시장의 밸류체인과 융합되어 그려내는 소비 장면을 떠올려보라. 특히 가상인터넷 세계와 오프라인 세계가 일체화되었을 때의 장면은 더욱 뚜렷해진다. 사람들은 상상만 해오던 장면을 실제로 체험하며 상품을 구매할 수 있게 되었다. 모바일을 통한 일상을 유독 좋아하는 중국에서는 이런 일이 급속화되고 있다.

중국에서 신유통을 이행하고 있는 사례를 꼽으라면 알리바바의 허마셴성(盒马鲜生)이 대표적이다. 허마셴성은 온·오프라인이 통합된 무인 슈퍼마켓이다. 이곳에서 물건 구매는 정말 쉬운 형태로 이루어진다. 상품 앞에 놓인 QR코드를 스캔해 장바구니에 담고 알리페이로 결제하면 끝이다.

허마셴성은 서비스 측면에서도 당일 신선 상품만을 제공하기 때문에 일명 녹색 스마트 소비 체험을 할 수 있는 상점이다. 신선 식품 시장 + 앱(APP) 전자상거래 + 물류를 결합한 복합형 상업 종합체로 여겨진다. 그 배후에는 무인 상점을 통제·관리하는 빅데이터 기술이 있다. 허마셴성 직원의 절반이 기술개발 연구원들이라는 것만 보아도 신유통의 동력이 기술에 근간을 두고 있다는 것을 알 수 있다.

이렇게 허마셴성은 단순한 개념의 무인 상점이 아니다. 알리바바는 상하이, 베이징, 항저우, 쑤저우, 시안, 선전 등 중국 전역에서 약 100개의 허마셴성 매장을 운영 중이다.

허마셴성의 창시자인 허우이(侯毅)는 자신들의 비즈니스 모델의 핵

중국 디지털 유통의 변화

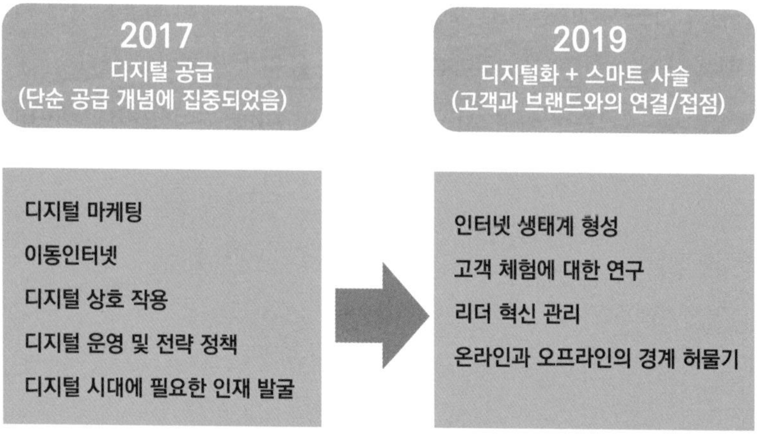

출처: KPMG 중국, 경영협회 공동 보고서
〈다시 성장 - 2019 중국 리테일 디지털화 역량(重塑增长 - 2019中国零售数字化力量)〉

심을 총 네 가지로 설명했다. '한 번에 신선하게, 생각한 대로 얻기, 원스톱 구매 모델, 먹는 것을 기쁘게'라는 콘셉트를 담아 새로운 소비 가치관을 구성했다고 한다. 이를 기반으로 허마셴성은 '사람(소비자)과 '물건(상품과 서비스)과 장면'의 일체화를 실현했다.

상품은 단지 눈에 보이는 것만이 아닌, '상품의 IP화(I park in your mind)'를 가리킨다. IP화는 상품이 소비자의 머릿속에 그려지는 어떤 이미지다.

중국의 많은 기업들이 상품 기획을 할 때 거듭 중요하게 생각하는 것이 바로 이 'IP화' 개념이다. 장면은 온라인과 오프라인이 결합했을 때의 다양한 장면을 가리킨다. '사람 - 물건 - 장면'은 허마셴성의 일체화 전략이다.

중국은 무인 상점 시대를 맞이했다. 대표적으로 알리바바, 쑤닝, 징동, 빙고박스 등은 무인 편의점과 상점을 각 도시마다 개설하고 있다. 이 중 징동은 무인 상점을 농촌에 만들고자 한다. 농촌 지역이어도 신유통이 먹힐 수 있다는 자신에 찬 행동이다.

마윈은 기존의 오프라인 유통도 데이터와 기술을 통해 새로운 유통 방식으로 변경될 것이라고 했다. 단순히 전자상거래 유통으로 대체하겠다는 뜻이 아니다. 온라인과 오프라인은 상호보완적인 관계로 현재 중국의 전통 유통을 회복시키기도 하면서 경계를 허무는 모습도 같이 그려내고 있다.

이제 이런 변화의 물결에는 중국 내의 미국 기업까지 동참하고 있다.

스타벅스는 어러마와 손잡고 커피 배달까지 하고 있다. 유명 드럭스토어 왓슨스(Watsons)도 어러마를 통해 1시간 내 배송 서비스를 도입했다. 화장품, 일상용품 등 약 1,700종에 달하는 상품을 온라인에서 구매하고 오프라인으로 받을 수 있다. 이 서비스는 중국의 230개 도시에 제공되고 있으며 2,500개의 왓슨 오프라인 매장에서 진행된다.

이런 변화는 중국에 왔으면 중국 방식을 따라 물건을 팔아야 한다는 것을 증명해 보이는 모습이다. 중국에서 생존하려면 현지 시스템과 파트너십을 가져야 한다.

중국에 진출했거나 하려는 한국 기업들도 중국의 플랫폼을 어떻게 이용할 것인지, 중국인들이 원하는 경험이 무엇인지 헤아려야 할 것이다.

중국의 소비자는 아직도 목마르다

신유통은 오프라인 유통의 변화뿐만 아니라 전자상거래 유통 기업들에도 새로운 기회가 된다. 마윈의 "순수한 기존의 전자상거래는 이미 죽었다."라는 말처럼 신유통은 유통업계의 전반적인 구조를 조정하고 변혁시켰다.

신유통은 소비자에게는 상품 구매 시간과 경비의 효율을, 기업에는 노동력, 물품 조달, 운영 관리의 효율을 가져다주었다. 일본의 이가 야스요가 쓴《생산성》이라는 책의 말을 빌리면, 생산성 높은 기업이 가장 창의적인 기업이라고 한다. 이는 허마셴성이 존재하는 이유이며 알리바바가 신유통 기업을 세운 이유라고 할 수 있다.

무엇보다 중국의 방대한 모바일 결제 시장 덕분에 무인 상점이 확산될 수 있었다. 중국의 과학정보 기술, 빅데이터, 이동모바일 결제와 물류 기술은 이미 세계에서 독보적인 위치에 올라 있다. 이 경쟁력은 데이터 구동이 핵심인 신유통이 중국 시장경제에서 새로운 엔진으로 작용할 수 있게 해준다.

신유통을 일러 전 세계 글로벌 상업에 혁신을 일으킬 방식이라고 표현하는 사람도 있다. 중국의 유명 1인 미디어 운영자인 뤄전위(罗振宇)는 신유통을 '고효율' 그 자체라고 강조한다. 또한 중국 소피아 기업의 마케팅 부총리인 리첸화(理钱晔)는 '신유통은 평당 영업액의 효율'이라고 말한다.

몇 년 전, 마윈과 왕젠린이 '전자상거래가 전통 유통을 대체할 것이다.'라는 말을 두고 내기를 걸었던 일화가 생각난다. 중국의 유통 시장의 흐름을 보면 둘의 관계는 서로가 상생·결합하는 비즈니스 모델로 성장하고 있다. 현재 중국 사회에서는 '신(新)'을 앞세운 단어가 여기저기서 보인다. 신금융, 신제조 등 뉴 플러스 테마 경제와 테마 산업이 연이어 나오고 있다.

그럼 왜 중국 사람들은 새로움을 갈망하는 것일까?

최근 몇 년 동안 중국은 전자상거래의 발전, 창업 열풍, 유니콘 기업들의 탄생 등 일련의 변화를 거쳐왔다. '새로움'은 중국 사회에서 성공의 기회와 사회경제에 필요한 신성장 동력의 기능적 의미로 자리 잡아왔다. 신유통 역시 그러하다.

중국 정부도 신유통의 발전을 적극 밀고 있다. 전자상거래 및 유통기업들은 신유통을 새로운 기회로 삼는 시장 시스템을 형성해가고 있다.

우리 역시 중국의 신소비 트렌드에서 새로운 비즈니스의 지향점을 찾아야 한다. 중국에 상품을 팔거나 마케팅을 할 때 현지 사용자들에게 우리 상품에 대해 새로운 이미지화를 심어줄 수 있어야 한다.

그러려면 엔터테인먼트적 요소와 인터넷 기술을 사업과 결합해 중국 소비자와의 거리를 줄여나가는 것이 중요하다. 그래야 스마트 소비에 익숙한 중국인들로부터 외면당하지 않고 기억에 남는 'I park in your mind'를 실현할 수 있을 것이다.

◈ 혼합현실(MR) 쇼핑 거리 ◈

학교에서 해양 생태에 관한 수업을 받으러 학생들이 체육관에 모였다. 그런데 체육관 바닥이 갈라지더니 갑자기 거대한 고래가 튀어나와 물 한 방울 없는 체육관을 헤엄친다. 마치 실제로 고래가 나타난 것처럼 실감난다. 이런 영상이 바로 '혼합현실(MR·mixed reality)'이다.

AR(증강현실) 시대가 가고 MR 시대가 왔다. AR은 3차원이지만 MR은 4차원이라는 것이 다르다. 타오바오는 항저우 시후(西湖)에 300제곱미터 면적의 '미래 구매 거리'를 세워 타오바오 마켓 페스티벌을 열었다. 여기서는 가상의 물체들이 진짜 현실에 있는 것처럼 움직이고 형태를 띄우고 말하는 혼합현실 속에서 물건을 구매할 수 있게 된다.

타오바오는 MR 기반의 '타오바오 마이아(淘宝买啊)' 상품을 2018년 9월 출시했다. 고객은 이 MR 환경 속에서 쇼핑할 수 있다. 물론 실제 물품은 따로 집으로 배달해 준다.

타오바오가 MR 기술을 구현할 수 있었던 것은 이 회사가 가진 콘텐츠와 빅데이터 덕분이다. 타오바오가 가진 수억 개의 상품, 소비자 후기 데이터, 세계 각국의 판매자들은 소중한 데이터 자산이다.

정보통신기술을 넘어 공상과학기술에 가까운 새로운 쇼핑 플랫폼을 구현하는 것이다. 눈앞에 있는 콘텐츠들이 직접 말하고, 움직이면서 소비자와 구체적인 상호작용을 통해 재미, 소비, 체험을 전한다면 그야말로 즐거운 쇼핑 아닌가. 스마트 시대를 맞이한 중국은 '과연 이런 상상이 현실적으로 가능할까?'라는 발상 전환적인 질문을 끊임없이 해왔다. 그 결과 파괴적인 혁신을 창조한 것이다.

중국 IT 기업들이 만들어가는 에코시스템

모바일 앱 서비스 역량, 중국은 날고 있다

중국에서 가장 싫은 게 있다면 바로 은행이나 공공기관에 가서 업무를 보는 것이다. 그래도 요새는 어느 정도 속도가 빨라졌다. 그뿐만이 아니다. 자동매표기가 나오기 전, 기차역에서 표를 사는 것 역시 답답했던 시절이 있었다.

만만디란 말이 괜히 나온 게 아니다. 과거 중국은 "기다리세요."라는 방식으로 사람들과 소통해왔다. 이제는 그 소통의 관계 방식에 변화가 생기기 시작했다.

최근 중국 인터넷 기업들의 공통적인 특징은 에코시스템을 건설하고 있다는 것이다. 알리바바는 전자상거래 타오바오(淘宝), 모바일 결제 알리페이(支付宝·Alipay), 클라우드 컴퓨팅 알리윈(阿里云), 금융 위어바오(余额宝), 물류 차이니아오(菜鸟) 등을 통합 시스템화했다.

바이두 역시 포털 사이트뿐만 아니라 바이두 AI, 바이두 첸바오(百度钱包), 바이두 금융(百度金融) 등 여러 고리들이 연결되도록 했다. 그 방법으로는 인공지능, 빅데이터, 모바일 결제 등 정보통신기술이 총동원되었다.

이런 가운데 텐센트는 가장 유연하고 효율적인 에코시스템을 갖춘 것으로 평가받는다. 인터넷 플러스를 기반으로 중국 최대 소셜 네트워크인 위챗(중국에서는 웨이씬), 모바일 결제 수단인 위챗페이, 공중하오 서비스 등 경계를 뛰어넘는 생태계를 구축했기 때문이다.

텐센트는 2017년 1월 위챗 기반의 모바일 앱 스트리밍 서비스인 샤오청쉬(小程序·미니프로그램)를 출시하면서 새로운 디지털 공동체를 창조했다. 이를 쉽게 이해하기 위해선 카카오톡을 예로 들어볼 수 있다.

당신은 휴대전화에 더 이상 배달의 민족, 카카오페이, 사진 어플, 쇼핑 사이트 등과 같은 앱(APP)을 다운받을 필요가 없다. 카카오톡에서 배달의 민족을 검색해 바로 서비스를 이용하고 주문까지 연계가 가능하다. 혹은 당신이 애용하는 레스토랑에 가서 QR코드를 스캔하면 카카오톡과 연동되어 레스토랑의 서비스 창이 뜬다. 그것을 통해 주문과 카카오페이 결제까지 함께 처리할 수 있다. 이런 개념이 중국에서 실천되고 있는 것이다.

덕분에 소비자는 시간을 절약할 수 있고, 상점들은 더 이상 주문받는 종업원을 고용하지 않아 인건비를 줄일 수 있게 되었다. 소비자와 상업자를 간편하게 연결시켜 서로 윈-윈 할 수 있는 상업 커뮤니티를 활성화시킨 것이다.

샤오청쉬는 위챗 안에서 행할 수 있는 작은 애플리케이션이다. 개방형 성격을 가지고 있는 것이 특징인데, 여기서 개방은 협력을 의미한다. 샤오청쉬의 장점은 더 이상 따로 애플리케이션을 다운로드하지 않아도 위챗 검색 기능 또는 QR코드를 통해 생활에 필요한 서비스를 누릴 수 있게 해준다는 것이다.

이는 사람들이 서비스를 제공받는 거리가 단축되었다는 것을 뜻한다. 인터넷 플러스 기반의 협력은 경계와 업종을 뛰어넘을 때 비로소 빛을 발할 수 있다. 현재 중국 IT 업계에서 샤오청쉬는 근래에 탄생한 최고의 혁신 산물로 여겨지고 있다.

알리바바의 기술 전문가인 류퉁은 샤오청쉬에 대해 이렇게 설명하고 있다.

"샤오청쉬는 크로스 플랫폼(cross-platform)의 연구 기술과 웨이씬의 업무를 완벽하게 융합한 최고의 상품이다."

텐센트는 샤오청쉬를 오픈함으로써 디지털경제의 공동 창조를 구현해나가고 있다.

샤오청쉬의 탄생은 기술 혁명보다 소비자 체험 혁명에 더 가깝다고 볼 수 있다. QR 스캔으로 서비스가 이용 가능하다는 것, 위챗 안에서 나에게 필요한 서비스를 사용할 수 있다는 점 등이 그렇다. 이는 슘페터의 창조적 파괴보다는 작은 혁명을 일컫는 '마이크로 이노베이션(micro-innovation·微创新)' 개념과도 서로 통한다.

현재 대부분의 중국 기업들은 기술 혁신과 소비자 체험 중심의 마이크로 이노베이션을 같이 실행하고 있다. 특히 사용자들에게 기능적 혁신을 경험하게 함으로써 마음을 사로잡고 있다.

샤오청쉬는 이 점을 이용해 위챗 안에서 바로 모든 서비스를 이용하고 결제까지 처리할 수 있는 시스템을 만든 것이다. 별도의 애플리케이션 설치 없이 말이다.

하나의 앱 안에 담긴 금융, 쇼핑, 결제

위챗의 샤오청쉬 출시가 중국 사회에는 어떤 변화를 주었을까. 먼저 기업 애플리케이션 담당자들은 샤오청쉬 덕분에 더 이상 큰돈을 들여 애플리케이션을 개발할 필요가 없게 되었다. 전자상거래 기업들도 별도의 애플리케이션 프로그램에 투자하는 번거로움을 덜어낼 수 있었다.

샤오청쉬는 API(애플리케이션 프로그래밍 인터페이스)를 기반으로 구동되는 미니 애플리케이션이다. 《실무적 API 설계 접근(A Practical Approach to API Design)》이라는 책을 쓴 키스 케이시는 API의 다섯 가지 표준을 라이프 사이클, 인터페이스, 접속, 소비, 비즈니스라고 설명한다. 위챗은 개발자와 사용자에게 이 다섯 가지 모두를 제시했다.

2016년 9월 샤오청쉬가 처음 나왔을 때 먼저 관심을 가진 사람들은 애플리케이션 개발자들이었다. 왜냐하면 샤오청쉬가 앱 개발에 필요한 기술상의 복잡한 과정들을 줄여주었기 때문이다. 개발자들은 하나의 일련번호만을 가지고 프로그래밍할 수 있게 되었다.

무엇보다 저렴한 연구개발 비용, 높은 효율성, 쉬운 트래픽 확보가 개발자들의 이목을 끌었다. 위챗 공중하오 플랫폼 사이트에 제시된 가이드라인에 따라 손쉽게 개발이 가능하고, 마지막으로 위챗의 심사를 거치기만 하면 바로 출시와 사용이 가능하다.

두 번째로는 모바일 시대에 맞는 새로운 상업적 서비스 기회를 누릴 수 있게 되었다. 이는 더욱 편리해진 소비와 비즈니스를 뜻한다. 샤오청쉬는 소셜 네트워크, 교육, 금융, 맛집, 배달, 공유자전거, 게임 등 약 17개 이상의 업계 서비스와 연동되어 있다. 일반 회사들도 미니 프로그램만 설치하면 위챗 내에서 소비자에게 상품 홍보, 마케팅, 결제까지 일련의 서비스를 제공할 수 있게 되었다. 그만큼 효율적인 운영이 가능하게 된 것이다.

무엇보다 국민 메신저 위챗 안에서 이 모든 게 해결되니 소비자와 기업은 서로 손만 뻗으면 닿을 수 있게 되었다. 기업은 전보다 수월하게 더 많은 고객을 유입할 수 있게 되었고, 소비자들은 경로의 장벽 없이 원하는 서비스를 누리게 되었다. 또한 사용자들은 샤오청쉬 검색 기능(附近的小程序)을 통해 각자에게 맞는 서비스들을 이용할 수 있게 되었다.

샤오청쉬 산업 사슬도

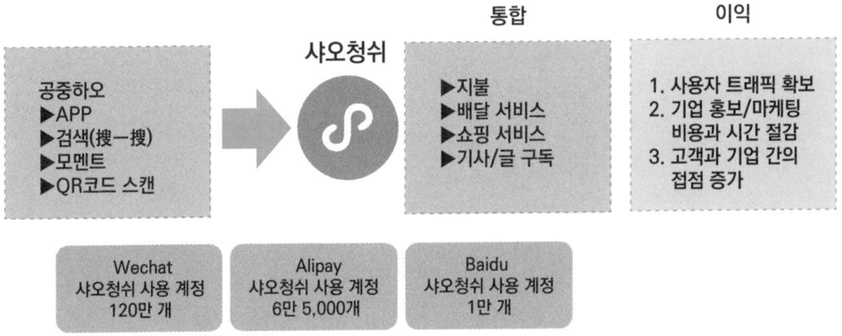

출처: 바이두백과(百度百科), 솔루션 업체 지쑤잉용(即速应用)
〈2018년 샤오청쉬 업계 성장 연구 보고서(2018年小程序行业增长研究报告)〉

〈2017년 웨이씬 샤오청쉬 TOP 100 보고서〉에 의하면, 유통, 생활·서비스 업계에서 샤오청쉬를 가장 반겼다. 그리고 인터넷 기업의 샤오청쉬 사용 비중이 73.6%로 가장 높았으며 전통적 기업의 샤오청쉬 사용 비중은 21.9%를 차지했다. 2018년 기준으로 샤오청쉬는 누적 이용자 수 6억 명, 하루 평균 활성 유저 수 1억 7,000만 명을 기록했다.

위챗 사용자 10억 명을 감안하면 앞으로 샤오청쉬 사용자는 더욱 확대될 가능성을 가지고 있다. 모든 것을 연결한다고 한 위챗은 샤오청쉬를 통해 연결의 재발견을 확실히 보여주었다고 할 수 있다.

소비자보다 상인이 더 반긴 샤오청쉬

위챗의 샤오청쉬는 상업계에 새로운 가치를 낳았다. 이에 대해 〈쏘후과학 뉴스 플랫폼〉은 '샤오청쉬는 어떻게 상업가들의 판매량을 올렸나?(搜狐科技 金麟自平台 - 金麟: 小程序如何帮助商家提升销量?)'라는 글을 통해 다음과 같이 설명하고 있다.

첫째, O2O(online to offline) 상업 시스템의 효율을 높여주었다. 고객 경로의 접점을 최소화해 온·오프라인의 채널을 통합하는 효과를 가져왔기 때문이다.

둘째, 효율적인 회원 관리 시스템과 소비자 데이터 분석을 가능하게 했다. 국민 메신저 위챗이 고객과의 인접성 역할을 해주기 때문이다.

셋째, 소셜 네트워크 마케팅을 수월하게 할 수 있게 했다. 가령 여행을 간다면 샤오청쉬를 통해서 위챗 내 당신이 자주 애용하는 여행앱으로 일정과 비행기 시간 확인, 마일리지 적립, 호텔 예약 모두를 한 번에 이용할 수 있다. 항공사 역시 샤오청쉬를 통해 소비자의 상황을 파악하고 업무를 처리할 수 있다.

이러한 방식은 은행 업무를 볼 때도 적용된다. 현재 중국 금융업계에서도 샤오청쉬를 이용하는 변화가 일어나고 있다. 중국은행은 샤오청쉬 서비스를 도입해 외환 결제, 외환 매입 등의 서비스를 제공하고 있다.

중국 기업의 또 다른 거인인 바이두와 알리바바가 샤오청쉬를 내지 않을 리 없다. 바이두는 검색 기능에 더욱 초점을 맞춘 샤오청쉬를 만들었다. 알리바바는 알리페이를 통해 지불과 금융에 집중한 미니프로그램을 내세웠다.

먼저 바이두의 스마트 샤오청쉬는 위챗보다 더욱 개방적인 성격을 띤다. 그들은 자신들의 샤오청쉬를 라이트 앱(light app)이라고 부른다. 반면 위챗은 비교적 폐쇄적이라는 평판을 받고 있다. 그 이유는 위챗 내로 활동이 제한되고 프로그램을 만들 때도 위챗 기준으로 만들어야 하기 때문이다. 이에 비해 바이두는 기본적으로 체험 – 트래픽 – 지능 – 개방의 핵심 이념을 따라 사람들에게 정보 연결성의 가치를 제공한다.

알리바바는 지불과 신유통의 성격을 더 많이 반영했다. 사용은 알리페이에 있는 샤오청쉬란을 통해 바로 들어갈 수 있다. 그 속엔 스타벅스 커피, 주차장, 부동산, 택배, 실시간 버스 확인 등 전반적인 생활 서비스들이 들어 있어 편리함이 더욱 강조되었다.

샤오청쉬가 아직 앱보다 전문적이지 않다는 이야기도 있지만 가벼운 방법을 통해 효율적으로 이용할 수 있는 도구인 것은 분명하다. 산업계와 기관에서도 이 프로그램을 도입하고 있는 것만 봐도 공감할 수 있다. 중국을 대표하는 IT 기업들과 상업계는 라이트 앱 물결에 동참하고 있다. 중국 소비자들에게 더 가까이 다가가고 싶다면 당신도 이 물결에 참여하는 것이 좋을지 모른다.

2017년 세계 인터넷 대회(WIC·world internet conference)에서 "모든 것을 연결할 것이다."라고 했던 텐센트의 CEO 마화텅은 샤오청쉬를 통해 온라인과 오프라인, 사람과 서비스의 연결 사회를 구현해냈다. 사람들은 더 이상 멀리 돌아갈 필요가 없게 되었다.

가장 큰 변화는 인터넷 씽킹, 마이크로 이노베이션, 연결적 사고, 개방적 전략이 중국의 경제, 사회 전체에 영향을 미쳤다는 점이다. 그리고 앞으로 그 범위와 깊이는 더욱 확대될 것이다.

샤오청쉬는 그간 모바일 결제와 QR코드가 중국 시장을 연결시킨 것 이상으로 경제성장에 큰 동력이 될 방식이다. 샤오청쉬의 사례를 통해서도 드러났지만 중국은 사회, 경제 등 모든 면에서 '개방적 사유'를 받아들이는 데 익숙한 것 같다.

중국에서 개방이 가지는 의미는 크게 두 가지가 있다. 하나는 새로운 성장 모델을 위한 체질 개선으로 가기 위한 개방 전략이다. 둘째는, 사람과 기업의 협력과 참여다. 이 두 가지는 중국의 경제를 촉진시키는 두 개의 수레바퀴와 같다.

연결된 사회에서 무엇보다 중요한 것은 연결이 의미하는 진정성을 살리는 것이다. 에코시스템의 사회 협력적·수평적·포용적인 환경이 온전히 조성될 때 건강한 경제 복합체를 이룰 수 있을 것이다.

알리바바와 텐센트를 보면서 중국이 에코시스템을 만드는 능력이 뛰어나다는 것을 발견했다. 서로 다른 것을 하나로 융합해 조화로운 통합을 이루어낸다. 그렇게 할 수 있는 힘은 어디서 나올까?

그 원천은 중국의 사유적 특징에서 찾을 수 있다. 그중 하나는 전체관(全体观)이다. 이는 전체적으로 세계를 포착, 장악하거나 어떤 대상의 전체 및 내재적 요소의 연결성과 시스템을 확실히 아는 것을 뜻한다. 중국 문화는 다원일체(多元一体)다. 중국은 다민족과 문화면에서 점점 통일성의 발전을 밟아왔다.

나아가 중국 문화는 사람과 자연, 사람과 사람 간의 화목통일인 천인합일(天人合一)의 관계를 중요시한다. 그들은 천인일가(天人一家), 하늘 아래 한집이라는 문화 이상을 가지고 있다. 이는 서로 다른 민족, 사람, 문화의 독특성과 통일성을 강조하는 것을 가리킨다. 중국인들은 이러한 철학적 사상과 사유 방식을 바탕으로 사물을 보고 그림을 그려나가는 특징이 있다.

◈ 24시간 약 자판기 + 배달 서비스 ◈

알리바바 산하의 배달 서비스 회사인 어러마는 '의약건강'이라는 채널을 만들어 2017년부터 500개 도시의 3만 개가 넘는 약국과 함께 약 배달 서비스를 해왔다. 1,000만 명 이상의 고객들이 어러마의 의약건강 채널을 이용하고 있다.

이 어러마가 24시간 약 자판기를 출시했다. 전천후인 무인 약 자판기인데, 두통약, 감기약, 소화제 등 60여 종의 약품들을 구비하고 있다. 향후 중국 각지에 1만 개까지 설치할 계획이다.

고객은 밤 12시든 새벽이든 약이 필요하면 어러마 애플리케이션을 통해 약을 주문할 수 있다. 그러면 배달원들이 이 자판기를 통해 약을 수령한 후 고객의 집까지 배송하게 된다. 베이징의 유명 약국인 징쯔탕(京芝堂), 캉보씬(康佰馨), 톈진의 루이청(瑞澄) 같은 큰 약국에 기기가 설치되어 있다.

어러마는 단순히 모든 것을 배달하는 플랫폼 업체 차원을 뛰어넘었다. 생활, 요식, 의약 등 모든 라이프 스타일 산업에서 플랫폼의 가치를 실현시켜 스스로 최고의 유통사 역할을 하고 있다.

이런 서비스가 가능한 것은 어러마가 가진 빅데이터 덕분이다. 사람들이 어떤 약을 더 필요로 하는지, 각 도시별로 어떤 약 구매의 비중이 높은지 등 이용자 분석을 통해 축적된 데이터로 소비자의 약 수요를 파악하고 있는 것이 바탕이다.

수요와 공급이 가지는 불확실성을 줄여주어 고객에게 도달하기까지의 전체적인 연결 프로세스망을 효율적으로 관리할 수 있게 했다고 볼 수 있다.

고속철은 단지 속도를 위한 것이 아니다

고속철 기술 배우던 나라에서 수출하는 나라로!

다롄에 살 때 두 가지 방법으로 베이징에 가보았다. 한 번은 침대버스를 탔는데, 밤에 출발해 다음 날 오전경에 도착했다. 잠을 자며 갔으니 평범했다.

또 한 번은 똥처(시속 300킬로미터 열차)로 갔는데, 여기엔 다시 경험하고 싶지 않은 에피소드가 있다. 6시간 정도 걸린 도착 때까지 기차 안이 난리였다. 컵라면에 물이라도 채우러 가려면 복도와 화장실까지 막고 있는 중국 아저씨들을 뚫고 가야 했다. 옆자리에서는 밤늦게까지 해바라기 씨를 까먹는 소음을 냈다. 차라리 비행기를 타고 갈걸 하는 후회가 들었다. 그때는 4시간 만에 가는 고속철이 없었다.

교통은 예로부터 산업과 경제에 영향을 미치는 중요한 수단이었다. 중국은 자동차 보급률이 1,000명당 약 150대로 아직 낮지만 인구

대국답게 보유 대수로는 2억 1,700만 대나 된다. 자동차 생산량은 연간 약 3,000만 대로 미국의 2배가 넘는다. 또한 중국 내 약 158개의 공항을 거점으로 중국인들과 세계를 이어주는 공중 항로를 운영하고 있다.

이보다 중국이 더 자랑스럽게 내세우는 교통 인프라는 어느새 세계 최고 수준에 오른 고속철도(高铁·까오티에)다. 중국의 고속철도는 흔히 '중국의 속도'에 비유되기도 한다. 이는 고속철도의 속도뿐만이 아니라 중국 공업화 전반의 발전 속도를 의미한다. 2016년에는 중국 고속철도 건설과 발전을 주제로 한 〈중국의 속도〉라는 연극이 나오기도 했다.

비즈니스의 트렌드도 바뀌었다. 중국에서 사업을 하는 한국인 사장은 내게 서너 장의 기차표를 보여주며 "여기 가서 미팅하고 그 다음 날에는 쑤저우로 넘어갔어.", "교통이 편하니 이젠 중국 출장 오기도 참 편해. 옛날 같았으면 비행기 값만 해도 참 많이 들었을 거야."라고 말했다. 그는 기차표를 통해 자신의 대륙 비즈니스 내공을 넌지시 알렸다.

지난번 지난에서 항저우로 가는 기차를 탔을 때 가끔씩 소리 낮춰 통화하는 사람들을 보면서 기차가 비즈니스에 많이 이용된다는 사실을 발견했다.

고속철도는 중국이 21세기를 겨냥해 내놓은 야심작이다. 국가 지도자들이 나서서 고속철도를 홍보하고 있다. 시진핑은 "Made in China 고속철도는 중국을 빛낼 명함이다."라고 말했다. 리커창은 2015년 중동, 유럽의 16개 국가 지도자들과 함께 고속철을 타며 '16 + 1' 합작의 고속철도 외교를 했다.

과거 중국은 고속철도 기술을 외국에서 배우는 입장이었지만 이제는 오히려 세계 각국에 고속철도 제품과 기술을 수출할 만큼 시장의 방향을 바꿔놓았다. 고속철도는 중국의 해외 진출 및 투자 전략인 저우추취(走出去)를 촉진시키는 대표적인 경제 트렌드 마크다.

중국의 2층 고속열차는 마치 기차 호텔같이 깨끗하고 정갈한 느낌을 준다. 한반도의 44배에 달하는 960만 제곱킬로미터의 국토 면적에서 기차는 비행기보다 더 중요한 역할을 한다. 단순히 그저 빠른 기차가 아닌 것이다. 고속철도는 중국이 우뚝 일어서고 세계적인 부흥을 향해가는 힘에 비유된다. 그 이유를 이해하기 위해서는 정부가 내세운 고속철도 로드맵을 들여다보아야 한다.

중국 정부는 2020년까지 인구 100만 이상의 도시 80%를 고속철도로 연결한다는 방침이다. 이게 실현되면 내수 경제도 한층 활성화될 것으로 기대한다. 기업과 기업, 산업과 산업, 사람과 사람 등 비즈니스, 자금, 물류 등 모든 자원이 더 쉽게 흘러가는 연결 사회가 가능해지기 때문이다.

2008년까지는 '4종 4횡(四纵四横)'의 철도 노선이었다. 그러나 2030년까지 '8종 8횡(八纵八横)'의 고속철도 노선 목표를 가지고 있다. 전국을 8개의 동서와 8개의 남북 축으로 잇는다는 계획이다. 또한 대도시와 중소 도시 간에는 1~4시간, 광역 도시 간에는 2시간 내의 교통권을 형성하려 한다. 도시 간의 거리와 시간의 장벽을 허물겠다는 것이다. 하나의 중국을 연결하려고 하는 야심찬 계획이다.

중국 정부는 도로, 철도, 항만, 공항 등 교통 인프라 확충에 목을 매고 있다. 중국이 기초 SOC에 집중 투자하는 이유는 강대국으로 가는 조건으로 SOC 확보가 필요하고 미국과 비교해봐도 중국의 SOC가 절대적으로 부족하기 때문이다. 중국의 고속철도 건설은 단순히 인프라 차원이 아닌 강국으로서 갖추어야 할 조건으로 작용하고 있는 것이다.

고속철은 대륙의 경제 통합을 연결하는 통로

경제 통합은 다양한 경제 주체 또는 권역 간의 성숙한 소통 관계를 의미한다. 중국에서 고속철도는 각 도시와 지역 경제권을 하나의 경제 통합권으로 연결하는 통로다. 그래서 고속철도 경제 벨트(high-speed rail economic belt)라고 부른다.

성(省)과 성, 도시와 도시, 남방과 북방을 이어 서로의 자원을 공유하고 경제 일체화를 형성하겠다는 것이다. 이는 마치 점과 점을 연결하고, 나아가 점이 선을 형성하고, 선이 확대되어 하나의 벨트(belt)를 이루는 것과 같은 형태다. 이러한 고속철도 경제 벨트는 다소 고립된 지역의 자원이 대도시 혹은 광역 도시권으로 유동될 수 있도록 하는 데 큰 역할을 한다.

중국의 경제 통합권은 대표적으로 징진지(京津冀: 베이징·톈진·허베이성), 주장삼각주(珠江三角洲), 징션(京沈) 등 연해안 지역을 중심으로 먼저 진행되어왔다. 중국의 한 보고서에 따르면, 연해안 지역에 고속철도가 건설되면서 GDP 성장에 3~5% 정도의 플러스 영향을 주고 있다고 한다. 이제는 내륙 서부 지역에서도 고속철도 경제 통합 건설이 한창이다. 2017년 12월 이미 시안 – 충칭 - 청두를 잇는 '시청(西城) 고속철도'가 건설되었다.

서부 지역에서 과학연구 기술 수준이 전국 10위 안에 드는 시안, 인근에 인구 1억의 방대한 소비 시장권을 두고 있는 청두, 창조 혁신과 개혁 시범지 방면에서 선두 주자로 나서고 있는 충칭, 이 3개의 대도시 인구를 합하면 약 5,500만 명에 달한다. 중국의 고속철도 경제 벨트는 지역 간의 불평등 격차를 줄이고 지역의 도시들이 비슷한 위치에서 경쟁할 수 있도록 기회를 제공하는 수단이 되고 있다.

고속철도가 생긴 후 기업들의 움직임에도 변화가 생겼다. 본사와 R&D 센터는 중심부 도시에 두고 생산부서를 지방 도시로 옮기는 기업들이 생겨났다. 거리 제약으로 인한 출장 부담이 줄어들면서 북방과 남방의 기업들 간의 교류도 활발해지고 있다.

광둥성의 중산(中山) 지역의 경우를 보면 알 수 있다. 고속철도가 생기기 전 이곳 사람들이 외곽 도시로 나가려면 반드시 광저우 혹은 선전을 거쳐야만 했다. 그러나 고속철도가 개통된 2017년 이후 모든 것이 변했다. 중산에 오는 여행객부터가 전년보다 19.92% 증가했고, 여행 수입도 12.33% 늘었다.

중산의 제조업에도 큰 변화를 불러일으켰다. 제조업이 집중되어 있는 선전의 회사들이 중산으로 많이 이주했다. 수리 서비스 출장에 하루 이상 걸리던 지역도 당일 다녀올 수 있게 되었다. 덕분에 기업의 생산성이 늘었다.

중국 속어에 '부유해지고 싶으면 먼저 길부터 만들어라.(要想富, 先修路)'라는 말이 있다. 돈이 흘러가고 사람의 교류가 이루어지기 위해서는 통로가 매우 중요하다는 뜻이다. 남북 간 거리 5,500킬로미터, 동서 간 거리 5,200킬로미터인 대륙에서 고속철도는 자본, 기업, 사람이 흘러가게 하는 통로인 것이다.

이뿐만 아니라 고속철도가 중국에 끼친 영향은 또 있다. 대도시로 집중되는 인구의 유입 문제를 완화할 수 있었다. 이를 통해 1선 도시와 중소 도시가 상호보완적으로 통합화되는 모습을 띠게 되었다.

광저우에서 홍콩까지 출퇴근이 가능해진 시대

중국인들의 일상에도 변화가 생겼다. 무엇보다 시간과 거리의 축소로 '하루 경제권'이 조성되었다. 안후이성(安徽省)에 위치한 인구 700만의 도시인 허페이(合肥)는 고속철도를 통해 5시간 경제권이 실현되었다. 1시간이면 난징, 2시간이면 우한, 3시간이면 제남, 항저우, 상하이, 4시간이면 푸젠, 베이징, 닝보, 창사, 5~6시간이면 칭다오도 갈 수 있게 되었다.

또한 허난성(河南省) 정저우(郑州)의 사람들도 2시간 경제권을 누릴 수 있게 되었다. 허난성은 내륙 지역이지만 고속철도가 들어온 후 이 도시의 모습은 달라졌다. 허난성의 수도 창사(长沙)에서 광저우 2시간, 항저우 4시간, 상하이까지는 5시간이면 충분하다. 남부 경제권의 중심인 광저우에서 홍콩까지는 고속철도로 48분 만에 주파할 수 있어 시간상으로는 출퇴근도 가능하게 되었다.

지금 중국은 효율적인 시대를 제창하고 있다. 사람들은 이제 고속철도를 통해 자원과 시간을 효율적으로 관리할 수 있게 되었다.

중국 주요 고속철도 노선도

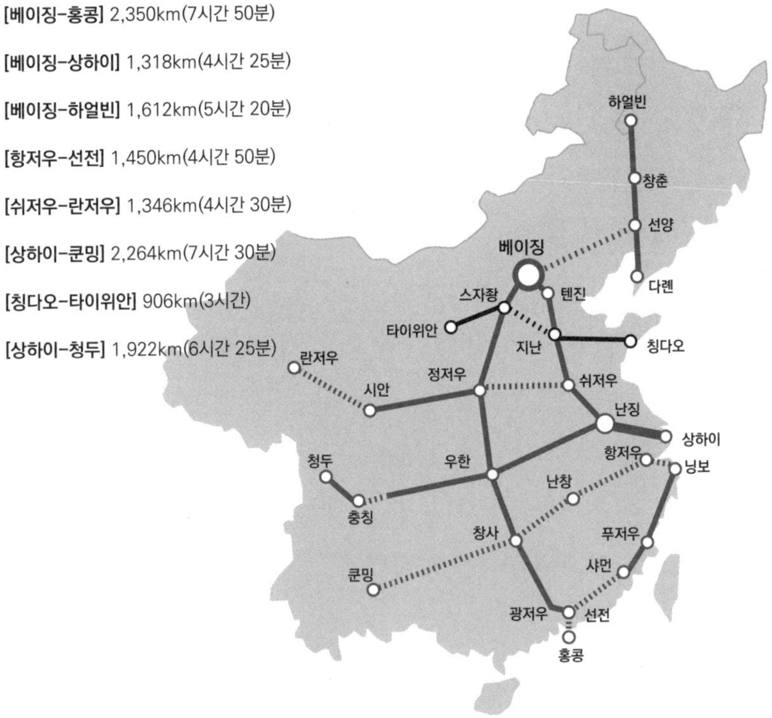

중국은 2020년까지 전국 도시 80%에 고속철도가 닿게 한다는 계획이다. 목표로 했던 '4종 4횡'이 거의 갖추어져가는 모습이다.

중국은 고속철도 기술로 콧대도 높아졌다. 리커창이 외국 정상들을 데리고 고속철도 외교를 펼치는 게 결코 오버하는 행동이 아니다.

이 모든 성과의 뒤에는 고속철도 제조사인 중국중차그룹(中国中车·CRRC)이 있다. 국유기업인 중국중차그룹은 2015년 중국북차기업(CNR)과 중국남차기업(CSR)의 합병으로 세워졌다. 이 회사는 합병 전에도 이미 고속철도 분야에서 세계적인 영향력을 가지고 있었다.

현재 중국중차그룹의 상품과 서비스는 호주, 프랑스, 아르헨티나, 인도, 말레이시아, 에티오피아 등 100여 개 국가에 수출되고 있다. 2017년엔 미국 매사추세츠주의 지하철 수주에도 성공했다. 중국중차그룹의 고속철도 분야의 세계 시장점유율은 50%나 된다. 해외 수출 규모만도 한화로 10조 원을 넘으며 철도를 운영하는 국가들 83%가 중국중차그룹의 제품을 사용하고 있다. 중국이 외교 카드로 내세울 만하다.

중국은 동남아 지역에도 고속철도를 건설해주며 경제 벨트를 연결하고 있다. 중국의 실력과 권한이 주변국 경제에까지 파고들고 있는 것이다. 2017년 중국은 태국의 고속철도 입찰을 따내어 방콕과 나콘라차시마까지의 철도를 건설했다. 또한 말레이시아 - 싱가포르 철도 사업 입찰에서는 일본을 제치고 수주했다. 그 외 태국 - 라오스 - 쿤밍을 연결하는 선로도 추진 중이다.

중국은 대륙과 홍콩을 고속철도로 잇기 위해 홍콩에 중국 철도 관련법을 적용하는 협의도 성사시켰다. 이는 일국양제(1국가 2체제)가 엄격히 유지되는 홍콩에 본토 법이 적용된 첫 사례다. 중국이 홍콩을 집어삼킬 전략적 환경을 조성하고 있는 속내가 보인다.

중국의 고속철도는 우리에게도 시사하는 바가 크다. 중국에 진출하는 기업과 사업가들은 이제 지역적 제한에서 벗어날 수 있다. 과거 1,2선 도시에만 집중하던 시야를 3선 도시 혹은 아직 개발 중인 내륙 도시로 돌려볼 수도 있기 때문이다.

4부

중국은 우리가 아는 것 이상의 ICT, 인터넷 강국!

한국을 먹여 살리는 정보통신기술(ICT)의 실생활 응용에서 중국이 오히려 앞서 나가고 있다면 어떤 생각이 드는가. 인공지능과 빅데이터 활용이 중국에서는 일상이 되었다. 중국은 왜 ICT에 목을 매며 무엇을 노리는 것일까. 이런 중국에서 우리는 어떤 기회를 찾아야 할까. 진심으로 들여다보아야 답이 보일 것이다.

알리바바가 꿈꾸는 중국의 미래

광군절의 엄청난 매출 비결 뒤에는 알리윈이 있다

물건 반품 때문에 게시판에 글을 남겼는데 며칠째 회신이 없다. 결국 쇼핑몰로 전화했지만 6시까지만 전화를 받는다고 한다. 시간도 없는데 참 답답하다. 한국 온라인 쇼핑몰에서 일어나는 일이다.

그런데 중국의 경우, 소비자 질문에 대한 답변이 느리거나 서비스가 안 좋으면 매장 서비스 태도에 바로 반영된다. 심지어 업계 평균 대비 서비스 질이 얼마나 낮고 높은지까지 계량된다. 판매자가 대충 넘어갔다가는 물 먹을 수 있는 구조다.

중국에서 온라인 쇼핑몰을 운영하려면 알리왕왕(타오바오, 티몰 소비자 상담 메신저)을 통해 실시간으로 소비자 대응을 할 수 있는 직원이 필수였다. 매장 등급을 위해서다. 그런데 이제는 그 수고가 좀 덜어졌다. 디엔샤오미 챗봇이 잘 수행하고 있기 때문이다. 이 챗봇은 하루에

350만 명 정도의 소비자를 상대할 수 있다고 한다. 플랫폼은 더 빠른 회전율을 가동할 수 있게 되었다.

최초로 중국을 통일한 진시황은 언어, 화폐, 도량형을 하나로 통일했다. 마오쩌둥은 신중국 설립 후 문화대혁명을 통해 중국을 장악했다. 덩샤오핑은 개혁개방 이후 계획경제에서 시장경제 체제를 도입했다. 그럼 시진핑 시대에 들어와서 중국은 어떻게 중국을 하나 되게 하고 있을까?

지금 중국은 무엇보다 안정된 경제성장과 새로운 발전에 초점을 맞추고 있다. 그 중심에는 디지털 시대와 호흡을 같이하는 신경제가 있다.

중국을 대표하는 기업 알리바바의 회사 표어가 바뀌었다. 'Meet in Alibaba'에서 'Work in Alibaba'로. 알리바바에서 일하자, 라는 뜻이다. 지금 중국 시장에 알리바바가 스며들어 있는 정도를 보면 '알리바바 권 안에서 모든 것을 해결하자.'라는 의미로 해석해볼 수도 있다고 생각된다. 알리바바가 만든 생태계와 중국 사회를 분리해서 보기에는 이미 시대적으로 늦어버렸다.

중국에는 해마다 '광군절(11월 11일·光棍은 솔로라는 뜻으로 같은 숫자가 겹친 날이라고 해서 쌍군절이라고도 한다)'이라는 최대의 할인 쇼핑 행사가 있다. 2018년 광군절의 매출 기록은 대략 2,135억 위안(약 35조 8,680억 원)이었다. 전년도의 매출 1,682억 위안(약 28조 2,570억 원)을 가볍게 뛰어넘은 액수였다. 알리바바가 운영하는 오픈 마켓인 타오바오를 통한 광군절의 주문량은 1초당 최대치 알리페이 25만 6,000건, 1분당 400여 만 건이었다. 그리고 전체 매출의 90%는 모바일 결제였다.

이 천문학적인 데이터의 통제와 관리는 바로 알리바바의 클라우드 회사인 '알리윈(阿里云·Aliyun)'의 기술이 있기 때문에 가능하다. 1초당 25만 6,000건의 거래가 이루어질 수 있는 배경이다.

(클라우드는 인터넷상의 서버를 통해 데이터 저장, 네트워크, 콘텐츠 사용 등 IT 관련 서비스를 한 번에 사용할 수 있는 컴퓨팅 환경이다.)

최근엔 한국에 들어와 있어서 광군절 쇼핑을 못했다. 작년 중국에 있을 때는 선기난도, 매트리스 등을 장만하느라 2,000위안(약 34만 원) 가까이 썼다. 중국에서 온라인 쇼핑 중독에 걸리면 큰일이다. 광군절에 제대로 탕진하게 될 수 있기 때문이다. 한국인 지인 중 하나는 옷, 신발, 가방 등을 사다가 생활비가 모자랄 지경이었다고 한다. 이것은 중국에서 흔한 일이다.

광군절은 중국 전자상거래의 규모와 소비자들의 씀씀이에 대한 얘기 이상의 의미를 띤다. 연간 28조 위안(약 4,700조 원 ※2018년 추정치)에 달하는 중국의 전자상거래 규모에서 60% 이상을 차지하는 알리바바의 뒤에는 진짜 역할을 하는 알리윈이 있다.

2009년 설립된 알리윈은 클라우드 및 인공지능 과학 회사다. '계산을 뛰어넘는 가치를 만들자.(为了无法计算的价值)'라는 알리윈의 브랜드 구호는 디지털경제를 실현해가는 중국의 정신을 담고 있다고 해도 과언이 아니다.

중국의 소비 시장, 문화, 사회, 경제, 교육은 물론 심지어 내가 무엇을 하고 있는지까지 알리윈의 클라우드 컴퓨팅, 빅데이터 기술의 관리 대상이 될 수 있다. 그러나 지나친 관리가 통제가 되지 않아야 하고, 하나가 되길 원하는 중국 사회는 관리와 통제의 정의를 재차 분별

하며 나아가야 할지도 모른다.

2016년 항저우 윈치대회(알리바바 클라우드 개발자들의 축제)에서 제시한 '5개의 신(五新)'인 '신유통, 신제조, 신금융, 신기술, 신에너지'는 중국의 새로운 경제 인프라를 함축하는 말이다. 이 뒤에는 모든 서버들을 클라우드 컴퓨팅 기술로 연결하고 관리할 수 있도록 하는 알리윈의 기술과 역할이 있다.

평균 초당 32만 건의 주문 처리가 가능한 것은 알리윈의 챗봇과 AI 기술 덕분이다. 타오바오와 알리페이도 알리윈의 관리 범주 안에 있다. 알리윈이 있기 때문에 중국 사람들은 더 나은 소비와 편리한 결제 방식 등의 온라인 쇼핑을 향유할 수 있는 것이다.

중국의 대표적인 기업가인 마윈은 빅데이터를 석유와 전기에 비유했다. 기업이 클라우드를 이용하고 컴퓨팅을 하는 것은 생존 자원을 일으키는 것과 같다는 뜻이다.

중국에서 가장 권위 있는 IT 정보지 중 하나인 중국 공업정보화 사이트 'CCID(赛迪智库)'에서 발표한 〈클라우드 및 알리윈 생태계의 사회경제 영향(云计算及阿里云生态系统的社会经济影响)〉이라는 보고서가 있다. 이 보고서에 따르면 타오바오의 하루 사용자 수가 1억 명 정도 되는데, 알리윈의 기술이 중국 소비자의 쇼핑 시간을 115억 시간이나 절약해준 것과 같다고 한다. 보고서는 이를 920억 위안(약 15조 4,560억 원)의 GDP를 창출한 것과 동등하다고 설명하고 있다(중국의 1인당 GDP와 1인 평균 하루 근로시간을 기준으로 계산).

도시는 손과 발만이 아닌 뇌 기능을 해야 한다

알리윈은 전자상거래와 알리페이와 결합하면서 빅데이터, 클라우드 기술과 연결된다. 알리윈의 클라우드 컴퓨팅 기술은 타오바오, 티몰, 차이니아오, 알리페이 등 알리바바 생태계권 안에 있는 플랫폼들과 연결 메커니즘을 구축하고 있다.

알리윈은 클라우드와 빅데이터 기술을 통해 도시까지도 변화시키고 있다. 항저우를 대상으로 진행 중인 '도시대뇌(城市大脑·City Brain)' 프로젝트가 그것이다. 도시대뇌는 지능형 도시를 의미하는 것으로, 중국 정부도 양회(两会)를 통해 도시대뇌 프로젝트의 중요성을 강조했다. 저장성 부서기 주석인 우징(吴晶)은 양회에서 항저우를 지능형 도시로 변모시킬 것이라고 밝혔다.

네덜란드의 암스테르담, 스웨덴의 스톡홀름, 독일의 프라이부르크, 영국의 밀턴킨즈에서도 정보기술로 교통, 에너지, 자원 등 도시 효율과 생산성을 높이고 있다. 이러한 현상들이 의미하는 것은 무엇일까?

알리바바의 도시대뇌란 도시가 손과 발이 아닌 뇌 기능을 하는 것을 의미한다. 이제 도시는 머리를 써서 교통, 소방, 안전, 환경보호 등 전반적인 문제를 다루게 된다.

시민들의 일상 또한 바뀌게 된다. 예를 들어, 15분마다 카메라 데이터에 근거해 신호등을 조절하고 도로 시간을 적절히 분배해 사람들의 출퇴근시간을 줄일 수 있다. 이미 2017년 1월 출시한 시티브레인 1.0 버전을 통해 항저우의 시범 구역에 있는 128개의 신호등을 조절해 교통 운행 시간을 15.3%나 절약했다.

구급차가 지나가야 하는 응급 상황이 생겼을 때 이런 기술은 더욱 유용하게 쓰일 수 있다. NLP(자연 언어 처리) 음성분석기술과 정보통신기술을 바탕으로 응급차가 지나는 길을 자동 분석하고 제때에 신호등과 교통 환경을 컨트롤해 병원까지 최단 시간에 도착할 수 있게 한다.

중국은 이렇게 인터넷 플러스를 기반으로 새로운 경제 패러다임을 찾아 나서고 있다. 무엇이 중국의 경제를 촉진시키고 시장에 활기를 띨 수 있게 하는 유용한 자원인지를 보여주는 모습이라고 할 수 있다.

리커창 총리는 정부공작 보고서를 통해 신경제를 언급하면서 빅데이터, 클라우드, 사물인터넷을 광범위하게 확장시키겠다는 계획을 밝혔다. 그중에서도 클라우드는 중국 신경제의 새로운 원동력을 창출하는 대표 산업이 되었다.

알리윈 대표인 후샤오밍(胡晓明)은 "빅데이터는 경제의 동력이 되고 중국의 능력이 될 것이다."라고 말했다. 중국의 경제 교수들도 이러한 정보통신기술이 중국 경제의 엔진 요소가 될 것이라고 생각한다.

규모의 경제에서 효율을 강조하는 시대로!

물론 제조업을 빼놓고 디지털기술 혁명만으로 경제 발전을 논하기에는 한계가 있다. 그렇다고 해도 빅데이터와 클라우드 컴퓨팅 기술의 강자 알리윈의 존재가 중국 경제를 변화시키고 있다는 것은 틀림없는 사실이다. 중국의 소비 모델, 비즈니스 모델을 바꾸는 데 많은 영향을 미치고 있기 때문이다.

중국 정부가 제시한 공급측개혁(供给侧改革) 면에서 보아도 이는 일리 있는 지적이다. 공급측개혁은 '공급측 구조성 개혁(供给侧结构性改革)'의 줄임말이다. 빅데이터와 클라우드 기술과 연관 지어 말한다면 이러한 기술들이 기업의 효율성과 혁신성을 올려주어 기업이 공급측 개혁을 할 수 있도록 도와준다는 것이다. 실제로 이로 인해 제조업, 서비스업, 유통업, 금융업 등 다양한 산업의 구조가 변화되고 효율이 높아지고 있는 상황이다.

그렇다면 알리바바와 알리윈은 어떤 더 나은 중국 사회를 만들고자 하는 것일까?

2018년 알리윈은 '중국 전자정보 업계 사회공헌 50강(中国电子信息行业社会贡献50强)' 상을 받았다. 그리고 알리윈의 대표 후샤오밍(胡晓明)은 '중국 전자정보 업계 우수기업가' 상을 받았다. 현재 이들이 가지고 있는 기술은 중국 사회와 기업 전역과 연계되어 있다.

중국 매체들의 의견을 종합해보면, 지금 중국은 IT 시대에서 DT(Data

Tech) 시대로 전환되고 있다. 그런 가운데 알리윈이 중국을 데이터 시대로 이끌어가는 리더의 역할을 하고 있는 것이다.

〈클라우드 및 알리윈 생태계의 사회경제 영향(云计算及阿里云生态系统的社会经济影响)〉이라는 보고서에 따르면, 이러한 DT 시대에는 '데이터 구동', '가치 상호보완', '다각적인 플랫폼형 생태계 시스템의 공동이익 창조'가 중요하다.

DT 시대는 클라우드를 통한 에코시스템의 결성으로 돌아간다. 그리고 이것은 미래 사회경제를 이끌어갈 새로운 형태의 경제 인프라 역할을 한다. 다만 이러한 변화들은 로버트 솔로(Robert Solow·노벨경제학상 수상자)가 말한 것처럼 '말만 떠들썩하고 구체적인 증거가 없는' 꼴이 되어서는 안 된다.

중국은 처음에 미국으로부터 클라우드 기술을 배웠다. 하지만 현재는 아마존, MS, 구글에 필적하는 세계 3위의 클라우드 기술 기업인 알리윈을 내세워 몸집을 키워가고 있다. 알리윈의 클라우드 기술은 중국에서 관련 시장의 40% 이상을 차지하고 있고, 고객 수는 100만 개사를 넘고 있다. 앞으로 1,000만개 기업까지 사업을 확장해나갈 것이라고 한다.

말레이시아의 수도 쿠알라룸푸르에도 알리윈의 클라우드, 빅데이터, AI를 적용한 시티 브레인 프로젝트를 진행했다. 또한 알리윈은 일본, 미국, 독일, 호주 등에 빅데이터 센터를 설립해 해외 시장 진출에도 박차를 가하고 있다.

중국은 이제 규모에서 효율을 강조하는 신창타이(新常態) 시대에 진입했다. 우리는 여기서 중국의 롱텀(long-term) 전략을 읽을 줄 알아야 한다. 중국이 기술을 실물 경제와 융합해 얼마만큼의 경제적 가치를 창출하고 세계 경제에는 어떤 영향력을 미치게 될지 주목해야 한다.

◈ 스마트 물류망 서플라이 체인 ◈

차이니아오(菜鸟)는 알리바바의 스마트 물류 자회사다. 하지만 더 큰 개념에서는 스마트 서플라이 체인(원료에서부터 부품 그리고 최종 제품까지 이어지는 전체 채널)을 위한 중심 역할을 한다. 알리바바부터가 차이니아오를 통해 서플라이 체인을 최적화할 수 있는 방안을 모색하고 있기 때문이다.

실제로 빅데이터 및 인공지능 기술을 활용한 스마트 창고의 설립을 통해 재고 회전율은 상승하고 상품 부족 확률은 5%가량 줄었다. 이를 기반으로 온·오프라인의 유통 융합도 더 효율적이게 되었다. 최종 목적지까지의 거리, 시간, 비용을 절감할 수 있게 된 것이다.

서플라이 체인에 대한 차이니아오의 전략은 세 가지로 볼 수 있다. 통합 네트워크와 통합 채널, 통합 장면화가 그것이다. 먼저, 통합 네트워크는 7개 구역에 분배한 스마트 창고들을 하나로 일체화시켰다. 판매 예측, 재고 계획, 전체 네트워크 정보, 데이터의 투명화 서비스를 구축해 유연한 통합 관리가 되도록 했다.

통합 채널의 경우는 오프라인의 디지털화에 집중했다. 매장, 창고, 물류에 이르는 세 가지 시스템을 모두 데이터화해 유통이 원활하도록 했다. 또한 통합 장면화는 온라인과 오프라인 시스템을 한 장면으로 만드는 것이다. 이를 통해 신속한 상품 업데이트 및 효율적인 출고 및 재고 관리가 될 수 있게 했다.

서플라이 체인은 소비자 수요의 정확한 예측과 그에 맞는 생산 기획에 큰 도움이 된다. 가령 한 달 후의 판매량, 즉 소비자의 구매 가능성을 예측해 생산에 적용할 수 있는 것이다.

샤오미의 목표는 폰이 아니라 중국 제조업을 바꾸는 것

더 이상 좁쌀이 아니다

베이징 더플레이스 상권에 위치한 샤오미 숍에 갔다. 공기청정기와 마스크, 이어셋을 사기 위해서였다. 공기청정기를 보러 마트를 돌아다녀봤지만 당시 유학생 신분으로는 너무 비싸서 사지 못했다. 하지만 샤오미 공기청정기는 한국 돈 13만 원 정도로 그야말로 가성비가 좋아서 구매하기로 했다.

다른 제품들도 마찬가지다. 디자인이 깔끔하고 가격이 비교적 저렴한 게 애플, 삼성보다 샤오미를 찾는 이유다. 20만 원이 넘는 에어팟보다 2만 원이 좀 안 되는 샤오미 이어셋은 확실히 실속 있었다. 그렇다고 못 쓸 제품도 아니다. 10배나 절약했으니 다른 것에 쇼핑할 여유를 부릴 수도 있다.

"좁쌀 샤오미(小米)가 이제 따미(大米)가 되었다던데."

2015년 중남해(中南海)에서 개최된 좌담회에서 리커창 총리가 한 말이 인상적이다. 샤오미의 몸집에 해당하는 규모와 내실이 커지고 있음을 이르는 찬사다.

샤오미의 CEO 레이쥔은 애플을 상징하는 말인 'One more thing'을 따라 하면서 주목받기 시작했다. 그러나 이제는 중국산 IT 기기의 굴기를 입증하며 글로벌 기업으로 부상했다. 휴대전화 영역을 뛰어넘어 스마트 홈과 공간을 조성하는 스마트 기기 제조업체로 성장해 나가고 있다.

사실 샤오미는 세계 최고의 스마트폰 브랜드가 되는 것보다 중국 제조업을 변화시키고자 하는 목적을 가지고 있다. 품질 좋은 상품을 제조하고 → 저렴한 가격의 상품을 소비자에게 제공한 후 → 과학기술에 대한 흥미를 향유하도록 하는 것. 이것이 그들이 말하는 중국 제조업의 꿈의 공식이다.

레이쥔은 중국 제조업의 문제가 운영의 비효율로부터 생겨났다고 생각했다. 중국 상품들은 실제로 낮은 효율성의 문제를 가지고 있었다. 퀄리티가 낮은 상품에 사용자들이 만족하지 못하는 기업들이 속출하며 중국의 제조업은 지속적으로 돈을 벌 수 없는 구조에 직면해 있다는 것이다.

그러면 레이쥔은 중국의 미래 제조업의 발전 요소를 무엇으로 보고 있을까? 2018년 3월 중국 중앙방송국과의 인터뷰에서 레이쥔은 "혁신, 품질, 디자인, 인터넷 플러스가 중국 제조업이 업그레이드해야 할 요소."라고 밝혔다. 샤오미는 깜깜한 중국 제조업 상황에서 스스로 제시한 요소들을 제품에 적용하며 위기를 기회로 바꾸어나갔다.

제조업은 항시 효율 개선이 필요한 것이 사실이다. 샤오미는 효율을 상업 모델의 본질로 두었다. 예를 들면 샤오미는 처음부터 오프라인이 아닌 자사 사이트를 통해 상품을 판매해 공장에서 소비자까지의 거리를 단축시켰다.

그러다 보니 200위안짜리 이동식 충전기를 69위안에, 4,000위안짜리 매트리스를 699위안에, 5,000위안이나 되는 공기청정기도 699위안에 판매할 수 있었다. 샤오미는 '고품질과 높은 가성비'로 효율성을 향상시켜 제조업계에 기록될 만한 성공을 보였다. 창업한 지 7년 만의 일이었다.

IDC(글로벌 시장조사 기관)에서 발표한 〈2018년 글로벌 휴대전화 브랜드 순위 보고서〉에 따르면, 샤오미는 이미 세계 4위권에 진입했다. 아직 삼성과 애플, 화웨이의 뒤를 따르고 있지만, 인도 시장에서는 삼성을 제치고 시장점유율 1위를 차지하고 있는 상황이다.

그렇다면 이런 샤오미의 행보에는 어떤 의미가 담겨 있는 것일까? 결론은 중국 전통 제조업의 구조를 변화시켰다는 것과 관련이 있다. 이는 앞서 처음 제기한 제조업 문제 해결에 효율성 향상이 중요하다는 것을 행동으로 입증한 일이다.

외부 기업과의 협업을 첫째로 놓는 샤오미만의 방식

샤오미의 첫 번째 제조 혁신은 OEM, ODM 방식이 아닌, 전적으로 '투자와 육성'을 바탕으로 한 새로운 형태의 제조 생태계를 조성했다는 점이다. 샤오미는 중국 제조업의 전반적인 그림을 바꾸어놓았다.

휴대전화 인공지능 기술의 중국 대표 기업 TOP 4

기업	서비스 플랫폼 명칭
상탕커지(商汤科技)	SenseAR(얼굴, 몸동작 인식, 3D 입체 이모티콘 서비스)
화웨이(华为)	HiAI(자동음성 인식, 컴퓨팅, 인공지능엔진 등 기능을 제공하는 개방형 플랫폼)
바이두(百度)	Paddle paddle(parallel distributed deep learning: 개방형 머신 러닝, 인공지능, 비주얼 딥러닝 등의 학습 플랫폼)
샤오미(小米)	MACE(My AI computer engine: 이동식 딥러닝 프레임 제공 서비스)

출처: 아이루이 자문(艾瑞咨询 iresearch.com)
〈2018년 중국 인공지능 휴대폰 업계 연구보고(2018年中国人工智能手机行业研究报告)〉(2018)

그들은 중국 제조업의 미흡한 소프트웨어 능력을 보충해주는 역할을 했다.

2018년 제13차 전국인민대표(第十三届全国人大代表)에 참석한 레이쥔의 말을 통해 그 생각을 알 수 있다(정치 행사지만 중요 경제인들도 참석한다). 이 행사에서 레이쥔은 중국 제조의 품질 혁명을 실현할 것이라는 의지를 밝혔다. 구체적으로는 제조업의 하드웨어, 디자인, 소비자 체험, 소프트웨어 능력의 향상을 강조했다.

샤오미는 중국 제조업의 품질 혁신을 스스로 헤쳐 나가야 할 책임으로 받아들였다. 교통정리를 하고 가자면, 샤오미가 지금의 위치에 올라설 수 있었던 것은 샤오미 생태계와 사용자 참여가 있었기 때문에 가능했다.

샤오미는 다른 회사들과의 협업으로 제품을 만들었다. 이것을 샤오미 생태계라고 부른다. 생태계권 안에 있는 회사들은 OEM, ODM 회사도, 자회사도 아니다. 이들은 투자 또는 인큐베이팅 관계에 기반해 샤오미와 상품 설계, 연구, 개발 등 일련의 과정들을 협력한다.

2018년까지 샤오미가 투자하고 인큐베이팅한 회사는 200개를 넘는다. 그렇다면 샤오미가 이런 방법을 추구하는 이유는 무엇일까? 2013년으로 돌아가보면 알 수 있다. 당시 샤오미는 8,000명의 직원을 보유하고 가장 크게 번성하고 있었다. 8,000명 중 엔지니어 수는 2,000명 정도였다. 그들이 당시 선택한 것은 집중과 효율이었다.

그때의 레이쥔의 발언이 인상적이다.

"샤오미는 반드시 집중하고 전념해야 합니다. 그렇지 않으면 효율은 바닥일 것입니다. 우리가 전부 스스로 하지 말고, 최대한 전문적이고 더욱 우수한 사람들에게 그 일을 하게 합시다."

오늘날의 '샤오미 공동체'를 조성하게 된 출발점이다.

샤오미는 자신들보다 더 나은 회사들과 협력해 효율을 올리는 데 집중했다. 단순한 파트너십이 아니라 오로지 기술경쟁력을 가진 기업에 투자하고 육성해 제조의 협력 공동체를 이룬 결과라고 볼 수 있다. 이러한 혁신은 시장의 역동성과 전체 생산성을 제고시켰다.

그들에게 생태계가 의미하는 바는 스마트 하드웨어 생태계 조성과 사물인터넷 경쟁에서의 효율 향상이다. 레이쥔은 "샤오미 모델을 통해서 100개의 샤오미를 복제한다."라고 했다. 중국에서 유일하게 샤오미만이 이러한 스마트 하드웨어 생태계를 조성하고 있다.

중국 공기청정기 시장점유율 1위를 차지하고 있는 '샤오미 스마트 공기청정기'도 생태계 회사들과의 합작으로 출시한 제품이다. 연 수익 10억 위안(약 1,680억 원)이 넘는 쯔미커지(智米科技)와 샤오미의 공동 작품이다.

샤오미가 합작을 택한 이유는 쯔미커지가 '스마트 환경 전기'에 주력하는 회사이기 때문이다. 쯔미커지와는 공기청정기 외에 스마트 밥솥을 공동 연구해 출시했다.

그리고 유명한 이동식 충전기는 즈미(紫米)라는 전자기술 회사와의 합작으로 나온 제품이다. 샤오미 밴드는 화미(华米)라는 회사와 함께 만들었다. 이러한 협력적 관계는 샤오미와 중국 제조업의 고부가가치를 촉진시켰다.

샤오미 스마트 하드웨어 생태계는 '생산·제조 위주의 산업 + 금융'의 이륜구동 방식을 통해 운영된다. 생태계권 안에 있는 회사들은 브

샤오미는 가성비에서 가심비로 거듭나고 있다. 최근에는 디자인과 성능 면에서도 좋아져 인도, 태국, 말레이시아, 인도네시아로 시장을 확대하고 있다.

랜드 지명도의 성장, 자금 혜택, 판매 수익의 배분과 같은 과실을 나누게 된다. 샤오미는 온라인과 오프라인 매장인 '샤오미의 집(小米之家)'도 개설해 제품을 선보이고 있다.

샤오미 혼자만이 대기업이 되는 것이 아니라 생태계 회사들과 함께 성장을 추구하는 정신이 이들이 말하는 상생의 모습이다. 우리나라의 대기업이 다른 중소기업에 투자해 협업하는 방식으로 상품을 만들어내는 것을 상상할 수 있겠는가? 하지만 샤오미는 그 길을 가고 있다.

돼지도 날아오르게 할 독특한 팬덤 경영

샤오미는 사용자를 제품 개발에 참여시키는 이른바 '팬덤 효과' 활용에 탁월한 회사다. 파워 유저의 특성을 띤 이들은 미팬(米粉·샤오미팬)으로 불린다. 상품의 효율성과 부가가치를 창출한 오픈 이노베이션의 대표적인 사례라고 할 수 있다.

레이쥔은 태풍의 길목에 서 있으면 돼지도 하늘로 떠오를 수 있다고 했다. 여기서 태풍은 팬덤을 가리킨다. 샤오미의 공동 창립자 리완창은 팬덤 효과를 미리 설계할 수는 없지만 팬들의 참여와 상호 교류는 회사를 유리한 방향으로 이끄는 데 도움을 준다고 설명한다.

그래서 샤오미의 성장 스토리는 팬덤층을 빼놓고 이야기할 수 없다. 상품 연구부터 출시까지 일련의 과정에서 미팬들과 소통을 거친다.

샤오미 스마트폰 MIUI를 처음 출시했을 때는 미팬들의 목소리를 미리 반영했다. 일반적으로 상품이 출시된 후 사용자들의 피드백을 반영하는 것과 반대되는 전략이다. 왜냐하면 샤오미 팬들은 단순히 제품을 좋아하는 사람들이 아니기 때문이다. 이들은 제품 개발 과정에 참여하는 특권을 가진 집단이다. 샤오미는 이들의 지식과 아이디어를 제품에 직접 반영해 상업화시킨다.

2012년 미팬 페스티벌에서 레이쥔이 "샤오미의 철학은 미팬의 철학이다."라고 말한 것처럼 미팬은 샤오미 비즈니스 이론의 핵심으로 자리 잡고 있다. 회사와 미팬은 서로 친구가 되는 문화도 형성했다. 현재 샤오미는 1억 명 이상의 미팬을 보유하고 있다.

미팬의 상품 연구개발 참여는 다음과 같은 프로세스를 거친다. 먼저 매주 금요일에 한 번씩 열리는 새로운 버전 발표의 날인 '오렌지데이 금요일'을 통해서 진행된다. 이날 제품의 새로운 버전이 발표되면 다음 주 화요일 사용자들은 체험 보고서 데이터를 통해 설문조사에 참여한다.

이 과정에 제품 기능에 대한 피드백을 수집해 다음 버전을 만들 때 반영 및 개선하는 과정을 거친다. 반드시 사용자들이 변화를 체험하고 느낄 수 있게 하는 것이 미팬들이 존재하고 참여하는 목적이다.

이렇게 팬덤층을 이용하게 된 이유는 샤오미가 처음 MIUI의 사용자를 모을 때부터 입소문 마케팅을 중요하게 여겼기 때문이다. 이를 통해 충성도 높은 고객을 먼저 확보하는 참여 전략을 취했다. 충성도를 먼저 세우고 그다음 지명도를 높였다. 대부분의 브랜드가 인지도를 먼저 세우고 충성도를 쌓는 것과는 반대되는 방법이다.

MIUI를 마케팅할 때도 돈을 쓰지 않고 100만 명의 사용자를 먼저 모으는 것이 목표였다. 커뮤니티를 통해서 1,000명의 참가자 중 100명의 파워 유저를 뽑아 MIUI의 설계, 연구개발 등 피드백을 모으기 시작한 것이 출발이었다. 그리고 이 100명의 유저들을 통해 입소문 마케팅을 펼치기 시작했다.

샤오미의 공동 창업자인 리완창은 《참여감(参与感:小米口碑营销内部手册)》이라는 책을 통해 '참여감은 샤오미의 브랜드 이념의 영혼.'이라고까지 말하고 있다. 샤오미 내부에서는 '미팬이 있기 때문에 샤오미가 있다'라는 말이 있을 정도다.

'빠오미화(爆米花)'라는 미팬 행사도 연다. 이 행사는 베이징, 선전, 상하이 등 중국 약 30여 개 도시에서 개최된다. 사용자들과 유대감을 형성하기 위한 일종의 파티 같은 개념의 행사다. 광고나 신제품 체험을 유도하고자 하는 것이 아니라 말 그대로 팬덤과의 파티가 목적인 만남이다.

또한 흥미로운 점은 사용자 참여가 회사 내부 직원들로부터도 시작된다는 것이다. 샤오미에 입사한 직원들은 family code를 받는데, 이를 통해 친구나 가족들에게 제품을 체험해볼 수 있게 한다. 연구개발의 외부 유출을 제한하는 타 기업과는 전혀 다른 모습이다.

앞서 말한 대로 샤오미는 중국 제조업의 혁신을 대변하는 기업으로 변모하는 과정에 있다.

이제 관건은 샤오미가 세계 시장에서 중국산 제품들에 붙어 있는 싼자이(山寨·모조품)라는 이미지마저 지워낼 수 있느냐는 점이다. 2018년 양회의 키워드 중 하나는 '고품질 발전'이었다. 양회에 참여한 레이쥔은 "샤오미는 인터넷 + 제조업의 발전 방향을 추구한다."라고 밝혔다. 레이쥔과 중국 정부는 같은 방향을 바라보고 있다.

샤오미의 사례를 보면 혁신적 참여란 결국 집단지성을 모으는 원동력을 의미한다고 볼 수 있다. 샤오미는 수평적 기업문화가 있었기 때문에 합작사와도 미팬들과도 머리를 맞대고 제품력을 높일 수 있었다.

샤오미는 분명 중국의 제조업 방식에 신선한 충격을 던졌다. 향후 중국의 제조업이 어떤 가치 사슬을 실현해나갈지 궁금하다. 레이쥔의 선택으로 이미 중국 제조업의 가치 사슬은 변화하기 시작했다. 우리 역시 중국에 스마트폰, 스마트 홈 시장을 빼앗기지 않기 위해 촉각을 곤두세워야 할 필요가 있다.

위챗은 어떻게 사람들의 마음을 얻었을까

중국인의 라이프 스타일에 최적화된 메신저

"사장님, 혹시 M 사이즈로 블랙 컬러 있나요?"

"지금 화이트 컬러밖에 없는데 다음 주에 블랙 컬러 입고됩니다."

"그렇군요. 그럼 그때 다시 발주 넣겠습니다."

첸 사장과의 비즈니스 대화는 문자가 아닌 음성으로 모두 기록된다. 그와의 메신저 대화창을 보면 목소리로 모든 비즈니스의 증거를 남기고 있다. 내가 첸 사장에게 장문의 메시지를 보내도 그는 아무렇지 않게 목소리로 답장을 보낸다. 시간도 절약되고 신뢰감도 확보되고 일석이조다. 이처럼 데이터를 주고받는 방식이 더욱더 편리해지고 다양해지고 있다.

현재 세계인들이 많이 쓰는 SNS로는 페이스북, 트위터, 카카오톡, 왓츠앱 등을 꼽을 수 있다. 이들 사이를 비집고 떠오른 강자가 있으니 바로 중국의 국민 모바일 메신저인 '위챗(Wecha·微信)'이다.

텐센트에서 공식 발표한 〈2018 위챗 데이터 보고(2018微信数据报告)〉에 의하면, 위챗 사용자가 월 평균 10억 8,200만 명을 넘어섰다고 한다. 또, 하루 4억 1,000만 건의 영상통화와 450억 건의 메시지 전송이 위챗을 통해 이루어진 것으로 조사됐다. 이는 중국을 넘어 중화권 대부분의 사람들이 위챗을 즐겨 쓰는 까닭에 나타난 기록이다.

나 역시도 중국에서 만난 한국 친구들끼리도 위챗으로 연락을 주고받는다. 읽은 표시가 지워지지 않아서 대화를 주고받기 부담 없기 때문이다.

위챗은 이제 중국의 일상을 대변하고 있다고 해도 과언이 아니다. 일상 속에서 메신저, 결제, 생활 서비스, 기업 서비스 등 모든 것이 가능한 소셜 네트워크가 되었다. 위챗이 중국 사회에서 영향을 미치는 영역은 점점 확대되고 있다. 이제는 단순한 메신저의 차원을 뛰어넘어 위챗의 전체성을 통해 중국이 그리는 사회 모습을 주시해야 한다.

위챗은 2011년 1월 21일 처음 탄생했다. 2010년 카카오톡이 생기고 1년이 지났을 때의 일이다. 현재는 200개 이상의 국가에 보급되어 있고 사용할 수 있는 언어는 20여 개 정도가 된다. 2013년 마화텅은 '세계로 가자 위챗(期待微信走向世界)'이라는 구호를 외치며 전 세계인이 사용하는 글로벌 메신저로 위챗을 발전시키기 시작했다.

그는 위챗을 '통신', '소셜 네트워크', '플랫폼'이 합쳐진 개념에 더 가깝다고 설명했다. 이는 인터넷 사유의 본질을 잃지 않고 사람과 정보기술을 중심으로 사회적 기능을 다하는 운영체제로 성장시킨다는 목표가 담긴 말이다.

위챗의 성공 비결은 무엇일까? 페이스북, 인스타그램, 트위터 등 외국 소셜 네트워크를 차단한 결과였을까? 아니면 모바일 인터넷 사용자에 따른 규모의 경제 덕분이었을까? 중국 정부가 자국 기업과 콘텐츠를 우선적으로 육성하기 위해 반 계획적으로 장치를 마련해 환경을 조성했다는 비판도 없지는 않다.

그러나 중국의 경쟁력을 파악하기 위해서는 위챗의 소프트파워에 초점을 맞추어 그 비결을 파악해볼 필요가 있다. 그래야 우리도 중국 기업과 동등한 위치에서 중국 사람들을 우리의 고객으로 끌어들일 수 있기 때문이다.

결론부터 말하면 위챗은 누구보다 자국민의 특성을 잘 이해했다. 또한 정부의 인터넷 플러스 전략을 비즈니스 모델로 실천했기 때문에 발전할 수 있었다. 이는 중국이 초연결 사회, 산업 업그레이드, 기술 발전, 내수 활성화를 위해 인터넷 플러스를 경제 혁신의 첨가제로 사용한 노선을 따라간 결과다. 올바른 레시피를 보고 음식을 만드는 것은 손님의 입맛을 사로잡는 첫 번째 성공 요인이다.

'위챗 속에 중국이 보인다.'라는 말이 있다. 실제로 위챗을 잘 들여다보면 당신이 몰랐던 중국을 발견하게 될지도 모른다.

그러기 위해서는 먼저 위챗의 기본적인 철학을 알고 들어가야 한다. '모든 것을 연결하자.'라는 초연결 사회가 그것이다. 이는 개방형 플랫폼(Wechat open platform) 전략으로 설명할 수 있다. 디지털 생태계를 형성해 모든 사용자(개인, 기업, 기관 등을 포함한)를 연결하는 사회를 만드는 것이 위챗이 존재하는 이유다. 위챗은 자신들을 단순히 메신저 회사라고 말하지 않고 '제3자 개방형 플랫폼'이라고 부른다.

위챗은 기업 혹은 개발자와 소비자를 연결해주는 중간 역할을 할 뿐이다. 그러나 사회적 생태계를 조성했다는 점에서 그 이상의 가치성을 가지고 있다. 이런 인식이 강한 중국에 페이스북이나 트위터가 들어온다 한들 얼마나 버틸지 모를 일이다.

디지털 생태형 연결 사회, 즉 인터넷 정보기술을 융합해 만든 사회적 고리 사슬을 관리하는 것은 정보를 다루는 능력을 넘어 인문학적 역량까지도 요구하게 된다. 이것은 개인, 조직, 공공, 생활의 영역을 깊게 다룰 줄 아는 능력을 의미한다. 이 모두가 하나로 융합된 지속가능한 가치를 추구하는 것이 위챗의 방식이다.

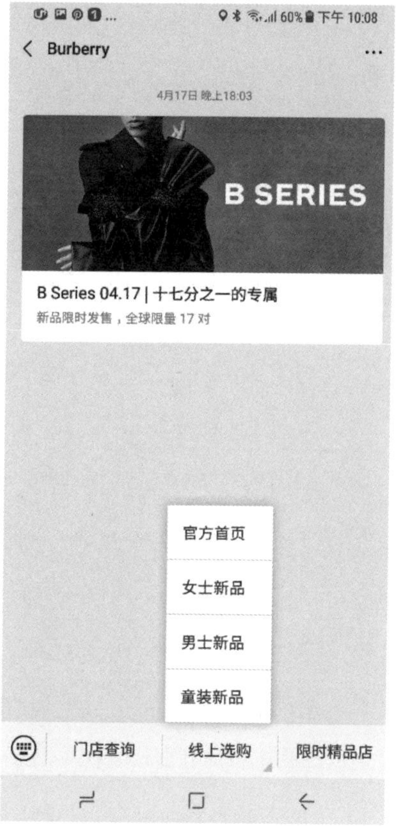

웨이씬은 버버리, 샤넬, 구찌 등 럭셔리 브랜드들의 디지털 마케팅 시장 플랫폼이 되었다. 특히 샤오청쉬가 도입되며 소비자와의 소통이 더 간편해졌다.

가입자에게 작은 사이트 개설을 제공한 것이 먹혔다

위챗 공중하오(Wechat official account)는 개인이나 기업, 기관들에 제공하는 응용 계정이다. 가입자는 이를 통해 위챗 내에 작은 사이트를 개설하는 효과를 낼 수 있다. 위챗이 가지고 있는 사용자 수 트래픽을 고려하면, 공중하오는 더 많은 사람들과 소통하고 정보를 알릴 수 있는 실용적인 도구라고 볼 수 있다.

첫째로, 고객 관리에 적합한 '서비스형 공중하오'가 있다. 둘째로, 정보 전달 중심의 '구독형 공중하오'가 있다. 셋째로, 기업이나 정부 기관들이 조직 관리를 위해 필요로 하는 기업형 공중하오가 있다.

이들 중 각자 자신의 목적과 포지셔닝에 맞게 선택하면 된다. 〈인민일보〉나 〈CCTV〉의 공중하오는 꾸준하게 구독량 상위권을 차지하고 있다. 중국의 국유기업 미디어사들도 위챗을 통해 정기적인 기사 서비스를 제공한다. 이뿐만 아니라 사용자들은 위챗 내 공중하오를 통해 전문 월간지, 브랜드 세일 정보를 받아볼 수 있다.

공중하오 열풍은 외국 패션, 럭셔리 브랜드에서도 나타나고 있다. 국제적인 비즈니스 정보제공 업체인 L2가 발표한 〈Digital IQ Index : Luxury China〉 보고서에 의하면, 현재 중국에서 활동하는 100개를 넘는 럭셔리 브랜드 중 90% 이상이 위챗 공중하오를 개통했다고 한다.

이유는 간단하다. 위챗이 효율적인 마케팅 매체라고 생각하기 때문이다. 9억 명 이상의 위챗 사용자와 소통하고 고객으로 확보할 수 있는 효율적 소셜 네트워크를 외면한다면 그게 오히려 이상하지 않은가.

또한 별도로 앱(APP)이나 중국어 자체 사이트를 만들 필요도 없다. 위챗이 제공하는 공중하오 플랫폼을 통해 브랜드 스토리, 패션쇼 방송, 고객 관리 및 서비스, 모멘트 광고까지 일련의 서비스를 누릴 수 있다. 외국 기업의 입장에서 보면 이보다 가성비 높은 통로는 아직까지 없었다.

럭셔리 브랜드 공중하오의 경우 콘텐츠보다는 서비스에 초점을 맞추고 있다. Dolce & Gabbana, Roger Vivier, Bonpoint, Tory Burch 등 외국 럭셔리 브랜드를 주요 고객으로 삼고 있는 중국의 Curiosity China(奇智睿思) 역시 공중하오 서비스의 활용에 주력한다. 프랑스의 명품 브랜드인 까르띠에(Cartier)는 자신들의 공중하오에서 최근 상품 추천, 매장 예약, 온라인 매장 들어가기 같은 서비스를 제공한다.

중국 시장에서 브랜드 경쟁이 치열해지고 있는 만큼 공중하오는 상품 홍보에도 적합한 마케팅 수단으로 사용되고 있다. Curiosity China의 알렉시스(Alexis)는 공중하오를 일종의 CRM(customer relations management)이라고 설명했다. 공중하오는 온라인 마케팅에서 고 데이터를 얻을 수 있는 중요한 고객 관리 시스템이다.

이런 면에서 공중하오는 기업과 여러 기관, 조직들에 홍보비 절감 효과까지 주었다고 볼 수 있다.

기업과 개인 등 중국인 사이의 커넥터가 된 위챗

위챗은 상업 기회까지 창출하는 플랫폼이다. 공중하오, 샤오청쉬가 바로 기회를 연결시켜주는 역할을 한다. 파트너, 서비스, 기업, 사용자 모두에게 서로가 원하는 자원들을 손쉽게 연결시켜줌으로써 커넥터의 역할을 하고 있다. 이는 위챗의 개방형 협업 전략의 특성이 반영된 결과라고 할 수 있다.

베이징에서 자주 가던 단골집 베이커리도 최근 공중하오로 계속 소식을 날린다. 새로운 빵에 대한 정보와 직접 제작한 웹툰 스토리도 종종 보낸다. 처음에는 받아보는 게 귀찮기도 했으나 왠지 한 번이라

플랫폼별 인플루언서 비교

플랫폼	유형	특징	KOL 특징	툴 사용 방법
웨이보(微博)	콘텐츠 + 전자상거래(타오바오, 티몰)	게시글 리포스팅(퍼가기, 공유)	스타급 KOL 다수. 종합적 성격(패션, 뷰티, 음식, 엔터테인먼트)	토론, 이야기 방식으로 주로 활용
위챗(WeChat) ※중국에서는 웨이씬(微信)	메신저, 소셜 네트워크	메신저 전송과 대화 용도로 사용	종합적 성격(패션, 뷰디, 음식, 엔터테인먼트)	글 포스팅
또우인(抖音)	쇼트클립	다운로드할 수 있는 콘텐츠 풍부, 재미있는 중독성	오락, 엔터테인먼트	창의적이고 재미있는 쇼트클립 영상 만들기
잉커(映客)	인터넷 생방송	KOL과 사용자 간의 실시간 소통	오락, 엔터테인먼트	프로모션 생방송
샤오홍슈(小红书)	콘텐츠 전자상거래	쇼핑, 구매 목적	패션, 뷰티	상품 추천 또는 쫑차오(种草, 추천 상품)

※KOL(key opinion leader): 핵심 오피니언 리더

출처: 아이루이 자문(艾瑞咨询 iresearch.com), IMS 공동 〈중국 KOL 마케팅 전략백서(中国KOL营销策略白皮书)〉

도 더 기억하게 된다. 빵은 안 사 먹어도 웹툰이 너무 재밌어 다시 돌아보게 된다.

천펑취안이 쓴《텐센트 인터넷 기업들의 미래》에 따르면, 위챗의 마케팅은 '연못 이론'에 비유된다. 고객을 물고기라고 한다면 고객이 모인 곳이 연못이다. 연못 이론은 기업이 고객의 기호와 특성을 분석해 마케팅 전략을 세우면 물고기를 잡는 효과를 극대화시킬 수 있다는 것이다.

중국 매체들의 의견을 종합해보면, 위챗은 중국 디지털경제의 한 축을 담당하고 있다. 소비자와 기업을 연결해주는 중간 역할을 해내고 있고, 사용자의 수요를 만족시키는 서비스를 잘 이행하고 있기 때문이다.

2012년, 위챗의 아버지라고 불리는 장샤오롱(张小龙)은 "위챗은 하나의 생활방식이다."라고 언급했다. 이 말은 위챗 공식 사이트에도 실려 있다. 디지털 시대에 필요한 생활 도구라는 의미다.

마화텅 등이 공동 저술한《인터넷 플러스 혁명》은 위챗을 '커넥터로서의 개방성, 사회성, 가치성, 공공성을 지닌다.'라고 설명하고 있다. 결국 중국 사람들의 생활은 이를 통해 더욱더 풍요롭고 다채로운 경험들로 채워지고 있다고 볼 수 있다.

중국이 페이스북을 차단했기 때문일 수도 있지만 사실상 스스로 중국 국민들과 사회가 원하는 자원을 제공하고 있다는 것을 알 수 있다. 위챗은 모바일 결제, QR코드, 홍바오, 쇼핑, 홍보·마케팅 등 넓은 범위의 서비스를 담고 있다.

이제는 양회 소식도 위챗 공중하오를 통해 먼저 전달된다. 〈위챗 사회경제 영향력 연구보고서(微信社会经济影响力研究报告2017版)〉에서도 위챗은 디지털화, 스마트화의 경제사회 환경을 만들었다고 설명하고 있다. 중국 사람들의 일상, 사회의 추세, 정부가 경제 혁신을 추진하는 방법까지 위챗을 통해 들여다볼 수 있게 되었다.

이쯤이면 우리도 위챗을 어떻게 협력적인 네트워크로 활용하느냐가 관건이 될 수 있다. 중국 시장에서 더 나은 발전 기회를 만들어줄 매개체가 될 수 있기 때문이다. 또한 앞으로 위챗에 어떤 진보적인 기술들이 결합되어 더 큰 생태 환경을 조성할지, 나아가 어떤 디지털경제를 실현하게 될지 지켜보는 일도 흥미로울 것 같다.

중국인들의 꽌시는 홍바오로 통한다

세뱃돈의 진화, 중국 IT 기업들의 홍바오 대전

오랜만에 만난 중국 친구에게 밥을 샀다. 체면 문화가 강한 중국인들은 대접을 받으면 뭐라도 보답하고 싶어 한다. 그 점에선 친구도 다르지 않아 나를 보며 휴대전화를 집어 들었다.

“재미있는 거 하나 보내 줄게.”

친구의 말이 끝나자마자 빨간 배경에 ‘빼앗기(抢红包·앞다투어 홍바오를 획득하는 것)’라는 한자가 새겨진 봉투 모양의 메신저가 내 폰에 날아왔다. 위챗 홍바오(紅包)가 막 번져가던 때여서 나는 아직 그것이 낯설었다.

“이게 뭐야?”

“열어봐. 나중에 요긴하게 써먹을 수 있어!”

친구가 준 것은 10위안 정도의 상품권에 해당한다고 할 수 있을 홍바오였다.

이날 받은 빨간 봉투의 의미를 안 후로 나는 누구보다 중국식 팁을 잘 날리는 한국인 통큰녀로 올라섰다. 주고받는 빨간 봉투는 현금처럼 쓸 수 있는 돈으로, '너를 생각하고 있다.'라는 마음의 전달이기도 하다.

중국 영화를 보면 명절이나 결혼식 등 좋은 날이 있을 때 사람들이 빨간색 종이봉투를 주고받는 장면이 곧잘 나온다. 안에는 약간의 돈이 들어 있다. 이를 홍바오라고 하는데, 한자도 붉은 봉투(紅包)를 뜻한다.

홍바오는 중국의 전통 풍습이지만 지금은 인터넷·모바일 시대에 맞게 응용 범위가 넓어졌다. 오늘날 홍바오는 실용성, 기능성을 가진 거래가 가능한 돈이다. 세뱃돈, 축의금, 심지어 친구한테 돈을 갚을 때도 홍바오로 원하는 만큼을 전송해준다.

평소 친하게 지내던 중국인 남자친구가 나에게 자주 홍바오를 보내왔다. 그런데 항상 비슷한 금액이었다. 5.20위안, 36위안. 나중에 사람들한테 물어보니 "걔가 너한테 관심 있나 보네." 한다. "아니 무슨 소리에요? 모바일로 돈을 준다고 관심이 있다니요? 우정의 표시일 뿐이죠." 이랬다가는 정말 눈치 없다는 소리를 들을 게 뻔하다.

사람들의 그런 말이 어느 정도 일리가 있는 게 숫자 5, 2, 0은 '나는 너를 사랑해.(워 아이 니·我爱你)'와 발음이 비슷하다. 같은 방식으로 3, 6은 '보고 싶어.(샹 니엔 니·想念你)'라는 말을 연상시키고. 중국에서 관심 있는 상대에게 써먹을 수 있겠다.

모바일 사용자 중에는 '디토우주(低头族·휴대전화 중독자)'라고 할 만

한 사람들이 적지 않은데, 그들의 모바일 활동이 가져다주는 경제적 파워가 어마어마하다. 중국에서는 이들을 가리켜 '위챗 의존증(微信依赖症)'에 걸린 사람들이라고 표현할 정도다. 그러나 디토우주를 대상으로 상업 기회를 창출할 수 있다면 이야기는 달라질 것이다. 그것에 홍바오가 연결되고 있다.

〈홍바오 얻기(抢红包)〉라는 노래가 생겨나고, 타오진그룹(淘金集团)은 연회 행사에서 〈디토우주가 되지 말자, 홍바오 얻기(别做低头族 抢红包)〉라는 단막극을 선보이기도 했다. 중국의 스마트폰 중독자들과 홍바오 사이에 긴밀한 사회적·심리적 결전이 펼쳐지고 있는 것이다.

홍바오는 기본적으로 위챗 홍바오 기능 등을 이용해 유저가 유저에게 직접 돈을 보내는 것과 기업에서 마케팅이나 이벤트성으로 고객에게 푸는 것이 일반적이다. 그 숫자가 엄청나서 명절 때는 한 사람이 20여 개의 홍바오를 보내고, 또 그만한 수의 홍바오를 받는다. 가장 인기가 많은 홍바오는 8.88위안. '돈을 번다.(發財·파차이)'라는 말의 '파(發)'와 발음이 비슷한 8을 행운의 숫자로 여기기 때문이다.

홍바오는 중국인들의 일상이어서 연결성만 있다면 인화성이 강하다. 홍바오가 어떻게 중국인들의 삶에 침투되어 있는지 그들의 일상을 따라가보자.

첸첸은 새벽 6시에 어젯밤 수령하지 못한 홍바오가 있는지 위챗을 살펴보는 것으로 아침을 연다. 그녀는 출근 택시비를 며칠 전 친구에게서 받은 홍바오로 계산했다. 근무 중에도 틈틈이 위챗을 통해 날아온 홍바오가 있는지 확인한다. 점심과 저녁도 홍바오로 할인해 사 먹는다. 주말에 첸첸은 그동안 모아 두었던 홍바오로 인터넷 쇼핑을 했다.

이런 모습은 첸첸에게만 해당되는 이야기가 아니다. 10억 명 위챗 사용자들의 일상이다. 모바일 결제, 디지털 사용이 중국 사회에 뿌리 내리지 않았더라면 휴대전화상에서의 홍바오 보급도 한계에 부닥쳤을 것이다.

2014년 1월 27일 위챗이 처음으로 전자홍바오(电子红包·digital red envelope)를 출시했다. 현재는 알리페이, QQ, 웨이보 등 대다수의 인터넷 기업들이 전자홍바오를 만들어 소비자들에게 디지털 머니로 풀고 있다.

춘절이면 중국 기업들은 얼마나 많이, 얼마나 재미있는 방식으로 공격적으로 소비자들에게 홍바오를 푸는가 하는 경쟁을 펼친다. 2019년 춘절 기간 동안 알리바바는 알리페이를 통해 5억 위안(약 840억 원)의 홍바오를 발행했다. 바이두는 10억 위안(약 1,680억 원), 바이트댄스는 뉴스 앱인 진르토우탸오, 또우인 등을 통해 무려 15억 위안(약 2,520억 원)어치의 홍바오 머니를 풀었다.

2012년에 설립한 신생 기업인 바이트댄스의 홍바오 머니는 가히 역대급이다. 신생 기업까지 이 정도 큰 액수로 홍바오 시장에 참가한다는 것은 홍바오가 중국 모바일 시장에 미치는 영향을 그대로 보여준다.

천평취안이 쓴 《텐센트 인터넷 기업들의 미래》라는 책에 따르면, 위챗 사용자 10억 명 가운데 15%가 춘절 기간 동안 100위안의 홍바오만 발급해도 75억 위안(약 1조 2,600억 원)의 자금 순환이 형성된다고 한다. 또한 위챗 사용자 중 1%만 홍바오 게임에 참여해도 은행 계좌 홍바오 행사가 열리면 참여할 것인가?

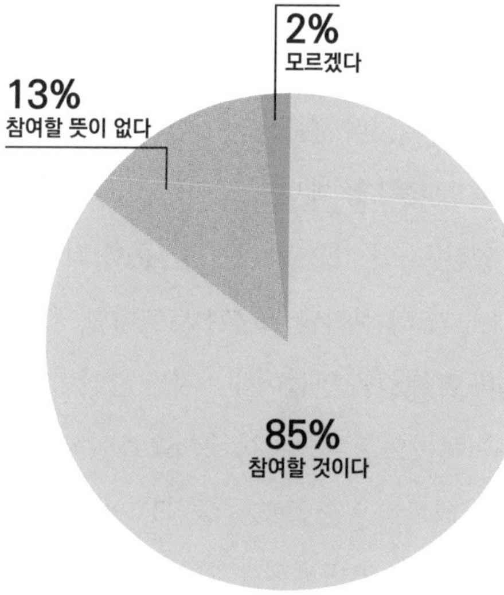

출처: 빅데이터 업체 199it
〈쿠어쥐러부 - 2018년 휴대전화 홍바오 소비자 통찰 보고서(酷鹅俱乐部 - 2018年手机红包用户洞察报告)〉

500만 개가 위챗 금융 플랫폼에 가입하는 효과가 난다고 한다.

홍바오에 거품이 끼었다는 일부 의견도 있지만 홍바오는 여전히 매력적인 시장이다. 2019년 춘절, 8억 명에 달하는 사람들이 위챗 홍바오를 서로 주고받고 했다.

기업들은 어떻게 재미있게 홍바오를 줄까 고민한다

요즘의 홍바오는 엔터테인먼트 요소까지 띠고 있다. 홍바오는 기업이 상품과 서비스를 유통시키는 데 사용자들의 빠른 반응을 불러일으킬 수 있는 경영 활동의 일종이다. 마케팅으로 사용되지만 하나의 신문화를 형성하고 있다.

이에 따라 수령하는 방법도 진화되어 사용자들은 다채로운 전자홍바오 문화를 누리게 되었다. 흔들기 기능, AR(증강현실) 기능, 포켓몬고처럼 숨은 홍바오 찾기 등 매년 춘절마다 새로운 홍바오 받기 기능들이 생겨나고 있다. 소셜 기능, 소비 기능, 문화 기능 모두를 담고 있다. 그러다 보니 누가 더 뛰어난 기술과 트렌디한 엔터테인먼트적 요소를 결합해 홍바오 게임을 만들어내는지가 관건이다.

2015년 위챗은 처음으로 흔들어서 홍바오를 수령하는 방법을 출시해 주목을 끌었다. 타오바오는 2018년 중앙TV의 〈춘절 연합 완후이(春节联欢晚会)〉와 함께 홍바오 마케팅을 대대적으로 펼쳤다. 자그마치 6억 위안(약 1,008억 원)의 홍바오와 사은품을 풀었는데, 타오바오 모바일 앱(APP)을 열어서 홍바오 혹은 사은품을 획득할 수 있도록 했다.

알리페이의 AR 기능을 접목한 홍바오 수령 방법도 눈길을 끌었다. 알리페이의 AR 기능을 열어 복(福)자를 스캔하는 방법, 또는 친구보다 복자를 하나 더 모아 '5개의 복자를 완성(集五福)'해 홍바오를 얻는 방법이 있다. QQ도 100보 걸어서 홍바오 수령하기인 '홍바오 행운을 만나다(走运红包)' 활동을 펼쳤다. QQ의 홍바오 활동은 춘절 기간 동안 사람들이 잘 움직이지 않는 것을 이용했다.

진르토우탸오는 '동영상 + 홍바오'의 방식을 채택했다. 진르토우탸오 앱에 들어가서 동영상을 찍어 공유하면 홍바오를 얻을 수 있다. 중국에서 유행하는 짧은 클립 동영상의 기술 및 엔터테인먼트적 요소와 전통 방식을 결합했다. 이 이벤트에 1만 4,000명 이상의 사람들이 새해 인사 동영상을 올렸다.

이를 통해 모바일 경제대국 위치에 있는 중국의 엄지족들이 무엇을 좋아하는지 파악할 수 있다. 중국에서 나온 '홍바오는 바이러스식 마케팅이다.'라는 말이 충분한 일리가 있다.

그러면 도대체 홍바오는 기업 및 산업, 중국에 어떤 영향을 미치는 것일까? 홍바오는 중국의 모바일 결제의 혜택을 보고 있다. 거꾸로 모바일 결제 시장 역시 홍바오의 혜택을 받고 있다. 이는 중국의 이동 결제 시장이 매우 활성화되었다는 것을 의미한다.

〈중국금융신문〉은, 모바일 홍바오는 이동인터넷과 오프라인 상업이 결합한 합일체(合一体)라고 설명하고 있다. 오프라인 상점에서도 위챗으로 받은 홍바오를 현금처럼 사용하기 때문이다. O2O 채널의 효율성까지 올리고 있는 셈이다.

중국인과의 관계에 홍바오만 한 것도 없다

왜 이렇게 많은 사람들이 홍바오에 열광하는 것일까? 그것은 단 한 푼이라도 받는 소소한 즐거움 혹은 일종의 가치 교환으로 설명할 수 있다. 홍바오를 받을 수 있을지는 확실하지 않지만 소비 가치, 문화 가치, 공동체 가치, 나눔의 가치가 축적된다는 것은 사실이다.

기업에는 홍바오가 사용자 트래픽 확보와 고객 마케팅의 수단이 되었다. 특별한 날이 아니어도 일상적으로 선착순 몇 명의 고객에게 홍바오를 날려 소비자들의 기분을 은근히 좋게 해주는 기업도 있다. 중국에서 상업계에 종사하는 사람들은 모두 고객에게 홍바오를 날리는 문화가 있을 정도다.

상업자와 소비자 간의 친밀함을 형성하는 도구로 홍바오만 한 것도 없다. 홍바오, 복, 파차이(发财), red(빨강)의 공통점은 '큰 재물과 복을 얻다.'라는 의미를 담고 있다는 것이다. 이 단어들의 공통적인 상징은, 중국하면 떠오르는 강렬한 레드다. 중국에서 빨강은 문화적으로 '운수 좋은', '경사'의 의미를 갖고 있다. 홍바오 역시 경사의 의미와 복의 기원을 담은 돈이다. 그것이 시대 변화에 따라 재미있는 돈으로 진화되어가고 있다.

《바이두백과》에 따르면, 이 빨간 머니는 중국인들이 예로부터 서로 왕래하며 교제하는 과정에서 인간관계의 의미를 띤다고 한다. 그래서 중국인들 사이에서 홍바오는 모바일 머니이기 전에 친밀함을 상징하는 돈이다.

우리 역시 홍바오 마케팅을 사업에 적용해 중국인들과 소통해야 할 것이다. 구체적으로 홍바오 마케팅의 특징인 흥미성, 연동성, 이익성, 오락성을 고려해 적용해봄직하다.

홍바오는 웨이씬, 알리페이, 징동, 타오바오 등 연동성을 가지는 플랫폼에서 적용될 때 기업 입장에 더 큰 시너지 효과를 얻을 수 있다. 더 많은 사용자 트래픽을 확보할 수 있기 때문이다.

홍바오는 중국의 디지털경제 시대가 만든 최고의 발명품이자 시대적 콘텐츠를 담고 있다. 우리 소비 사회에도 이런 홍바오와 같은 존재가 필요하지 않을까. 디지털 세상에서 사람들과 친밀하게 교류할 수 있는 흥미로운 도구가 마련된다면 재미있는 소비문화가 형성되리라고 생각한다.

또한 중국의 싼커, 유커 혹은 중국 소비자들을 상대하는 사업가라면 홍바오를 적극적으로 활용해보는 것은 어떨까? 그들이 당신에게 충성하는 고객이 될 수 있기 때문이다.

◈중국에서 전자상거래가 대세인 이유 ◈

중국에서 전자상거래가 활발한 이유 중 하나는 넓은 국토와 교통 인프라의 낙후로 인해 유통업이 성숙하지 못한 상태에서 온라인 기술이 들어왔기 때문이라고 한다. 직접 사러 가는 것보다 전자상거래를 통한 배달이 더 편리하기 때문이다.

1990년대만 해도 중국에서는 전자상거래가 발전할 수 없다는 시각이 있었다. 현금 아니면 믿을 수 없다는 인식이 강했기 때문이다. 그래서 전자상거래를 개척한 알리바바에는 신용 사회를 만들어가는 길잡이 역할을 했다는 평가가 따른다.

활발한 전자상거래를 타고 최근엔 공동구매가 핫 트렌드로 떠올랐다. 그 말은 중국인들이 더 싸고 좋은 물건 구입을 위해 공공적인 신용에도 나서고 있음을 의미한다. 제2의 타오바오 자리를 넘보는 핀둬둬가 상장에 성공하며 중국 전자상거래 업계는 '핀(拼·연합, 모으기)'이라는 새로운 경쟁을 시작했다. 타오바오와 알리페이도 함께 '공구' 사이트를 개설했다. 또한 징둥, VIP.COM, 왕이, 쑤닝 등의 전자상거래 업체들도 공구 기능을 강화하기 시작했다.

중국에서 공구 마켓을 이용하는 사람들은 월 3,000위안(약 50만 원)에서 5,000위안을 벌며, 이런 사람들이 약 36%에 달한다. 핀둬둬의 주 사용자가 3, 4선 도시의 여성들인 것도 눈길을 끈다. 그간 중국의 소비 시장은 1, 2선 도시에서 사는, 여유 있고 세련된 80허우, 90허우 여성들에게 집중되어 있었다. 공구 마켓은 대도시권 소비자를 넘어 3, 4선 도시의 사람들에게까지 온라인 시장이 확대되고 있음을 보여주는 일이다.

중국의 모바일 문화가 만든 3초 소통 사회

세계 QR코드 사용의 90%가 중국에서 이루어지고 있다

평소 휴대전화 충전을 귀찮아하는 버릇 때문에 불편을 겪은 적이 있다. 충전이 충분히 되지 않은 채로 외출을 했다. 그렇게 토요일 6시가 지나 스마오 광장 앞에서 택시 앱을 켜고 차를 기다리는데 휴대전화가 꺼져버렸다.

결국 터덜터덜 걸어 버스 정류장으로 향했다. 그런데 아차 싶었다. 중국에서는 휴대전화로 모든 결제를 처리할 수 있어 지갑도 두고 나왔던 것이다. 그제야 휴대전화 무료 충전기가 있는 곳을 이리저리 찾아다녔다. 집에 가기 참 힘든 하루였다. 모든 것이 마비된 순간을 경험했다.

시대에 따라 소통의 방법도 진화하고 있다. 21세기의 소통은 많은 경우 모바일, 인터넷 등 정보화 기술을 통해 이루어지고 있다. 정보화

기술의 발달로 장소와 시간의 제약을 받지 않고도 소통이 가능해졌다. 인터넷과 이동통신이 가져다준 경계 탈피의 모습이다.

그중 하나는 모바일 시대가 낳은 QR코드다. QR코드는 quick response의 약자다. '빠른 응답'을 얻을 수 있다는 의미다. 흔히 보는 바코드에 비해 많은 양의 데이터와 정보를 넣을 수 있으면서 작은 형태를 유지할 수 있다는 것이 장점이다.

처음 QR을 개발한 나라는 일본이었다. 1994년 일본의 덴소 웨이브(Denso Wave)사에서 발명해 2003년 일본 전자정보 회사 NTT DoCoMo에서 휴대전화용 QR코드를 출시했다.

중국은 이 QR코드 사용에 관한 한 최강국이다. 현재 세계 QR코드 사용자의 90%가 중국에 있다고 하니까 맞는 말이다. 어쩌면 인터넷 경제를 토대 삼아 새로운 가치 교환의 혁신적 수단을 마련했다고 할 수도 있겠다.

QR코드는 중국의 정보화 시대의 새로운 소통 창구로 자리매김했다. 식당에 가서 음식을 먹을 때도 QR코드만 있으면 간단하게 주문과 결제를 할 수 있다. 종업원을 불러 주문하던 풍경은 과거일 뿐이다.

이젠 정부의 정책 발표에도 QR코드가 사용된다. 중국 재정부 기자 발표회에서 한 기자가 관세와 관련한 질문을 하자 그에게 돌아온 대답은 "나누어 준 예산보고서 위의 QR을 스캔하세요. 공중하오(公众号)에 들어가면 대답을 얻을 수 있을 것입니다."였다.

사실 우리는 중국으로 가는 첫 여정부터 QR코드에 노출되기 시작한다. 중국행 남방항공 비행기를 타면서부터 QR코드가 부착되어 있는 것을 발견할 수 있다. 중국 여행 중 밖에서 최소 두 번 정도 소비를 하게 된다면 텐센트 또는 알리바바가 만들어놓은 QR 생태계권 안에 참여해야만 하는 상황에 직면할 것이다.

중국에 처음 QR코드가 도입된 것은 2002년 INSPIRY(意锐新创)의 창업자 왕위에(王越)에 의해서였다. INSPIRY는 QR 기술 서비스 및 설치 회사다. 처음에는 꽤 오랫동안 활용이 지지부진했다. 그러다가 2016년부터 INSPRIY의 QR코드가 위챗페이, 바이두페이 등 중국 온라인 회사들을 통해 활용되면서 급속히 대중화되었다.

QR코드는 온·오프라인의 매개체이자 응용 접촉점

그렇다면 중국에서 QR코드가 빠르게 전 국민의 생활 영역과 상업계, 정치계 등 다양한 업계에 전파되는 이유는 무엇일까?

중국 매체들의 의견을 종합해보면, 중국의 이동인터넷 사용자 수가 10억 명을 넘으면서 QR코드가 온라인과 오프라인의 연결을 극대화하는 중요한 매개체가 되었다고 한다. 오프라인과 사람들의 휴대전화를 연결해 훨씬 수월하게 결제, 정보 획득, 사회 활동 등에 참여할 수 있도록 만들었다는 것이다.

실제로 중국은 인터넷 사유, 창의 융합, 연결 사유를 기반 삼아 QR코드를 통해 디지털 시대에 맞는 인터페이스를 구현해냈다. 그 결과, 소비와 비즈니스가 확산되어 초융합 사회가 조성되었다. 대표적으로 O2O 시장이 자연스럽게 확대된 것을 들 수 있다. 현재 중국의 알리페이를 통한 이동모바일 결제 비중은 80%를 넘는다.

이는 QR이 O2O의 새로운 응용 접촉점으로서 중국의 모바일 내수 소비 시장의 수단으로 사용이 가능했기 때문이다. 중국인들은 온라인과 오프라인을 연결할 수 있는 가장 편리한 창구가 QR코드라고 판단했다.

광고·마케팅, 결제 모두 QR코드를 통해서 소비자와 소통할 수 있게 되었다. 많은 상업자들이 고객과의 접촉점을 높이기 위해 가게마다 QR코드 스캔 서비스를 도입했다. 사람과 서비스, 사람과 사람, 사람과 정보를 기술적으로, 지능적으로 연결해주는 효율적인 도구로 QR은 획기적이었다.

위와 같은 일은 옷을 살 때 더욱 편할 수 있다. 계속 나를 따라다니는 점원의 눈치를 보지 않아도 된다. 여자들의 경우 옷 사이즈를 밝히면서 '다이어트 해야지.'라는 스트레스를 안 받아도 된다. 오프라인 상점 역시 더 이상 과거처럼 전단지를 돌리지 않아도 되고, 계산대에서 손님의 결제를 기다릴 필요가 없어졌다.

《인터넷 플러스 혁명》의 공동저자 중 한 사람인 장샤오펑은 정보 생산, 데이터의 합리적 사용, 모든 것의 연결, 인터넷 플러스 성과 등을 실현하려면 연결 메커니즘이 구축되어야 한다고 말한다. 이 원리와 구조를 작동시킬 수 있는 것이 바로 QR 시스템이다.

〈중국 인터넷 발전현황 통계보고(中国互联网络发展状况统计报告)〉에 의하면, 중국인의 1일 위챗 QR 평균 사용 횟수는 10억 회, 알리페이 QR 사용 횟수는 5억 회라고 한다. 지갑 없이 외출하는 것이 중국인들에겐 새로운 일상이 되었다.

휴대전화 하나로 QR코드를 스캔해 결제하고, 공유자전거를 타고, 음식을 주문하고, 명함을 주고받고 하는 일이 가능한데 무슨 문제가 있겠는가.

지금 중국은 창의와 혁신이 끊임없이 생겨나는 발전기를 거치고 있다. 사회 곳곳에서 창의와 혁신, 새로운 혁명이 발전의 동력임을 증명하고자 하는 행위들이 펼쳐지고 있다.

QR코드는 중국에서 이제 상거래의 기본이다. 금융업계도 QR코드를 도입해 더 많은 사용자 정보를 얻게 되었다.

더는 만만디 아닌 나라가 되게 한 QR코드 소통

QR코드는 중국인들의 소통 방식, 관계 거리에 변화를 가져다준 도구다. 대륙의 일상은 이 사각형의 검정색 마크 하나로 돌아간다고 해도 이상할 게 없다.

아침 8시 출근을 위해 공유자전거의 QR코드를 스캔해 잠금 장치를 푼다. 8시 30분 아침을 사 먹기 위해 QR코드를 스캔해 위챗페이로 돈을 낸다. 점심시간, 위챗 모멘트에 올라와 있는 상점을 친구로 추가하기 위해 상점의 QR코드를 다운받는다. 퇴근할 때도 알리페이 QR코드를 스캔해 택시 요금을 처리하며 하루를 마감하게 된다.

지금 중국에서 QR코드가 어떤 수단으로 작용되고 있는지 알 수 있지 않은가. 이제 중국 사회는 빠른 반응을 요구하고 있다. 더 이상 만만디의 나라가 아니다. 사용자에게 빠르게 반응해주지 않으면 도태될 수 있는 상황이 펼쳐지고 있는 것이다.

QR이 중국에서 급격히 확산된 것을 보면 중국을 다시 이해해볼 수 있다. 중국인들이 빨리 민감하게 반응하는 성향으로 진화되었다는 것이다. 중국인들은 확실히 기술에 대한 반응, 효율과 생산성에 대한 반응, 삶이 얼마나 편리해질까에 대한 반응이 빨라졌다.

이제는 QR코드만을 스캔하는 시점을 넘어 사물, 사람 등 증강현실(AR) 기능을 이용해 모든 것을 스캔하는 추세로까지 번지고 있다. 증강현실은 현실에서 보는 대상에 스마트폰의 AR앱 카메라를 들이대면 그것과 관련한 정보가 영상으로 소개되는 형태다. 가수의 사진에 카메라를 대면 춤추고 노래하는 장면을 보여주는 건 대표적인 예다.

항저우의 식품회사인 웨이촨(味全)에서는 우유에 알리페이 AR 스캔 기능을 도입했다. 알리페이에서 AR 기능을 선택한 후 우유를 스캔하면 홍바오도 받을 수 있도록 했다. 알리바바의 홍바오 행사인 '5개의 복 모으기(集五福)'도 알리페이가 AR 스캔 기능에 접목된 것이다.

외국 기업들 역시 AR 스캔 마케팅을 적극적으로 활용하고 있다. 춘절 기간 동안 스타벅스의 'AR 강아지(AR 萌友)' 행사가 눈길을 끌었다. 알리페이 AR 기능으로 스타벅스의 로고를 스캔하면 선물이나 상품권을 받을 수 있게 했다. 미국의 화장품 유통업체인 세포라(SEPHORA)도 강아지 캐릭터를 스캔해 홍바오를 받을 수 있는 행사를 열었다.

이런 기능을 접목한 스캔 사회가 중국 마케팅의 보편적인 추세가 되고 있는 모양새다. 'AR + 스캔'은 중국인들에게 더욱더 다채로운 소비 체험을 가져다주고 O2O 시장의 활성화에 영향을 미치고 있다.

스캔 기능은 훨씬 더 발전했다. 바코드, QR, 그림, 문자, 풍경, 심지어 외국어 번역까지도 가능하게 되었다. 가상세계와 현실세계의 지능화된 연결이 이루어진 모습이다.

QR코드가 중국의 온라인과 오프라인의 경제를 선순환되게 했다. 주문, 정보 열람, 결제, 배송까지 일체화된 서비스가 이루어지고 있는 것이다.

이제 중요한 것은 중국이 어떤 사유 방식과 수단을 통해 새로운 사회 발전의 소통 형태를 조성하게 될지에 대한 관찰이다. 그런 가운데 우리는 미래의 중국 시장과 어떤 종류의 시대적 소통을 해야 할지 스스로 질문해보아야 할 것이다.

◈ 스마트 식품 안전 시스템 ◈

식품 안전은 중국의 고민 중 하나로 지속적인 골칫덩어리가 되어왔다. 음식조차 편히 믿고 먹지 못하는 나라라면 경제가 아무리 커진다 해도 사실 부끄럽기 짝이 없는 노릇이다. 중국 정부는 이런 문제를 해결하기 위해 식품에 스마트 시스템을 도입했다. 바로 베이징에서 시작된 'e추적 스마트 시스템(北京e追溯)'이다.

고객들이 마트의 상품 위에 부착된 'e추적 QR코드'를 스캔하면 원산지, 공급처, 유효기간, 농약 여부 등 상품과 관련한 구체적인 정보를 확인할 수 있다. 베이징에 소재한 대부분의 대형, 중형의 야채, 고기 가게들이 이 시스템을 도입해가고 있다.

베이징의 파란룬덴(CFSMarket)은 이러한 e추적 시스템을 도입한 마켓 중 하나다. 여기에서는 식품에 QR코드를 적용해 소비자들이 식품 안전 정보를 공유할 수 있도록 했다.

장쑤성 난통(南通)에 있는 메트로(METRO)에서도 각 식품마다 부착된 QR코드를 볼 수 있다. 사람들은 상품을 장바구니에 담기 전에 QR 스캔을 통해 미리 상품 정보를 확인할 수 있다. 약 5,000여 가지 이상의 야채, 과일, 육류, 냉동식품에 이런 스마트 안전 추적 시스템을 적용했다.

식품뿐만 아니라 옷, 화장품 등 다른 상품들도 이런 추적 시스템과 무관할 수 없다는 분위기가 조성되고 있다. 그렇다면 우리나라는 어떨까. 마트에 가보라. 생산 정보가 제공되는 QR코드가 새겨진 제품이 얼마나 있는지. 충분한 기술이 있으면서도 실천을 안 하고 있다.

대륙의 사람 마케팅, '왕홍'을 수출하다

한국에까지 소문난 중국판 파워 블로거

최근 한국은 중국의 왕홍 모시기로 분주했다. 소셜 네트워크의 발달, 라이브 방송의 급증, 1인 미디어가 발전하면서 중국의 소비 시장에서 새롭게 떠오른 주인공이기 때문이다. 많은 기업들은 왕홍을 한국까지 초대해 상품을 홍보하고 마케팅하기에 바빴다. 과거 왕서방에서 왕홍 모시기로 변한 것이다.

왕홍이란 '왕뤄홍런(网络红人)'의 줄임말로 인터넷 유명 인사를 가리킨다. 쉽게 말해 파워 블로거다. 'internet star' 혹은 'online celebrity'라고도 부른다.

중국 시장의 특징은 그때그때마다 소비 시장을 견인하는 주동 인물이 변한다는 것이다. 왕홍도 그중 하나다. 규모의 경제가 뒷받침되기 때문에 이들을 잘만 활용하면 기대 이상의 효과를 얻을 수 있다.

그래서 왕홍을 극진히 챙긴 것이다.

중국의 소비 기준은 왕홍에 의해 재정립되었다. 중국 소비자들의 실용적, 이성적, 체험적, 개성적 성향이 더욱 뚜렷해지면서 이를 만족시킬 수 있는 중심이 필요해졌다. 소비자들의 갈망을 채워줘야 할 때 시대에 맞게 출현해준 사람이 바로 왕홍이다.

왕홍은 상품과 콘텐츠에 대한 정보를 알기 쉽게 전달하고, 자신들의 소비 스타일을 공유한다. 특히 패션과 뷰티 영역에서 왕홍의 의견은 매우 중요한 역할을 한다.

좀 더 세분해 왕홍의 존재를 살펴보면 웨이보(微博·weibo) 왕홍, 블로그 왕홍, 타오바오 왕홍, 1인 미디어 왕홍, 위챗 왕홍까지 미디어의 발전에 따라 다양하게 분류된다. 그래서 기업들은 저마다의 포지셔닝에 따라 원하는 경로의 왕홍 마케팅을 추진한다.

중요한 것은 각자의 브랜드에 어떤 특성의 왕홍이 적합한지 파악해 효율을 극대화하는 것이다. 샤넬, 루이비통, 프라다와 같은 럭셔리 브랜드들도 왕홍 경제에 참여하고 있다.

왜 이런 명품 기업들까지도 왕홍과 협력하는 것일까? 왕홍이 가지는 가치를 어디까지 해석해야 할까? 그들은 중국 경제·사회에 새로운 상업 가치의 표준을 제시했다고 할 수 있다. 2018년 왕홍 경제의 규모는 1,016억 위안(약 17조 688억 원)에 달했다.

왕홍은 자신을 콘텐츠화하고 브랜드화해 흔히 말하는 'add value'를 통해 경제적 수익을 창출하기 시작했다. 왕홍의 34%는 자신의 타오바오 매장을 가지고 있고, 16%의 왕홍은 자신의 회사 또는 브랜드를 경영하고 있다고 한다. 중국의 전자상거래 시장과 1인 미디어 시장의 발달로 왕홍이 누릴 수 있는 시장은 점점 확대되었다.

신상품을 2초 만에 완판시키는 왕홍의 힘

유명 왕홍인 장다이(张大奕)의 사례를 보자. 그녀는 사복 패션으로 유명해졌다. 장다이가 운영하는 타오바오 매장에 신상품을 올리면 2초 안에 다 팔리고, 3일 만에 일반 오프라인 매장의 1년 수익을 벌어들인다고 해서 유명세를 타기 시작했다.

그뿐만이 아니다. 2016년 6월 20일, 신상품 홍보를 위해 장다이는

중국의 전설적 왕홍인 장다이는 소속사인 루한의 투자자가 되어 소속사가 미국 나스닥에 상장하는 데도 크게 기여했다.

6시에서 10시까지 4시간 동안 생방송을 진행했다. 그 방송의 시청자 수만 41만 명. 좋아요 클릭 수는 100만 명을 넘었다. 생방송이 끝난 후 2시간 만에 신상품 교역액만 2,000만 위안(약 33억 원)의 기록을 찍었다. 장다이 효과이자 왕홍 효과다.

장다이 같은 왕홍들은 브랜드에 대한 신뢰를 위해 직접 공장을 방문해 생방송을 하기도 한다. 소비자가 원하는 것이라면 무엇이라도 하는 중국인 특유의 상인 정신이 느껴지기도 한다. 왕홍 효과는 특히 광군절(11월 11일), 쌍군절(12월 12일)과 같은 쇼핑 행사 때 위력을 발휘해 큰 수익을 거둔다. 여기에는 '팔로워 효과(粉丝效应)'까지 따라붙기 때문이다.

알리바바의 장용(张勇)은 이러한 왕홍 경제를 개인의 영향력으로 상업적 기회를 창출하는 새로운 경제 현상 중 하나로 보았다. 사실이 그렇다. 왕홍이라는 새로운 집단은 중국 내수 시장을 더욱 활성화시키는 매개체로 발전했다.

또한 왕홍 육성 엔터테인먼트, 생방송 플랫폼, 왕홍 마케팅 회사, 소셜 네트워크, 전자상거래 등 연관 분야의 일자리를 창출하고 연계 산업을 활성화시켰다. 중국의 소프트파워 영향력도 크게 올려놓았다. 이뿐만 아니라 왕홍의 출현으로 인해 중국 기업들의 운영 방식에도 변화가 생겨났다.

왕홍 콘텐츠를 유통하고 지원하는 MCN(multi channel network) 기업들의 수가 폭발적으로 증가한 것을 보면 알 수 있다. 〈2019년 중국 MCN 업계 발전 연구 백서〉에 따르면, 2018년 말 약 5,000개를 넘는 MCN이 있는 것으로 확인됐으며 상위 90% 이상의 인플루언서들이 이 회사들에 소속해 있다고 한다.

그런가 하면 티몰이나 징동과 같은 전자상거래 기업들은 왕홍 전문 생방송을 만들기 시작했다.

왕홍이 기업에 돈을 벌게 해준다는 것을 알고 왕홍 전문 마케팅 회사까지 빠르게 증가했다. 이렇게 중국에서 왕홍을 중심으로 거대한 에코시스템이 생겨난 것이다. 저성장 시대에 상업의 부가가치를 잃은 상업자들은 시장 경제를 촉진시킬 수 있는 새로운 매개체에 눈길을 모았다.

전자상거래와 왕홍의 결합은 더 큰 상업적 가치를 창출했고 중국

2019년 중국 광고주들이 선호하는 SNS 마케팅

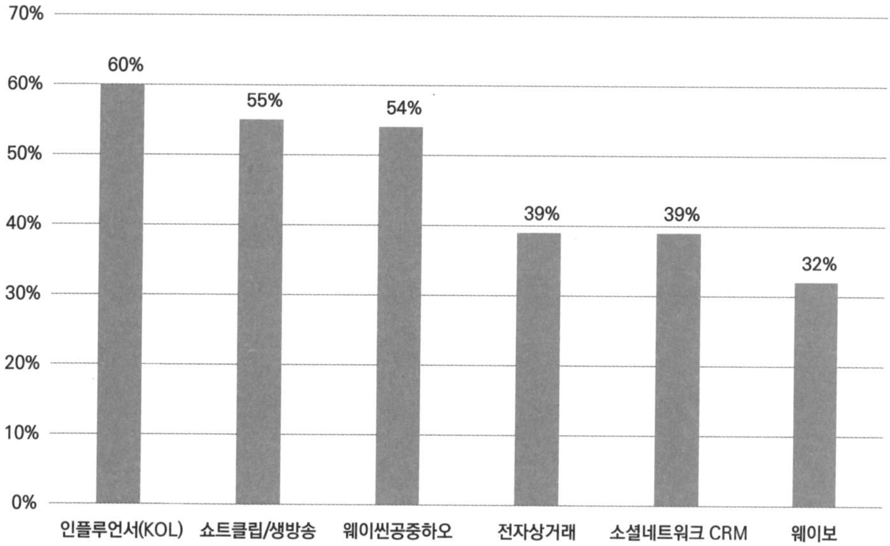

※CRM(customer relationship management): 고객관계관리

출처: AdMaster 〈디지털마케팅 업계 종사자 연구(对数字营销从业者的线上调研)〉(2019)

의 소비 경제에 또 다른 영향을 끼쳤다. 중국에 전자상거래가 발달했기 때문에 왕홍도 더 많은 수익을 얻게 되었고, 상업자들은 왕홍 기반의 수익 효과를 톡톡히 볼 수 있게 된 것이다.

현재 타오바오에는 약 1,000여 개의 왕홍 매장들이 있다. 온라인 소비의 주력층인 80허우와 90허우 세대들이 왕홍의 주요 팬이 된 것도 왕홍 경제를 떠받치는 지렛대 역할을 한다. 왕홍 경제는 대개 '웨이보 - 알리바바 - 왕홍'의 구조 또는 '소셜 네트워크 - 전자상거래 - 왕홍'의 구조로 형성되어 있는데, 이는 젊은 세대에게 매우 익숙한 환경이다.

판매까지 겸해서 연예인보다 더 효과적

많은 기업들이 왕홍 마케팅을 하지만 모두가 성공을 보장받는 것은 아니다. 더 나은 협력을 위해서는 왕홍이 대체 어떤 내재적 가치를 가지고 있는지 잠시 살펴볼 필요가 있다.

중국의 왕홍은 '브랜디드 콘텐츠'의 상업적, 문화적 요소를 가지고 있다. 브랜디드 콘텐츠는 다양한 문화적 요소를 브랜드 안에 녹여 제품보다는 '가치'를 이끌어내는 마케팅 기법이다.

많은 중국인들이 점점 감성과 공감의 가치를 추구하고 있다. 그런 면에서 소비자와 가장 많이 교류하는 왕홍은 한국 기업들도 협력해 볼 만한 인적 자원이다.

타오바오는 왕홍들과 함께 '타오바오 패션위크'의 광고 영상을 찍었다. 이제 중국 기업들은 유명 연예인을 넘어 인터넷 스타들과도 일

전자상거래 업체 루한은 장다이(张大奕), 총총(虫虫), 따진(大金) 등 100명 이상의 왕홍과 계약을 맺고 있다. 이들의 팔로워 수를 합하면 1억 명이 넘으며 협력 브랜드는 1,800개 이상이다.

하기 시작했다. 왜냐하면 유명 스타들은 홍보는 할 수 있어도 물건을 팔 순 없기 때문이다. 반면 왕홍들은 홍보·마케팅에 더해 판매까지 가능하다. 중국에서 왕홍은 그들 스스로가 브랜드가 되었다. 이는 중국 사회가 사람이 브랜드가 될 수 있는 수용적, 개방적 시대를 맞이했다는 의미다.

앞서 왕홍은 산업계에도 큰 영향을 미쳤다고 했다. 왕홍 경제는 산업계에 새로운 방법과 모델을 구현해내도록 메시지를 던졌다. 왕홍과 관련한 콘텐츠 송출 방식에도 변화가 생겼다. 과거 개인이 만드는 콘텐츠 제작 방식인 UGC에서 PGC(professional generated content)로 전환되었다. 전문적인 콘텐츠를 다룰 수 있는 PGC는 소비자, 사용자들에게 더욱 좋은 체험을 안겨줄 수 있게 되었다.

대표적인 케이스로 유명 왕홍인 파피장(Papi酱)이 있다. 2016년 그녀가 설립한 콘텐츠 브랜드인 'Papitube'가 PGC라고 할 수 있다. Papitube는 기업들로부터 1,200만 위안(약 20억 원)의 투자 유치를 받았다. Papitube는 파피장만의 색깔이 묻어나는 창의적이고 에너지 넘치는 콘텐츠 플랫폼이다. 그녀가 한 번 광고를 찍을 때 벌어들이는 수익은 5억 원선이다.

왕홍은 광고, 콘텐츠 제작 등 여러 영역에서 돈을 불러일으키는 신기한 존재다. 최근 들어 왕홍 경제를 '엔터테인먼트 경제' 혹은 'PGC 경제'라고도 부른다. 그들은 상품을 홍보해주고 팔아주는 차원을 넘어 다양한 산업 분야에서 경제적인 효과를 창출하는 신인류 집단인 것이다.

이런 인터넷 스타들은 중국의 발전 단계에 맞추어 내수 소비를 견인하는 데 일조했다. 사람 중심의 마케팅, 광고, 판매 방식, 교류 방식 등 새로운 법칙이 성공을 거두었다.

우리나라 연예인들이 중국에 진출해 돈을 벌었다면 이제는 그 반대 현상도 벌어지고 있다. 왕홍이라는 인터넷 스타들이 한국에 와서 방송에 나와 몇 마디 해주고는 돈을 챙겨 간다. 사람이 자원이라는 말에 비춰보면 왕홍은 중국의 인적 자원인 것이다.

미래 왕홍 경제는 중국의 디지털경제와 함께 더 발전된 형태로 나타날 것 같다. 인터넷 정보기술의 발달로 플랫폼 시장과 콘텐츠 시장이 진보하는 만큼 왕홍 경제도 그 기회를 노릴 것이기 때문이다.

◈ 왕홍의 위력! 화장품 브랜드도 만들었다 ◈

JUNPING은 중국의 유명한 남자 인플루언서가 런칭한 화장품 브랜드다. 건강, 자연주의를 모토로 전 세계 14곳의 원산지 회사들과의 협업을 통해 화장품을 판다.

창립자 팡쥔핑은 2004년 항저우에서 'FAC 꽃들의 비밀언어 향기 매장(FAC花间密语)'을 열면서 뷰티, 건강을 주제로 사람들에게 다가갔다. 이것이 JUNPING이라는 브랜드를 런칭하는 계기가 되었다. 현재 웨이보(중국 최대의 마이크로 블로그 사이트) 팔로워 수 700만 명 정도를 보유하고 있다.

JUNPING은 C2F(customer to factory) 모델을 기반으로 소비자와 공급망이 만나는 접점 방식의 변화에 주목했다. 웨이보를 통해 발견한 소비자 수요를 상품 기획과 프라이싱 전략에 반영해 효율을 극대화하고 있다.

세계에서 두 번째로 큰 독일의 향수 기업인 심라이즈(Symrise), 일본의 화학연구소, 화장품 소재 기업인 테크노블(Technoble) 등 다국적 기업들을 기술 협업 파트너로 참여시켰다. 뿐만 아니라 이스라엘의 글로벌 뷰티 디바이스 전문 브랜드인 실큰(Silk'n)과 함께 가정용 뷰티 디바이스 제품을 출시해 카테고리를 확장해나가고 있다.

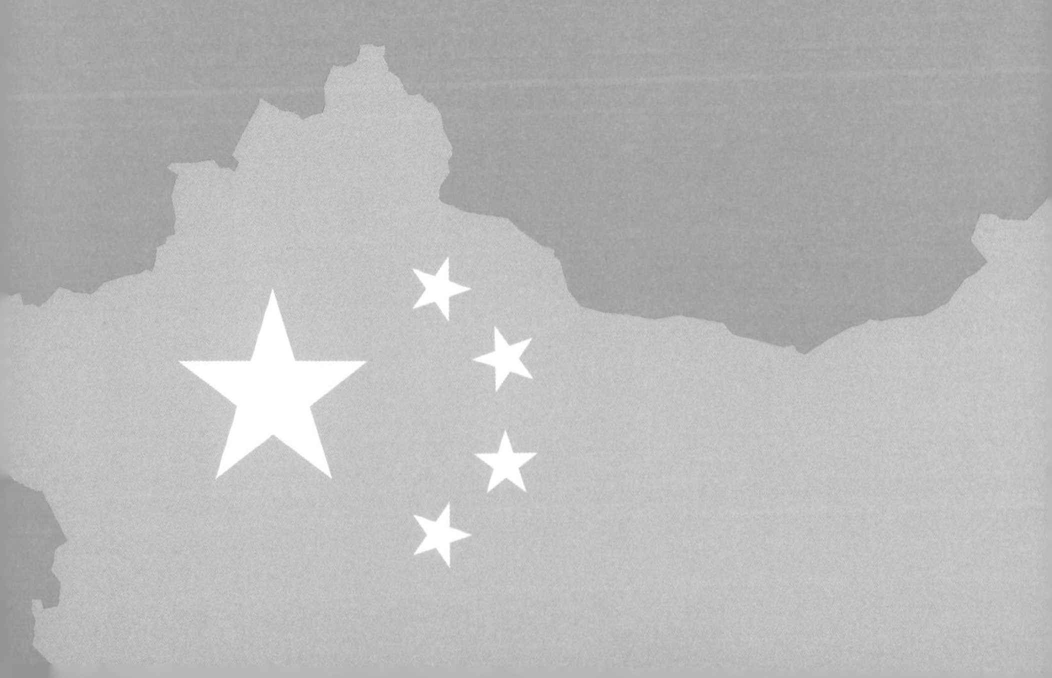

5부

중국 경제의 안쪽을 읽을 수 있어야 이긴다

중국에서의 시장경제는 우리가 아는 그것과는 다르다. 자유경쟁보다는 집단적 실리 추구에 기반한 중국식 홍색 자본주의다. 공산주의가 더해진 기업가정신이다. 숙명적으로 중국과 교류하면서 살아야 하는 우리로서는 싫든 좋든 중국 스타일을 읽을 줄 알아야 한다. 홍색 자본주의와 그들만의 기업가정신 이야기!

메이드 인 차이나에서 스마트 인 차이나로!

제조업이 살아야 나라가 산다

화장품 사업에 관심이 많아 인천의 한 화장품 용기 업체에 전화를 걸었을 때의 일이다. 그 업체의 대표는 나에게 더 다양한 용기를 찾고 싶다면 차라리 잡화도매 시장으로 유명한 중국 항저우의 이우시장으로 가라고 권했다.

왜냐고 묻자 특이하고 좋은 재질의 용기라면 중국이 더 저렴하게 잘 만들기 때문이라고 했다. 그들과 거래만 잘할 수 있으면 좋은 방법 중 하나라는 것이다. 몇 년 전 이우시장을 일주일 동안 탐방한 적이 있다. 그런데 전 세계 소상품의 90%가 여기서 나온다는 얘기를 듣고 놀라움을 금치 못했다.

과거 우리는 중국산 제품에 대해 싸구려다, 짝퉁이 많다, 또는 촌스럽다고 여겨왔다. 그러면서 품질보다는 싼 맛에 중국산 제품을 구입했다. 그러나 아직도 그런 생각이라면 중국에 대한 무지를 드러내는 것이다. 중국은 그간의 부정적인 평판을 부단한 혁신으로 바꾸어왔다. 그리고 그런 노력에 힘입어 제조업 대국으로 성장했다.

그렇다고 중국이 완전히 일취월장한 건 아니다. 인건비 상승으로 인한 공장들의 해외 이동, 선진국과의 기술 격차, 인도 등 경쟁국의 부상, 과잉 생산에 따른 비효율 등 해결해야 할 문제가 산적해 있다.

중국은 제조업 대국이지만 스스로가 제조 혁신의 경쟁력을 갖추고 있지 않다는 냉정한 현실과 마주하고 있다. 중국을 상징하는 '세계의 공장'이라는 지위가 쉽지 않은 환경이다.

그러면 향후 공장의 표준은 무엇이 될까? 그리고 누가 그 자리를 차지하게 될까? 이 질문에 대한 답은 다시 중국 차지가 될 것이라는 전망이다. 단, 지금과는 또 달라진 중국이어야 한다.

장하준 교수(영국 케임브리지대)의 《그들이 말하지 않는 23가지》는 1860년대 세계 제조업 무역량 중 46%가 영국에서 나온 사실을 상기시키며 영국이 세계의 원조 공장이었다고 가리킨다. 하지만 1970년대 이후 영국의 제조업은 하락기를 걸었다. 반면 독일과 중국이 새로운 제조 대국으로 부흥하기 시작했다. 지금 독일은 '인더스트리 4.0'이라는 공업혁명 플랜을 내세우며 가장 출중한 제조 강국으로 나서고 있다.

중국은 독일을 따라 '중국 제조 2025' 전략을 발표했다. 타국의 혁신 기법을 들여와 중국만의 제조 모델을 세워나갔다. 흥미로운 점은 언젠가부터 독일이 메이드 인 차이나를 은근 경쟁상대로 여기고 있다는 것이다. 실제로 독일 〈DPA 통신〉의 조사에 따르면, 독일인의

80%가 메이드 인 차이나를 적수라고 생각한다고 답했다. 또한 응답자의 4분의 3이 20년 뒤 메이드 인 차이나 품질이 더 좋아질 것이라고 답했다.

길고 짧은 건 대봐야겠지만 포인트는 중국이 세계무대를 목표로 제대로 된 제조 강국을 계획하고 있다는 점이다. 중국은 어떻게 더 창조적이고 혁신적인 방법으로 제조업을 국가의 신성장 동력으로 끌어올릴지 고민하고 있다. 제조업은 국가 경제의 수준을 지속시키는 가장 필요한 저변이다. 무엇보다 생산성을 향상시키고, 실물경제를 돌아가게 하고, 수출 능력을 강화하기 때문에 이를 장기적으로 대체할 만한 것은 없다.

《중국 제조를 탐구하다: 산업 사슬 이론 실천사례(拯救中国制造业: 产业链理论实践案例)》를 펴낸 랑셴핑(郎咸平) 교수에 따르면, 중국의 제조업은 500개의 세계 제조품 중 220개가 중국산일 정도로 세계 1위의 규모를 차지하고 있다. 세계 시장 기준으로 냉장고 70%, 조강(粗钢) 44.7%, 컬러TV 48.8%, 전해알루미늄(电解铝) 40%, 휴대전화(출하량) 70.6%가 중국산이었다.

하지만 풍부하고 값싼 노동 자원으로 만들어 수출하기 바빴던 탓에 중국 제조업은 창의와 혁신 능력이 결여되어 있었다. 이뿐만 아니라 설비 과잉, 환경 문제, 낮은 에너지 이용 효율, 자원 집약형 산업 구조 등도 문제점으로 지적되었다.

전체 제조업 분야의 재점검과 혁신이 필요한 중국 경제다. 중국은 미래 신성장 동력을 위한 새로운 경제 모멘텀을 찾아 그간 분주히 움직였고 적지 않게 성과도 냈다. 그러나 제조업을 등지고 이런 것들을 추진할 수는 없다. 내수 경제를 위해서라도 제조 대국을 포기할 수 없기 때문이다.

치료는 속도보다 방향 선택이 더 중요하다

그런 가운데 나온 것이 '중국 제조 2025'다. 그 요지는 다음과 같다.

'인간이 기계를 다룬다는 것은 기계가 인간에게 영향을 미칠 수 있도록 하는 것이어야 한다. 과거에는 인간이 생산성을 지배했다면 이제는 기계가 생산성을 지배할 수 있어야 한다. 이는 일반적인 공장의 제조(制造) 개념에서 개념적 설계(conceptual design) 사고와 융합 중심의 스마트 제조(智造)의 방향으로 전환하는 것을 뜻한다. 과학기술을 통해 산업 사슬의 효율을 극대화시키고 고부가가치 제품을 만들어내는 것이 목표다.'

장하준 교수는 저서《나쁜 사마리아인들》을 통해 개발도상국들은 계획적으로 제조업을 장려해야 한다고 말한다. 사실 어느 국가든 경제 발전의 근간은 제조업이다. 국부의 중요한 원천은 제조업에 있기 때문이다. 서비스만으로 부유해진 나라는 아직 그 전례를 찾아볼 수 없다.

중국은 10년 동안 세 번에 걸쳐 제조 계획을 세웠다. 먼저 2025년까지 품질과 기술을 올려 제조 강국 대열에 합류하겠다고 한다. 양적 방향에서 질적 방향으로 추구하겠다는 것이다. 2035년에는 중간 단계의 제조 강국까지 올라가 글로벌 시장에서 입지를 다지겠다는 입장이다. 마지막 단계인 2045년에는 제조를 중국의 실력으로 대변해 세계 최고의 제조 강국 반열에 오르겠다는 계획이다.

제조 로드맵을 실현하기 위해 중국은 이미 씨 뿌리기 작업에 나섰다. 지금 중국에서 전개되고 있는 인터넷 플러스 전략, 빅데이터, 인공지능, 로봇과 같은 기술개발은 모두 제조업에 쓰일 에너지다. 이러한 자원들을 제조업과 결합시켜 효율과 생산성을 극대화시키겠다는 것으로 이른바 '스마트 공장화'다.

스마트 공상은 설계·개발, 제조, 유통·물류 등 생산 전체 과정에 정보통신기술(ICT)을 적용해 생산성, 품질, 고객 만족도 등을 향상시킬 수 있는 지능형 공장을 이른다.

제일 먼저 변화된 것은 기업의 생산 현장이었다. 아이폰 설비 업체인 폭스콘은 충칭에 스마트 공장을 시범 가동할 것이라고 한다. 이탈리아의 전기차 업체는 중국에서 3D프린터로 6만 위안짜리 전기자동차를 생산해 시장에 선보일 것이라고 밝혔다.

아디다스의 스피드 공장은 로봇이 운동화를 생산할 수 있도록 해

중국의 전기차 업체 NIO가 출시한 7인승 SUV 전기차 ES8. 완충 시 주행거리 355km이며 미리 충전을 마친 배터리로 교체해 충전 시간을 아낄 수도 있다. 가격은 44만 8,000위안(약 7,350만 원)으로 미국 테슬라의 같은 사양 전기차보다 절반가량 저렴하다.

리드타임을 단축시켰다. 과거에는 생산부터 배송까지 6주가 걸렸다면 지금은 최대 7일 안에 완제품을 생산할 수 있도록 하고 있다. 중국과 베트남에 공장을 세웠던 아디다스는 다시 본고향 독일에서 제품을 생산하는 리쇼어링(제조업의 본국 회귀) 전략을 선택했다.

스마트 제조는 설비 부품, 자동차, 패션업 등 다양한 분야에서 이용되는 미래적인 생산 방식이다. 제조업 시장 구조의 변화는 품질의 개선과 생산성을 높여 기업에 이득이 되게 해야 한다.

아디다스가 독일로 복귀하는 리쇼어링 전략을 선택한 것처럼 향후 많은 기업들은 굳이 개도국에 공장을 설립하지 않고 자국에 스마트 공장을 세울 수도 있다. 떠나는 외국 기업의 공장을 막을 수는 없지만 중국 역시 스마트 공장을 서두르지 않으면 경쟁에서 도태될 수밖에 없다는 것을 잘 알고 있다.

과학적 사고를 바탕으로 한 기술 혁신

제조에서 스피드는 생명이다. 이제 제조업체들은 제일 먼저 기술업체들과 손을 잡으려 하고 있다. 중국의 가전 업체 메이디가 독일의 산업용 로봇 업체인 쿠카(KUKA)를 사들인 것이 그런 예다.

메이디는 45억 유로(약 5조 9,175억 원)에 쿠카를 품었다. 노동 집약성이 강한 백색가전 기업이 로봇 업체를 인수한다는 것은 생산 방식에 대한 새로운 정의를 가졌다는 것을 뜻한다. 공업 발전의 정밀화, 고급화, 정보화를 실현해 빠르고 똑똑하고 기술적이고 지속적인 경쟁력 확보를 도모하고 있는 것이다. 중국의 백색가전 이윤이 점차 감소하면서 메이디는 로봇을 통해 생산 효율을 높이고자 한다.

중국은 약 10만 대 이상의 전기자동차를 생산해 세계 신에너지 자동차 시장점유율 1위에 올라 있다. 이를 이끄는 비야디(BYD)와 BAIC(北汽新能源)도 중국 자동차 산업의 구조 변화를 알려주고 있다.

중국은 제조업의 경쟁력을 높이기 위해 자국 기업들을 국가 차원에서 밀어준다. 그래도 부족하다 싶으면 돈으로 외국의 선진 기업들을 그대로 인수해버리기도 한다.

2016년 중국 정부는 '13차 5개혁(十三五)'을 통해 2020년까지 공업 로봇 생산량을 10만 대까지 올리고, 3개 이상의 관련 굴지 기업을 육성하며, 5개 이상의 로봇 산업군을 만들 것이라고 밝혔다.

패션 업계에서도 스마트 제조 방식을 도입한 회사가 있다. 중국의 iDiy는 스마트 테일러(smart tailor)를 기반으로 하는 청바지 패션 회사다. 이 회사에서는 단 18초면 맞춤 제작의 재단을 완성할 수 있다. 사람이 하면 30분에서 1시간은 소요되는데 말이다.

패션은 노동 집약성이 강한 산업으로 적기에 상품을 선보여야 한다. iDiy는 5년 동안의 연구 끝에 스마트 제조 시스템을 공장에 도입했다. 이 시스템은 인터넷 플러스를 기반으로 디자인 설계, DIY 맞춤 제작, 인터넷 재고 빅데이터, 자동화 등을 실현시켜 생산의 효율성을 향상시켰다.

큰 패션 회사들은 노동 인건비에 대한 문제에 민감하다. 중국의 값싼 노동력은 중국을 세계의 봉제 공장으로 자리매김하게 했다. 그러나 인건비의 상승으로 많은 업체들이 동남아시아, 아프리카로 이동하는 현상이 나타나기 시작했다.

iDiy의 스마트 테일러 방식은 재단에 필요한 12명 정도의 인력을 대체했다. 또한 설비 기기당 소요되던 전력을 50KW씩 절약할 수 있게 했다. 무엇보다 인건비가 감소했는데 원래 1,200명의 사람이 필요했다면 지금은 500~600명 정도면 충분하게 되었다.

iDiy는 세계적으로도 인정받는 기업이다. 2014년에 이미 미국의 유명 잡지인 〈Fast Company〉에서 '중국 상업계의 혁신적인 기업 TOP 50'에 들었다. iDiy가 주목받는 이유는 스마트 공장 말고 또 있다. '3D 개성화 맞춤 제작 플랫폼'이라는 스마트 기능을 도입했기 때문이다. 가상 시스템을 도입해 소비자가 원하는 원단, 도안, 스타일, 컬러 등을 선택할 수 있게 했고, 3D 효과로 미리 체험할 수 있도록 했다. 장인이 한 땀 한 땀 떠야 한다는 고전적인 테일러 방식을 타파했다.

iDiy가 원하는 것은 분명하다. 연구, 생산, 판매 플랫폼 모두 빅데이터와 스마트 기능으로 연결시키는 것이다.

21세기의 생산은 더 스마트하지 않으면 안 된다

중국의 제조업은 변화를 통해 더 강화된 경쟁력을 확보하려 한다. 제조업 간의 융합으로 새로운 산업 구조와 생산성 혁신을 창출하려는 게 목표다.

그간 정보통신기술과 서비스 산업의 발전으로 새로운 소비 시장이 형성되고 일자리를 창출시켜 중국 내수 경제가 확대되었다는 것은 큰 성과였다. 하지만 이것만으로는 지속적으로 중국 경제의 빈틈을 채워줄 수는 없다.

중국뿐만 아니라 세계는 앞으로 어떤 문명사회를 건설할지에 대한 고민에 빠져 있다. 여기에 요구되는 것은 시대에 맞는 장인정신과 기업가정신이 될 것으로 보인다. 1990년대 일본이 장인정신으로 세계적인 부품 소재, 전자산업의 강국이 되었던 것처럼 말이다.

중국은 독일처럼 '공업혁명 4.0 시대'의 무대에서 스마트 혁신을 이루려 한다. 공업혁명 4.0은 독일 스포츠용품 제조 산업에서 출발된 말로 4차 산업혁명과도 상통한다.

그렇다면 공업혁명 4.0 시대에는 기업들이 어떤 기준으로 변화를 모색해야 할까? 중국의 유명 경제학자인 주선디(朱森地)의 말이 대답이 된다. '기업은 높은 생산율, 적은 자원 소비, 좋은 품질, 낮은 원가, 빠른 시장 효율, 환경 폐해의 최소화를 고려해야 한다.' 그는 이러한 요소들이야말로 제조업이 끊임없이 고민해야 할 주제라고 덧붙였다.

이는 과잉 생산, 과잉 설비 투자로 몸살을 앓고 있는 중국이 가장 우선적으로 해결해야 할 문제이기도 하다. 직접적으로는 생산 자원의 적절한 분배를 위한 공급을 구조적으로 개혁하는 것이야말로 제조 기업들이 모색해야 할 길이라 할 수 있다. 내수 시장에 중국산 제품이 재고로 쌓여 넘치는 것을 방지해야 하기 때문이다.

특히 중국에서 과잉 생산 문제는 심각하다. 노동과 자본 요소를 활용해 눈에 보이는 성과에 매진한 결과 세계 수출 시장에서 점유율은 높였다. 그러나 양은 질에 비례하지 않는다는 것을 중국은 아프게 경험했다.

중국의 경제학자 마샤오허(马晓和)는 과잉 생산과 관련해 중국의 지방정부를 지적하고 있다. 지방정부는 자본을 대거 끌어와 주로 중·저

첨단산업에 투입시켰다. 그 결과 가전, 의류, 완구, 시멘트, 철강 산업 등이 과잉 생산의 주범으로서 문제를 떠안고 있다. 이제 양으로 내수 성장률을 유지하는 시대는 지나갔다. 이는 근본적으로 생산성 관리에 대한 표준을 다시 세워야 한다는 것을 의미한다.

이런 반성이 모여 스마트 제조에 대한 각성이 제조업계에 퍼져가고 있다. 〈중국 제조 2025〉에 의하면 스마트 제조는 '품질', '혁신', '완벽', '스마트화'를 수행해 제조업의 가치를 창조하는 것이라고 가리킨다. 이들 관념은 공업혁명 4.0에 요구되는 핵심 사상이다.

국제통화기금(IMF)에서도 〈성장 정착: 신흥 시장과 경제개발에서 생산성 향상 개혁의 중요성(Anchoring Growth : The Importance of Productivity Enhancing Reform in Emerging Market and Developing Economies)〉이라는 보고서를 통해 경제 발전과 새로운 자본 시장을 위해 생산성 강화·혁신이 얼마나 중요한지를 알려주고 있다.

독일은 '인더스트리 4.0', 미국은 'Making in America', 한국은 '제조업 3.0'을 내걸고 있다. 국가는 결국 지속적인 생산을 해야 먹고살 수 있다. 하지만 속도보다는 방향에 초점을 맞춘 공정 시스템을 도입해 유리한 제조 구조를 만들고 시장을 선점, 창출해야만 시장에서 이길 수 있다. 중국은 지금 그런 스텝을 밟고 있다.

우리도 메이드 인 코리아의 제조 혁신을 더 끌어올려야 한다. 이유는 간단하다. 중국산 제품이 우리의 내수 시장을 장악하지 않게 하기 위해서다. 나아가 업그레이드된 중국산 제품이 세계에 퍼져 메이드 인 코리아 힘의 빛이 가려지는 것을 방지해야 하기 때문이다.

◈ 인공지능 음성 통·번역기 ◈

중국에서는 양회(兩會·매년 3월에 거행되는 전국인민대표대회와 전국인민정치협상회의를 통칭하는 말)에서 인정받는 제품이 진짜 혁신의 대표성을 가진 제품이라고 할 수 있다. 리커창 총리에게 칭찬받은 제품이 있었으니 바로 커다쉰페이(iFLYTEK)가 인공지능을 기반으로 만든 '샤오이 음성 통·번역기(晓译翻译机)'다.

커다쉰페이는 세계 최고 수준의 음성 인식 기술을 가진 회사로 이미 알리바바와 바이두를 능가한다는 평가를 받고 있다. 〈중국 인공지능 업계 시장 예측 및 투자 전략 규획 분석 보고(中国人工智能行业市场前瞻与投资战略规划分析报告)〉 통계에 따르면, 2018년 중국 인공지능 시장 규모는 339억 위안(약 5조 6,950억 원). 또 2019년엔 550억 위안(약 9조 2,400억 원), 2020년엔 710억 위안(약 11조 9,280억 원)에 이를 것으로 전망되고 있다.

샤오이 음성 통·번역기는 버튼을 누르고 말하면 즉시 통역 음성이 흘러나온다. 뿐만 아니라 앱과 연결되어 통·번역이 모두 글로 기록된다.

중국의 인공지능 기업 수는 약 1,040개로 세계 2위이며(1위는 미국), 이 분야에 투자하는 금액은 세계 60%를 차지할 정도로 크다. 커다쉰페이의 기술은 교육, 의료, 가전, 공공안전, 스마트 건설, 스마트 법정 등 다양한 분야에서 사용되고 있다.

스마트 법정이라는 말이 생소할 것 같다. 인공지능 음성 식별을 통해 재판 과정의 모든 음성들을 자동 기록해 법정에서 생길 수 있는 문제들을 해결하는 것을 핵심으로 한다. 어려운 법률 용어가 쏟아지는 곳임에도 음성 인식을 통한 기록 정확도는 100%에 달한다.

국가 리더들부터 디지털경제를 외친다

새 목표는 안정적 경제 구조와 지속가능 발전

베이징의 명소 왕징에서 구걸하는 여학생을 만났다. 길바닥에 분필로 자신이 집에 못 가게 된 이유를 적어놓고 모금을 하고 있었다. 돈을 주려고 가까이 갔는데 모금 통이 아닌 QR코드가 있어서 조금 멈칫했다.

이 상황은 중국 사람들이 어떻게 먹고사는지와 연결된 문제다. 더 나아가 그들이 돈 버는 가치와 수단의 초점을 어디에 맞추고 있는지도 보여주는 현상이다. 결국 나는 현금이 아닌 모바일로 도와준다는 게 의심스러워 자리를 떠났다.

과잉 생산, 지방정부의 부채, 국유기업의 구조조정, 수출 부진, 농민공, 불평등, 부동산 버블. 중국의 문제를 논할 때마다 따라다니는 꼬리표들이다. 지금도 이 문제가 완전히 해결된 것은 아니다. 중국의 위기는 덩치가 커서 위험을 잘 감지하지 못하는 회색코뿔소에 비유되기도 한다.

그러면 지금 중국의 회색코뿔소는 무엇일까? 위에 언급한 것이야말로 중국 경제에 켜진 빨간불이자 그들이 위험을 감지하지 못한 채 앞으로만 달리다가 놓친 문제들이다. 중국 경제는 뒤늦게라도 정상적인 상태를 회복하기 위해 새로운 해법들을 찾아 나서기 시작했다. 그렇다면 어떤 새로운 패러다임의 전환 과정을 거치고 있을까?

과거 빠오바(保八·8%의 성장)의 시대가 지나고 안정적 성장기인 온중구진(稳中求进)의 길로 접어든 것은 변환의 시대를 알리는 표시등이었다. 안정적 성장이란 중국에 어떤 의미를 내포하고 있을까? 그것은 표면적으로 중속 성장인 신창타이(新常·정상적인 상태를 회복하는 것) 시대를 인정하고 신시대에 맞는 혁신적·지속적인 경제 모델을 구축해나가는 것이다. 여기에 속도만 붙는다면 그야말로 속도와 방향성 두 마리의 토끼를 함께 잡는 차이나 이노베이션을 이룰 수 있을지 모른다.

뉴 노멀 경제에 대한 중국 매체들의 의견을 종합해보면, 안정적인 경제 구조 상태를 기초로 하는 지속가능한 발전이 중국의 새로운 표준이어야 한다고 설명하고 있다. 이제 그들에게는 안정적이며 지속가능한 경제를 세울 수 있는 새로운 대안책이 필요한 것이다. 그 대안책은 세계무대를 향해서 중국의 내·외부적 역량을 만들어가는 것에 맞춰져 있다.

디지털경제는 현재 중국이 가장 공들여 발전시키는 것 중 하나다. 중국 정부는 디지털경제와 산업의 융합을 강조하며 성장을 주도하고 있다.

중국의 디지털경제는 무엇을 중심으로 돌아가고 있을까? 디지털경제에 대한 많은 해석과 정의들이 있다. 일부에서는 스마트도시, 인터넷, 빅데이터 등이 디지털경제를 구동시키는 핵심이라고 한다. 4차 산업혁명과 관련된 산업 기술들은 디지털경제가 요구하는 자원이다.

G20에서는 이에 대해 더욱 심층적인 의미를 반영해 설명하고 있다. 즉, 디지털 지식과 정보를 기반으로 기업과 사회의 생산 효율성을 높여 경제 구조를 최적화하는 것이라고 정의한다. 동시에 중국에서 디지털경제란 국가의 자원으로 행할 수 있는 지식경제의 영역까지 아우른다고 볼 수 있다.

그렇다면 현재의 중국에서는 어떤 지식과 자원들이 경제를 번성하게 하느냐는 질문으로 돌아오게 된다. 그것에 뒷받침되는 구체적 조건들이 바로 스마트화, 빅데이터, 클라우드 기술과 같은 것들로 모두 디지털정보기술 영역의 자원이다. 그렇다면 중국의 혁신은 디지털경제에서 얼마만큼의 성과를 보이고 있을까?

2019년 3월 중국정보통신연구원의 발표에 따르면, 2017년 G20 국가의 디지털경제 총량은 26조 1,700억 달러였다. 미국이 11조 5,000억 달러로 1위, 중국은 4조 200억 달러(약 27조 6,570억 위안)로 2위였다. 이어서 일본과 독일이 2조 달러를 넘었고, 한국은 7위에 랭크되었다.

중국의 디지털경제 총량은 2020년이면 32조 위안으로 GDP의 30%대 중반(2030년엔 50%) 이상을 차지할 것으로 전망되고 있다. 중국의 방대한 인터넷 사용자 규모 덕분에 누릴 수 있는 보너스 혜택으로만 여길 수 없는 성장 예상치다.

또 하나 주목되는 내용은 2018년 〈중국신문망〉이 보도한, 중국 디지털경제의 GDP 기여율이 향후 50%를 넘어설 것이라는 전망이다. 디지털로 인한 직접적인 생산 유발 외 제조업 등 산업 전반에 미치는 영향을 유추해볼 수 있는 보도다. 중국이 부단히 경주해온 인터넷 플러스(모든 전자 기기에 인터넷을 더한다는 뜻), 온·오프라인의 조합, 스마트 제조 등 디지털 융합이 성과를 내고 있음을 알게 하는 대목이다.

유엔개발계획 고문인 데니스는 "디지털 격차는 사실상 부의 창출 능력 격차를 의미한다."라고 말했다. 디지털 정보 처리, 관리, 통제, 융합, 창조 능력과 지식을 가진 기업과 국가일수록 부가가치를 창출할 수 있는 기회를 많이 가진다는 것은 사실이다. 당장 바이두, 알리바바, 텐센트를 봐도 그렇다.

2019년 기준, 알리바바의 시가총액은 4,400억 달러(약 508조 2,000억 원)다. 중국 소비 시장과 모바일 및 전자상거래 시장의 성장으로, 중국 기업이 삼성을 뛰어넘는 게임이 시작된 지 오래다. 시장에서 기업에 대한 평가는 부의 창출 능력을 의미한다. 알리바바와 텐센트야말로 중국의 디지털경제 활용 능력이 중국 사회에 어떤 부를 창출해냈는가를 사실적으로 보여주고 있다.

이는 중국의 디지털 소비 인프라가 낳은 결과인 것만은 아니다. 중국은 정부 주도형 경제다. 안정적 성장을 위한 획기적인 모멘텀을 찾아 정부가 기업들을 앞세워 혁신과 창조, 개방과 협력을 통해 새로운 경제 생육을 이루고자 했다고 해도 틀리지 않는다. 디지털경제는 중국이 21세기의 새로운 부의 근간을 만들었다는 것을 보여주고 있다.

2035년 5G의 경제 가치 규모 및 일자리 기회

출처: 쏘후(sohu.com), IHS(IHS MARKIT TECHNOLOGY)
'HIS - 2035년 중국 5G 총산출 만억 위안 달러에 달하다(HIS - 到2035年中国5G总产出近万亿美元)'(2017)

중국인들이 인터넷 사유에 익숙해진 것이 큰 바탕

중국의 기부 문화는 아직 성숙 단계가 아니다. 그런데 요즘 중국 젊은이들 사이에서는 모바일 기부가 트렌드를 타고 있다. 나도 위챗 모멘트에 올라온 친구의 모금 글을 보고 알리페이 잔고에 남아 있던 80위안을 기부했다.

내가 기부한 아이는 윈난에 사는 일곱 살짜리 초등학생이다. 할머니와 동생 이렇게 세 식구가 살고 있다고 한다. 나는 기부한 내용의 화면을 친구들에게 공유했다. 몇몇 지인들이 내 링크를 타고 들어가 바로 모금에 동참했다. 인터넷, 모바일이라는 기술 요소는 사람들까지 변화시키는 것 같다.

그렇다면 중국의 디지털경제 시장이 활발히 이루어질 수 있었던 원동력은 무엇일까? 경제적인 가치를 창출할 수 있는 여건은 무엇일까?

중국은 디지털 혁신에 대한 인식론(认识论)과 방법론(方法论)이 긴밀하게 결합해가는 특징을 가지고 있다. 디지털경제의 요소들이 시장에서 실용적으로 작용했기 때문에 기업과 소비자들이 그만한 가치를 누릴 수 있게 되었다. 사용자 출입이 용이한 모바일 인프라는 디지털 소비 시장을 더욱 촉진시켰고 기업과 소비자의 접근성을 높였다.

'인터넷 플러스' 이념이 사회적으로 실용성 있는 인식으로 뿌리를 내리면서 디지털경제의 성장을 위한 보조적 역할을 해주었다. 그리고 그 결과 디지털과 실물경제가 융합된 사회가 건설될 수 있었다.

베이징의 지하철역에 걸린 청년 창업 격문. '혁신하고 변화시키는 세계의 청년 창업 역량을 찾아라!' 중국은 창업에 거부감이 없는 사회 분위기를 만들어가고 있다.

《인터넷 플러스 혁명》의 공동저자 중 한 명인 마하텅은 인터넷 플러스야말로 디지털경제 발전의 수단이라고 강조했다. 상품과 서비스, 전통 산업이 인터넷 플러스 전략과 결합해 전체적인 가치 사슬을 늘어나게 했다는 것이다. 대표적으로는 전통 방식을 고수하던 기업들의 모습부터 변했다.

중국의 40개 도시에서 미용, 보건, 헬스와 관련한 프랜차이즈를 운영하고 있는 씨우위(秀域)는 전통 비즈니스 모델 방식에 인터넷 플러스를 결합시켰다. 홍바오를 이용해 고객 마케팅을 실행했고, 웨이씬 싸오이싸오(扫一扫·QR코드 스캔) 이벤트를 통해 무료로 상품권을 받아가게 하는 고객 유치 작전을 펼쳤다.

이런 노력으로 씨우위의 위챗 팔로워 수는 3개월 만에 3만 명을 넘어섰다고 한다. 이렇게 단기간에 급성장할 수 있었던 이유는 인터넷 플러스 전략이 요구하는 인터넷 사유(互联网思维·internet thinking)가 작용했기 때문이다.

중국에 디지털경제 혁신이 일어나는 이유는 대단한 디지털 마케팅이나 전략이기보다는 중국 사람들과 기업·조직들이 인터넷 사유에 익숙해진 결과라는 것이다. 씨우위는 인터넷 사유 덕분에 서비스 효율을 높일 수 있게 되었다. 애플리케이션, 온라인 예약, 모바일 결제, 빅데이터를 통한 직원 서비스 관리를 실행하며 과거 느낌 중심의 전통적 전략·경영 방식에서 탈피했다. 대신 정보화를 도입해 데이터 중심의 경영 방식으로 전향했다.

디지털경제의 중요한 정신적 뿌리인 인터넷 사유는 중국 사회·공동체에 새로운 소통의 노선을 제시해주었다. 또한 산업의 업그레이드와 융합이 이루어져 기업들로 하여금 혁신적인 가치 사슬 체계를 구축할 수 있게 했다. 이것이 바로 중국이 창조 경제를 이루어가는 과정이다.

모바일 사용자 인구, 전자상거래 시장 및 플랫폼의 수용 역량, 중관춘과 같은 미래 인재 육성 시장, 디지털 인프라 구축 등은 중국의 디지털경제 성장에 필요한 알고리즘을 만드는 데 일조했다고 볼 수 있다. 이러한 체계와 변혁에 따라 중국 기업들은 창의·혁신적인 비즈니스 모델을 구상하고 다양한 상품과 서비스를 만들 수 있는 단계로 도약할 수 있게 되었다.

우리 기업들도 중국의 디지털경제 환경을 이해해 어떤 부가가치를 창출할 수 있을까 고민해보아야 할 것이다.

디지털경제는 중국의 미래를 여는 국가 전략

융합은 단순한 결합을 뛰어넘어 통섭(서로 오고감)의 가능성까지 담고 있어야 한다. 중국 디지털경제 관점에서의 융합이란 '연결'과 더욱 깊은 상관성을 띤다.

《인터넷 플러스 혁명》의 또 다른 공동저자인 장샤오펑은 연결의 중요성에 대해 논의하기 이전에 연결을 잃는다는 것을 먼저 가정해보자고 했다. 그러면 더 이상의 발전과 소통이 없는 단절된 사회를 살아가게 될지도 모른다. 기업은 부가가치를 창출할 수 없는 한계에 직면하게 될 것이고.

연결의 의미를 담고 있는 융합은 시스템과 생산의 효율성을 높이고 가치를 창출하는 방향을 추구해야 한다. 그렇다면 융합을 통해 초연결 사회의 실현까지 가능할까, 라는 질문도 던져볼 필요가 있다. 바로 디지털경제에 대해 지녀야 할 태도에 대한 이야기다.

다중뎬핑, 디디추싱, 어러마, 모바이크. 이들 회사들은 모두 기업과 기업 또는 서비스와 사람이 상호작용하는 관계를 기반으로 연결 사회의 모습을 가진 수요·공급의 생태 환경을 만들어냈다.

나아가 텐센트는 개방적 인터넷 사유를 기반으로 위의 기업들을 담는 더 큰 에코시스템을 만들었다. 위챗의 미니프로그램, 공중하오, 모바일 결제, QR코드 스캔 등이 바로 디디추싱, 어러마와 같은 기업들이 소비자와 더욱 친밀하게 소통할 수 있는 입구이자 통로다.

알리바바의 타오 공장 생태계

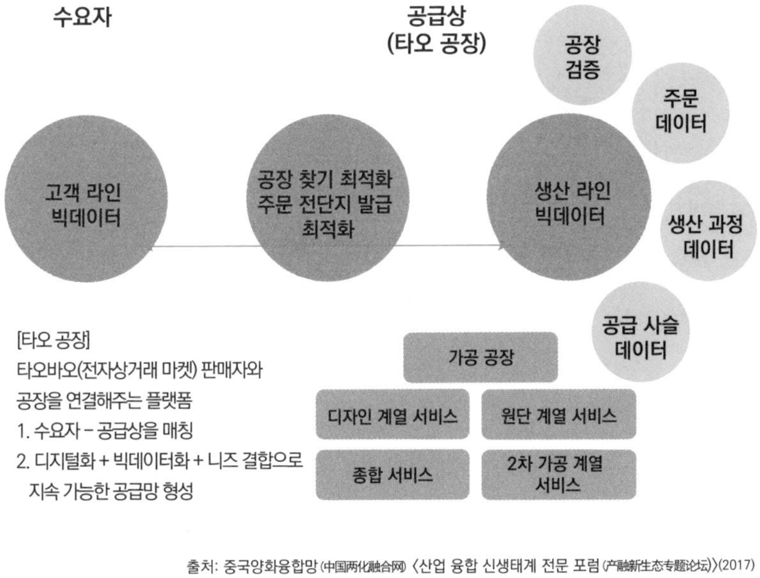

출처: 중국양화융합망(中国两化融合网) 〈산업 융합 신생태계 전문 포럼(产融新生态专题论坛)〉(2017)

2013년 말부터 텐센트는 이미 연결을 성장 전략의 중요한 핵심 요소로 확보했다. 장샤오펑이 말한 것처럼 텐센트는 연결 가치 발견, 상업 가치 전달, 혁신 가치 향상, 융합 혁신을 기반으로 새로운 사회 문명을 건설하고 있다.

이 모든 것은 단지 연결이 아니라 고객과의 신뢰적 관계 속에 작동된다. 그런 면에서 텐센트는 중국 디지털경제 시스템과 메커니즘을 가장 잘 표현해주고 있다 하겠다.

중국 정부의 자국 기업 키워주기가 연결 사회를 성장시키는 면도 있을 것이다. 그러나 한번 성과를 맛본 기업들이 이제 소프트웨어적인 내부 역량으로 연결 사회를 키워가고 있음을 잊어서는 안 된다.

항저우의 우전(乌镇)에서 열린 인터넷 대회에서 마화텅은 "텐센트는 인터넷 공간 운명공동체로서 더 책임감을 가지고 중국의 역량, 중국의 방안을 구성하는 역할을 해야 한다."라고 역설했다. 이처럼 디지털 공간 공동체에 위치하는 기업들과 사람들은 이전과는 다른 사회적 책임을 요구받게 될지도 모른다.

이는 단지 정보 지식과 기술에 대한 요구가 아니라 디지털경제에서 말하는 효율성과 가치 창출을 의미한다. 특히 중국과 교류하고 있는 우리 기업들이라면 미래에 그들과의 소통·협력 과정에서 어떻게 하면 효율적이며 혁신적인 메시지를 전달할 수 있을까를 고민해야 할 것이다.

2018년 양회의 화두도 디지털경제였다는 것을 다시 한 번 강조하고 싶다. 이것이야말로 현재 중국의 모습이다. 2017년 말 시진핑 역시 국가 빅데이터 전략 추진과 함께 디지털 기초 인프라의 완성을 강조했다. 또한 디지털 자원의 개방·공유를 추진해 디지털 중국을 빠르게 건설해야 한다고 밝혔다. 디지털경제는 중국의 미래를 여는 국가 전략이자 청사진이다.

2018년 〈정부공작 보고서〉는 '신동력 발전'을 언급하며 '신기술', '신모델', '신경영 방식(新业态)'을 이용해 전통 산업을 개조해야 한다고 강조했다. 중국은 디지털경제, 인터넷 사유로 전통 산업도 발전시킬 수 있다고 판단하고 있다. 지금 중국을 가장 잘 표현할 수 있는 말은 '디지털 대륙(数字大陆)'인 셈이다.

베이징대학 전문가들은 중화 문명이 지속할 수 있었던 이유로 황하 문명, 정치 문명, 정신문명의 힘을 든다. 지금도 이 이론은 중국 사회에서 작동되고 있다. 그러나 현재 중국은 미래의 새로운 성장과 번영을 위한 카드로 중화 문명 위에 디지털 문명을 융합해가고 있다.

중국 경제의 뇌 기능이 바뀌었다

중국에서의 4차 산업

중관춘의 한 메이커 스페이스에서 3D 프린터를 이용해 나만의 캐릭터를 만들어보았다. 학교 선배로부터 알게 된 메이커 스페이스에는 공대생들로 가득했다. 퇴근하고 온 직장인들도 있었다. 그들 대부분은 수수한 차림이었지만 3D 프린트 기술에 해박했다. 덕분에 나는 세상에 하나밖에 없는 나만의 캐릭터 인형을 단 30분 만에 뚝딱 만들어 간직할 수 있게 되었다.

이를 계기로 당시 학교 언니와 중국의 유아들을 위한 3D 프린터 맞춤 제작 비즈니스 프로젝트까지 밀어붙였다. 공장 없이도 상품을 만들 수 있다는 자신감 하나로 이룬 성과였다. 제조의 정의가 단순한 생산 개념에서 창조로 변화되고 있다는 증거다.

《국가 경쟁 우위》를 쓴 마이클 포터는 "21세기 국가의 경제적 번영은 물려받은 유산이 아니라 창조되는 것이다. 글로벌 시장에서 국가의 경쟁 우위는 지속적인 창조적 혁신 능력에 달려 있다."라고 말했다. 4차 산업혁명은 주로 정보통신 분야의 융합을 가리키지만 그 바탕은 새로운 성장 동력에 필요한 창조적 혁신 능력을 뜻한다.

2011년부터 중국은 사물인터넷을 중심으로 하는 4차 산업혁명에 대한 여러 정책을 공포해왔다. '중국 제조 2025', '인터넷 플러스', '로봇 산업 발전', '제조업 + 인터넷', '빅데이터', '인공지능', '스마트 제조' 등 산업 업그레이드를 적극적으로 추진하고 있다.

현재 중국에서 일어나고 있는 바이두의 인공지능 자동차, BYD가 주도하는 세계 전기차 시장, 알리윈의 클라우드 컴퓨팅 기술 등도 모두 중국이 그리고 있는 4차 산업혁명 퍼즐의 조각들이다.

중국의 공업 혁명은 인터넷 전략을 동반한 '스마트 제조'로부터 시작된다. 다시 말해 현재 중국의 전반적인 산업에 보조적·보충적 실행 수단으로 사용되는 인터넷 플러스 전략과 제조와의 만남이다.

스마트 제조는 IT와 제조업을 융합시켜 지능형 공장을 만드는 게 그 시작점이다. 지능형 공장은 단순한 자동화 혹은 스마트 시스템의 도입을 가리키는 것이 아니다. 빅데이터와의 연동을 통해 제조의 효율을 높이는 것이 관건이다. 중국은 스마트 제조의 핵심을 정보화와 공업화의 융합, 그리고 사물인터넷을 제조업에 응용하는 것으로 나아가려 한다.

어느 나라건 제조업이 하락하는 순간 그 나라의 경제도 흔들리게 된다. 영국은 세계 최대의 경제 강국을 구가하던 19세기 중반, 제조업 기반의 산업 강국이었다. 그러나 1970년 이후 제조업의 하락과 함께 위기를 겪었다.

중국은 '중국 제조 2025'의 핵심인 산업 고도화 전략을 중심으로 경제 구조조정에 박차를 가하고 있다. 이는 중국 특색(中国特色)의 공업화를 통해 실물경제를 발전시키고자 하는 것이다.

중국에서는 TV의 예능 프로그램에서까지 4차 산업혁명의 기술력이 어디까지 왔는지 보여주며 국민적 관심을 높이고 있다. 장쑤 위성 TV의 퀴즈 프로그램인 〈최강두뇌(最强大脑)〉에서는 2017년 1월 인공지능 '샤오두'와 사람이 기억력과 암산 대결을 펼쳐 주목을 끌었다.

이 대결에서 샤오두는 암기 천재인 왕위형과 대결해 1시간에 2,280개의 숫자를 암기함으로써 완승했다. 마치 인공지능 알파고가 이세돌과의 바둑 대결에서 이겨 전 세계를 깜짝 놀라게 했을 때처럼 샤오두 역시 중국 사람들을 깜짝 놀라게 했다.

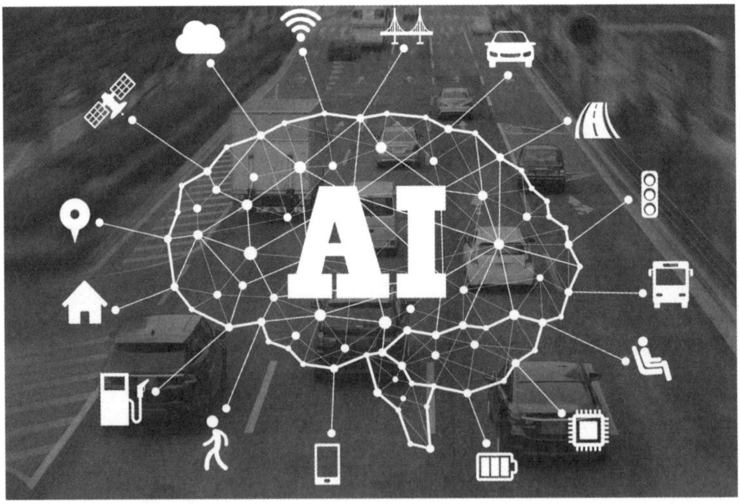

중국에서의 4차 산업혁명은 제조 대국에서 제조 강국, 그리고 과학기술 강국의 구상을 담고 있다는 점에서 의미가 크다.

이뿐만 아니라 중국 허난성 정저우 고속철도역에는 로봇 경찰이 나타났다. 로봇 경찰은 사람 얼굴 인식뿐만 아니라 공기 지수, 화재경보 등 주변 환경을 감지하고 범죄자 추적까지 가능하다.

로봇 산업은 중국의 스마트 제조와 융합·혁신 분야의 중추적 역할을 담당하는 것 중 하나다. 2018년 중국에서 열린 제5회 로봇 포럼에서는 400억 위안(약 6조 7,200억 원) 규모의 계약이 체결될 정도로 인공지능과 로봇 기술은 새로운 수요를 창조했다.

4차 산업에서도 바이두, 알리바바, 텐센트가 중심

중국에서의 4차 산업혁명은 제조 대국에서 제조 강국, 그리고 과학기술 강국의 구상을 담고 있다는 점에서 의미가 크다. 또한 이것은 시진핑이 강조하는 중국 국민들의 아름다운 생활, 아름다운 사회 실현을 위해 밟아야 할 계단이다.

19차 전국대표대회(第十九次全国代表大会)에서는 2035년까지 과학기술 강국을 실현하겠다고 공포했다. 4차 산업혁명과 과학기술은 분리할 수 없는 관계이기 때문에 이를 함께 놓고 전체 그림을 살펴볼 필요가 있다. 중국은 과학기술 강국의 그림을 어디까지 그리고 있을까?

중국사회과학원 위핀셴(汪品先) 교수는 '과학과 문화는 서로 평행을 유지해야 하는 관계'라고 말한다. 과학을 육성할 수 있는 것이 문화이고, 과학은 흥미로운 문화라는 점에서 둘의 관계는 분립될 수 없다는 것이다. 과학으로부터의 진정한 혁신은 과학 문화를 향유하는 사회여야 가능하기 때문이다.

중국은 지금 그 과정을 거치고 있다. '과학기술 창조 혁신 2030 중대 프로젝트'를 실행해 양자 통신(물질의 최소 단위인 양자를 활용한 통신으로 해킹이 불가능해 보안 문제를 해결할 것이라 함), 양자 컴퓨터, 뇌과학 연구, 심해 연구 등 중요한 프로젝트를 가동시키고 있다. 알리바바와 중국과학원이 공동으로 양자 컴퓨팅 클라우드 서비스를 시작하기로 한 것은 대표적인 사례다.

또한 알리바바는 해외로부터 양자 분야의 연구원들을 영입해 양자 통신과 양자 클라우드 컴퓨팅 기술에 집중하고 있다. 중국은 세계 선진 산업 기술을 주도할 자국 기업이 나올 수 있도록 판을 만들어주고 있다.

기업들은 스스로가 혁신의 기회를 찾아 주도권 잡기에 나서고 있다. 정부의 정책을 신뢰하고 사업에 드라이브를 건다. 중국 정부가 자국 기업을 통해 차이나 드림을 현실화시키고 세계 산업을 주도하려는 차이나 파워가 이루어지고 있는 상황이다.

중국은 다양한 산업에서 세계에 두각을 드러내고 있다. 그러나 아직까지 '창조 혁신'은 중국에 방향일 뿐이지 경쟁력은 아닌 단계다. 중국의 과학기술 논문 발표는 세계에서 2위로 가장 많지만 논문이 창조 혁신과 관련한 경쟁력의 절대적 표준이 되지는 않는다.

중국에서 창조 혁신이란 경제 시스템을 현대화하는 데 필요한 전략적인 저변이 되게 하는 것을 가리킨다. 대표적으로 바이두, 알리바바, 텐센트는 실물경제에서 창조 혁신을 실현해내기 위해 부단한 노력을 기울여왔다.

바이두는 2017년에 이미 자율주행차 아폴로를 베이징 시내에서 직접 주행시켰다. 이어서 자사 자율주행 개방형 플랫폼인 '아폴로'를 중심으로 에코시스템을 구축했다. 나아가 바이두는 자율주행차의 핵심 기술인 소프트웨어 플랫폼 시장을 세계에 전면적으로 개방하겠다는 의사를 밝혔다. 〈타임〉지에 따르면 바이두의 자율주행 서비스를 도입한 제조업체는 130여 개 정도 된다고 한다.

자율주행에는 인공지능도 매우 중요한데, 현재 바이두의 핵심 사업은 인공지능을 향해 달려가고 있다. 인공지능 분야에서 바이두는 독보적이다. 그들이 가지고 있는 인공지능 특허 기술 건수만 500여 개에 이른다. 바이두의 인공지능 기술은 자율주행차뿐만 아니라 산업계에 전면적으로 사용되고 있다. 바이두 CEO 리옌훙은 'All in AI'를 외치며 중국 시장을 대거 개혁하려는 조짐을 보이고 있다.

알리바바의 알리윈이 클라우드 컴퓨팅 기술로 정보처리 에코시스템을 확장해나간다면, 바이두는 인공지능을 통해 새로운 '사회 언어 생태계'를 조성하려는 야심을 보이고 있다.

중국 대뇌

그간 검색엔진 기업으로만 여겨졌던 바이두가 이제는 4차 산업혁명을 이끌어가는 주인공이 되어가고 있다. 바이두는 아예 인공지능 기술개발을 위해 기업 내부에 '스마트 리빙그룹'이라는 신설 부서를 만들었다. 여기서는 인공지능 소프트웨어를 결합해 스마트 하드웨어 제품을 생산하고 연구하는 데 집중한다.

중국의 4차 산업혁명은 바이두의 CEO 리옌훙이 2015년 3월 양회

(两会)에서 '중국 대뇌'를 언급하면서 박차가 가해졌다. '중국 대뇌'는 스마트 기술 자원을 공공 서비스와 시장 메커니즘에 도입하는 것을 말한다. 대뇌가 뇌에서 가장 중요한 정신 기능을 담당하듯 디지털과 과학기술을 사회·경제의 중추에 두겠다는 뜻이다.

2015년 1월 26일 〈정부 공작 보고〉 좌담회에 참석한 리옌훙과 리커창 총리 간에 재미있는 대화가 오갔다. 주제는 인터넷 혁신이 어떻게 전통 산업과 공공 서비스에 효율을 주는가였다. 이 질문에 리옌훙은 "바이두는 환자들에게 가장 유명한 의사를 찾아주는 게 아니라 환자에게 가장 적합한 의사를 찾아주어 사회 자원의 이용률을 높이는 것이다."라고 대답했다. 이는 중국 사회·경제의 공급 방식을 바꾸겠다는 것을 의미한다.

병을 치료하러 병원에 가는 풍경부터 실제로 달라졌다. 이제는 진료도 모바일로 미리 예약하고 받으러 가면 된다. 의료 업계도 빅데이터, 인터넷 기술과 적극적으로 만나면서 기존에 없던 가치를 창출하고 있음을 알 수 있다.

리옌훙은 저서 《스마트 혁명》을 통해 중국 대뇌는 미래 혁신 정책에 빠져서는 안 될 새로운 모델이라고 강조하고 있다. 이제 빅데이터, 인공지능, 클라우드 컴퓨팅 기술, 인터넷 디지털 기술과 과학기술은 중국식 신경제 모델에 중요한 자원이 된 것이다.

마케팅의 아버지라 불리는 필립 코틀러는 《마켓 4.0》에서 힘의 구조가 변하고 있다고 말했다. 그 힘의 변화를 주도한 것은 무엇일까? 이 시대에 맞는 대답을 하자면 그것은 바로 디지털 자원들이 힘의 변화에 영향을 미치고 있다는 것이다. 중국은 사회·경제에 이 자원들을 적극적으로 사용하고 있다. 그런 접목을 통해 생산성을 높일 수 있다고 보기 때문이다.

말로만의 모색이 아니라 중국에서는 그런 합종연횡이 행동으로 옮겨진 지 오래다.

바이두는 검색엔진 기업에 머물지 않고 자율주행차를 통해 미래 자동차 산업까지 선도할 태세다. 의료 서비스 업체인 꽈하오왕은 중국 전역의 약 1,500개 병원에 예약 서비스 플랫폼을 제공하며 의료 환경에 일대 변혁을 일으키고 있다. 이런 변화라면 알리바바가 세운 핀테크 기업인 앤트파이낸셜이 중국 최대 금융기관이 된다 해도 이상할 건 없다.

◈ 무인 스마트 체크 호텔 시스템 ◈

얼굴 인식 시스템이 새로운 건 아니다. 투쟈왕(途家网)은 이를 활용하면서 단순히 신분인증 식별의 차원을 넘어 중국 공안과 공유하는 호텔 체크인 인증 시스템을 개발했다.

아직은 10여 개의 성에 소재하는 공안과 협력해 시범 운영을 하는 단계이지만, 인식이라는 개념이 단순한 QR코드에서 사물 그리고 사람을 인식하는 단계에까지 이르렀다.

이러한 얼굴 인식 기술은 호텔계에 영향을 미쳤다. 무인 호텔의 등장을 유발했다. 데스크에서 체크인이 필요 없게 되었고 체크아웃 절차도 없어졌다. 모든 것은 호텔에 놓인 스마트 기기를 통해 원스톱으로 진행된다.

웨이씬 QR로 스캔하거나 주문번호를 입력한 후 방 타입을 선택하고, 마지막으로 얼굴 인식을 통해 신분을 확인받으면 된다. 체크아웃을 할 때도 방 문 앞에서 얼굴을 인식하면 끝이다. 결제는 알리페이로 진행한다. 이로써 호텔 방까지 들어가는 데 1분이 채 안 걸려 모든 절차를 밟게 된다. 항저우에 위치한 두위에스마트호텔(睿沃智慧酒店)의 사례인데, 인공지능 기술 기반의 호텔이 생긴 것이다.

이 호텔은 항저우의 인공지능 타운에 있는 두위에커지라는 회사가 세운 호텔 브랜드다. 두위에커지는 세계 최대의 스마트 호텔 운영 플랫폼을 만드는 것이 꿈이다. 바로 에어비엔비 혹은 씨트립과 같은 공유숙박 업체와의 연동이다.

호텔은 단순히 숙박만이 아니라 비즈니스, 보호받고자 하는 사생활 등 다양한 목적성을 띤 공간이다. 무인 스마트 체크 시스템은 미래 숙박 산업에 영향을 미치게 될 것으로 보인다.

★

중국의 일대일로는 게임 체인저가 될 것인가

일대일로는 갑작스러운 것이 아니다

한국의 TV 예능 프로그램인 〈비정상회담〉에 중국인 패널들이 나와서 이야기하는 것을 보았다. 그중 하나인 모일봉은 MC가 던진 "몇 년도에 깨어나고 싶나?"라는 질문에 "더 이상 외국어를 안 배워도 될 때."라고 대답했다. 무슨 말인가?

같이 출연한 프랑스 출신의 알베르토는 "아니 설마 모든 사람들이 중국말을 할 때를 말하는 거냐?"라고 묻자 그는 바로 "네."라고 대답했다.

동석한 다양한 국가의 패널들은 분위기가 싸해지면서 이렇게 물었다. "중국이 세계를 통일할 것이라고 믿는 거야?" 중국인 패널들은 대부분이 "그렇다."라며 통일된 목소리를 냈다. 중국, 중국인들이 세상의 중심이라는 중화사상을 은연중 드러낸 장면이었다.

예로부터 중국은 중국특색사회주의(中国特色社会主义)를 강조하면서 다른 나라와 다름을 넌지시 알려왔다. 시진핑 시대에 들어서는 '중국식 모델', '신시대', '신창타이(新常态·중국의 새로운 경제 상태) 등 중국식 발전 사상이 포함된 말들로 주목을 끌었다.

중국은 미국과 다른 방식으로 국제 질서를 주도할 만한 방식을 찾았다. 그 대표적인 것이 바로 일대일로(一带一路·One Belt, One Road)다. 중화 문명의 부흥을 위한 선택이자 글로벌 자원 획득을 위한 선포가 시작되었다고 볼 수 있다.

일대일로는 중국의 비전, 즉 중국몽(中国梦)과 세계를 연결 짓는 통로로서 의미가 크다. 나아가 이는 중국이 어떻게 세계와 소통하게 될 것인가에 대한 질문이기도 하다. 또한 워낙 많은 나라들과의 연결을 전제로 하는 만큼 중국의 국제적인 리더십 역량을 테스트 받는 잣대가 될 수도 있다.

일대일로를 이해하자면 2,000년 전의 고대 실크로드의 역사 발자취를 먼저 염두에 두어야 한다. 고대 실크로드 정신과 본질을 계승한 기초에 현대 중국의 국제 전략이 추가된 '새로운 실크로드'이기 때문이다.

실크로드의 시작은 한나라 시절의 외교 사절사였던 장건(張騫)의 영향이 컸다. 그는 지중해 국가의 내륙까지 이어지는 무역 교통로를 개척한 사람이다. 이 대장정이 발전해 몽골 지역을 지나 중앙아시아를 지나는 초원 실크로드, 인도를 거쳐 가는 서남 실크로드를 열었다. 또한 15세기 정화가 남해원정단을 이끌고 개척한 해상 실크로드도 빼놓을 수 없다.

일대일로에는 고대 실크로드 정신에 현대 중국의 국제 전략이 추가된 '중화 경제권 중심의 국제 연결 사회 구축'이라는 목표가 들어 있다.

이렇듯 일대일로는 중국 역사에서 2,000년 이상 된 경제적, 문화적 의미를 담고 있다. 중국은 현대판 실크로드 개척에 나서며 애써 과거 역사를 부각시키지는 않지만 사실 의도적인 전략 같은 느낌은 자연스럽게 전해진다.

중국이 일대일로를 추진하는 것은 확실히 갑작스러운 일은 아닌 것으로 보인다. 이제 중국은 그간 쌓아온 자본력, 경제적 혜택, 과학기술 능력, 인프라 건설 능력 등의 경쟁력을 앞세워 중화 경제권 중심의 국제 연결 사회를 만들려 한다.

쉬운 예를 하나 들자면 이렇다. 중국의 대학교에는 카자흐스탄, 러시아, 우즈베키스탄, 몽골 등 중앙아시아에서 온 많은 학생들이 공부하고 있다. 나의 몽골 친구도 대외경제무역대학교에서 박사학위를 받았으며 최근 상하이협력기구(SCO) 청년 대회에 몽골 대표로 참가했다. 중앙아시아 학생들은 대부분 중국통이 되어 자국으로 돌아가고 중국은 중앙아시아 국가들과의 교류에 이런 인재들을 통해 협력을 도모한다. 중국은 여러 형태로 실크로드 국가들을 자신들의 손에 넣고 싶어 한다.

지금의 일대일로는 2013년 시진핑이 카자흐스탄을 방문하면서 처음 제시되었다. 핵심은 중국과 타 국가들과의 협력적 글로벌 경제권을 세우는 것이다. 일대일로가 지나는 나라들에 대한 투자, 인프라 건설 지원, 무역 혜택 등은 협력에 대한 당근이다.

경로는 아시아 - 아프리카 - 유럽 내륙을 잇는 '내륙 실크로드'와 대서양 - 인도양을 연결하는 '21세기 해상 실크로드'다. 좀 더 세분하면 2019년 현재 내륙 3개, 해상 2개 등 총 5개의 일대일로 노선이 진행되거나 추진되고 있다.

세계 소외 지역 파고든 중화 경제의 위력

중국이 세계 시장에서 중화 경제권을 형성해나가는 방식은 대국답게 크게 베푸는 것에서부터 시작된다. 먼저 스리랑카, 미안마, 파키스탄 등의 국가에 항만이나 도로, 공항 등 기초 시설들을 건설해주면서 자원 확보와 운영권을 따내는 전략을 펼쳤다. 미안마의 시트웨 항, 파키스탄 과다르 항, 방글라데시의 치타 공항은 모두 중국 자본으로 세워졌다.

그리고 항만의 경우 운영권을 중국이 소유하는 형태로 계약을 체결한다. 남아시아 최남단에 위치한 스리랑카의 함반토다 항구의 경우 1조 5,000억 원을 들여 건설해주면서 99년 기한의 임대권을 사들였다. 스리랑카의 콜롬보 항 역시 5,000억 원을 들여 건설해주었다.

미국과 유럽이 이들 국가에 친화적인 손을 내밀지 않고 있을 때 중국은 일대일로라는 카드를 꺼내 들었다. 자원이 풍부한 인도양 일대의 국가들은 중화 경제권의 확대에 더해 정치적인 우군 확보에도 도움이 되는 개척 대상이다. 인도양 루트는 물류와 석유를 운반하는 데 매우 중요한 역할을 한다.

미국이 대서양과 태평양을 중심으로 움직였다면, 중국은 인도양과 태평양을 중심으로 패권을 확보해나가고 있다. 또한 미국이 파나마 운하를 통해 석유 및 원자재를 운반하며 해운 주도권을 잡고 있다면, 중국은 파나마 운하 위에 니카라과 운하를 2020년까지 완공을 목표로 건설 중이다.

일대일로에 대한 실천은 아프리카에서 더 우렁차다. 아프리카에는 '차프리카(차이나 아프리카)'라는 말이 생겼을 정도로 공세적이다. 아프리카 나라들에 대한 유·무상 경제 지원, 병원이나 국제회의장, 도로 등 사회 인프라 건설 지원 등 미소 작전이 곳곳에서 펼쳐지고 있다. 탄자니아의 작은 도시 바가모요에는 90억 달러(약 10조 3,900억 원)를 들여 항구를 건설하려고 한다.

아프리카에 진출한 중국 기업들도 수두룩하다. 화웨이, ZTE 등 중국의 통신장비 업체들이 아프리카에 들어가 있다. 중소기업을 포함하면 1만 개 이상의 기업이 진출해 있다고 한다.

금전적인 지원 규모도 엄청나다. 2015년 시진핑은 아프리카와의 협력 포럼에서 앞으로 600억 달러(약 69조 3,000억 원)를 투자하겠다고 밝혔다. 중국은 투자, 건설, 일자리 창출을 기회의 땅 아프리카에 제공하며 중국에 대한 긍정적인 인식을 심어나가고 있다.

중국은 일대일로를 통해 중국 중심의 무역과 국제 질서를 그려가고 있다. 중국의 미래 무역 청사진인 셈이다. 또한 이것은 중국의 자유무역협정(FTA)의 확장선이자 연장선이다.

중국 국가통계국에 따르면, 2018년 일대일로 연선 국가들과의 무역액은 1조 2,177억 달러(약 1,406조 4,400억 원)였다. 이는 중국 전체 무역액의 27.4%에 해당하며, 2013년 이래 연평균 5.3%의 증가세를 보이고 있다. 중국 기업이 연선 국가에 투자한 직접 투자액은 144억 달러(약 16조 6,320억 원)로 추산되고 있다.

일대일로와 무역과의 관계는 중국이 외국의 물류업체들을 대거 인수하는 상황을 통해서도 엿볼 수 있다. 영국의 〈파이낸셜 타임스〉는

일대일로를 홍보하는 인공지능 버스까지 등장했다. 중국은 일대일로의 종착지를 유럽으로 생각하며 목표는 중국 중심의 세계화다.

중국 기업들이 해외 물류업체들을 사들이는 현상을 일대일로의 견인 역할이라고 설명했다. 또한 2014년 이후 해외 물류업체의 인수합병 36건 중 25건이 일대일로상에 있는 국가들에서 일어났다고 썼다.

중국의 매체 〈봉화망〉도 일대일로는 민영 택배 기업이 글로벌 물류 기업으로 발전할 수 있는 기회라며 해외 진출을 부추겼다. 나아가 일대일로는 중국 중서부가 발전할 수 있는 새로운 비즈니스 모델이 될 수도 있다고 했다.

중국 기업에 날개를 달아줄 일대일로

중국은 일대일로 프로젝트를 위한 자금 조달처로 아시아인프라투자은행(AIIB)을 활용하고 있다. AIIB는 미국, 일본 중심의 아시아개발은행(ADB)과 세계은행(WB) 등에 대항해 2016년 중국 주도로 설립한 다자개발은행이다. 아시아, 유럽, 아프리카, 남미 등 57개국이 참여하고 있으며, 자본금은 1,000억 달러에 이른다.

일대일로는 제2차 세계대전 후 미국이 서유럽 국가들에 펼친 대외 원조 계획이었던 마셜 플랜에 비유되기도 한다. AIIB를 통한 일대일로 참여 국가들에 대한 중국의 지원이 마셜 플랜의 대유럽 원조와 비슷하다는 것이다.

일대일로는 중국 기업들에 새로운 기회가 될 것으로 보인다. 메이드 인 차이나, 중국 제조업이 세계로 뻗어 나갈 수 있는 공간이 마련된 것이다. 저우추취(走出去·중국의 해외 진출 전략)를 실행하기에 가장 적합한 통로다.

양회에 참석한 샤오미 CEO 레이쥔은 "일대일로를 통해 중국의 상품과 서비스가 연선 국가 및 더 넓은 지역의 소비자들에게까지 제공될 수 있어, 중국 브랜드의 국제 영향력에 도움을 줄 것."이라고 했다. 리커창 총리 역시 중국의 제조업과 서비스업이 저우추취하는 데 일대일로의 국제 합작 추진이 큰 의미를 가질 것이라고 했다.

중국 기업들은 실제로 일대일로를 발판으로 당당하게 명함을 내밀고 있다. 고속철도, 자동차, 설비 등이 이미 저우추취를 실행했고, 금융기관들도 기업들의 해외 진출을 적극 지원하고 있다. 현재 46여 개의 일대일로 연선 국가에 중국 제조업체들이 진출해 있다.

시리아에 교두보를 튼 치루이(奇瑞) 자동차는 대표적인 예다. 시리아를 넘어 일대일로 연선 국가에 해당하는 우크라이나, 러시아, 이란, 이집트 등 내륙 지역을 중심으로 글로벌 전략을 펼쳐나가고 있다. 치루이는 수출 총액의 80% 이상을 이들 연선 국가에서 얻고 있다.

《일대일로의 모든 것》(이창주 저)이라는 책에 따르면, 일대일로는 공간을 베이스로 한 무역 지대다. 이런 측면에서 중국 제조와 일대일로의 만남은 '산업 + 공간'의 협력 발전 모델을 형성하는 경쟁력을 가질 수 있게 된다.

중국은 일대일로의 모멘텀을 더욱 넓혀나가려 한다. '땔감을 주울 사람이 많아지면 불이 더 높아진다.(众人拾柴火焰高)'라는 비유까지 들며 참여를 촉진하고 있다. 전면적인 개방형 프레임을 가지고 천하 질서를 세우겠다는 듯 중국 정부는 한껏 포용의 자세를 취한다.

현재 일대일로 연선 국가는 총 65개국으로 중국을 포함해 44억 명의 인구가 그 범주에 산다. 경제 총량으로는 세계의 29%를 차지하는 지역이다. 그러면서 신흥 시장이 많다.

중국은 일대일로를 통해 기업의 성장, 지역 경제 발전, 산업 구조 업그레이드, 도시화 촉진 등을 불러일으키려 한다. 뉴 노멀 시대의 새로운 좌표로서 내수 전략과 글로벌 전략을 일대일로 위에 같이 태우고 있다.

일대일로를 통해 중국이 미국을 뛰어넘는 경제 강국으로 올라설 수 있을까. 아직은 성장 단계이기에 모두가 숨죽여 지켜보고 있다.

◈ 아프리카 청년기금 만든 마윈 ◈

중국이 아프리카를 잡는 방식은 돈과 기술 지원이라는 패권이다. 마윈은 1,000만 달러(약 115억 원)를 출자해 '마윈 아프리카 청년 창업기금'을 설립했다. 향후 10년 동안 100명의 아프리카 온라인 회사 창업자를 만든다는 계획이다.

아프리카 청년들은 마윈에게 열광하고 있다. 더 나아가 중국 기업들로부터 디지털 혁신에 대한 자극을 받고 있다. 마윈은 아프리카 청년들에게 고기 낚는 법을 가르치고 강연을 펼치며 중국 굴기를 대변해 영향력을 떨치고 있는 것이다.

다른 나라들이 돌보지 않는 개도국, 빈국에 중국의 기적을 알리고 중국의 경험을 공유해 그들과의 끈끈한 네트워크와 프렌드십을 세워나간다는 계획이다. 아프리카와 중국은 디지털, 물류 네트워크, 글로벌화를 중심으로 이미 상당한 연결 관계를 맺고 있다.

마윈은 아프리카가 20년 전의 중국과 닮았다고 말한다. 과거 유통이 성숙하지 못했던 중국이 온라인을 도입해 낙후된 유통을 뚫었듯이 아프리카도 중국처럼 발전할 수 있는 무궁무진한 기회가 있다며 협력을 강화하고 있는 것이다.

아프리카 청년들과 중국과의 교류는 '알리바바 비즈니스 스쿨' 과정을 통해 더욱 돈독해지고 있다. 전 세계의 기업가들이 알리바바의 전자상거래 지식에 대해 공부하고, 서로 공유하고, 새로운 경험을 할 수 있도록 세워진 알리바바 비즈니스 스쿨은 아프리카 청년들에게 살아 있는 교육장이다.

위로받기 원하는 중국 사회

삐에로의 웃음 뒤에는…

한번은 중국 친구에게 조심스럽게 "왜 중국에서는 거리를 다닐 때 얼굴 예쁘고 옷도 잘 입은 사람들을 보기 어려워? 한국보다 잘 안 보이는 것 같아."라고 말했다. 그 친구는 웃으며 "그런 애들은 대중교통을 이용하지 않지. 자가용 끌고 다녀서 보기 힘든 거겠지."라고 답했다.

처음에는 뭐 이런 뻔한 대답이 다 있어 했다. 하지만 베이징대 MBA에서 만난 친구들을 보며 어느 정도 느낌이 왔다. 그곳의 여자아이들은 명품 재킷과 백은 기본이며 가끔은 스포츠카를 몰고 학교에 온다. 교환학생인 우리가 가난해 보이기까지 한다.

미국에서 공부하는 한 중국인과 인스타그램 친구다. 대학생으로 보이는데 온통 명품으로 치장했다. 명품 브랜드 모임에 초청받아서 찍은 사진도 보여준다. 그러나 중국에서 지하철이나 버스를 타면 그런 부류의 사람은 보기 힘들다.

국제통화기금(IMF)이 나라마다 다른 물가 수준을 반영해 실제 국민들의 구매력을 측정하는 PPP 지수에서 중국은 2019년 1위를 차지했다(미국 2위, 한국 14위). 아니, 2013년 이래 연속 1위다. 1,500억 위안(약 25조 2,000억 원)에 달한다는 중국의 럭셔리 시장(세계 30% 이상)이 이해되는 듯도 하다. 그 상징적인 예로 세계 고급 차의 4대 중 1대는 중국인에게 팔리고 있다.

신흥 중산층인 80허우, 주요 소비 세력으로 떠오른 90허우와 00허우 세대 집단의 소비력은 가히 세계 기업들의 군침이 돌게 한다. 중국 경제성장의 모델이 소비 견인의 방향으로 전환됨에 따라 중국의 10~30대는 핵심 소비의 주체이면서 사회에서 더 큰 의사결정권을 가진 모습이다.

하지만 이것을 중국 라오바이싱(老百姓·평범한 중국 국민)의 실체라고 말할 수 있을까? 중국의 노년 세대부터 밀레니엄 세대까지 소비 시장을 바라보는 시선과 체온이 같다고 말할 수 있을까?

대만의 경제학자 랑셴핑은 저서《부자 중국 가난한 중국인》을 통해 '왜 중국인의 삶은 여전히 고달픈가?'라고 질문하며 세계는 지금 중국인의 '거짓 행복'에 속고 있다고 말했다.

과거 10년 동안 중국은 고속 성장을 하면서 국민들의 재산 축적과 사회적 지위 향상에 일조했다. 하지만 모두가 그 대열에 오를 수 있었던 건 아니다. 이에 따라 부유와 계층의 분화가 나타났다. 오늘날 중국에서는 신흥 중산층, 바이링주, 개미족, 푸얼다이, 관얼다이, 핀얼다이와 같이 마치 계급처럼 자산 크기에 따라 서열이 매겨지고 있다. 이러한 분화는 경제성장 이면의 모순적인 현상이자 중국 사회의 복잡한 그늘로 자리하고 있다.

진짜 중국의 속사정을 이해하기 위해서는 중국 사회의 이런 복잡성도 들여다볼 수 있어야 한다. 그래서 여기서는 중국 경제·사회의 변화와 함께 나타난 사회적 모순과 문제에 대해 알아보려고 한다. 그런 시간을 통해 미래 중국 사회를 좀 더 정확히 이해하는 시야를 가질 수 있기 때문이다.

노후 준비 못한 채 늙어가는 은퇴 진입 세대

다롄에서 피부숍에 가게 되면 만나는 사람들 대부분은 50대 여성들이다. 그들은 피부, 건강 관리에 굉장한 열정을 가지고 있다. 돈이든 건강이든 스스로 책임져야 한다는 인식은 중국의 장년들도 우리 못지않다.

같이 관리를 받는 한 학교 선생님에게 "일하기 안정적이지 않아요? 한국에서는 선생님이 인기 직업 순위 1위예요."라고 했더니, "안정적이긴 하지만 월급이 너무 적어서 중국에서는 별로 인기가 없어."라고 대답했다. 중국의 교사 월급은 4,000위안(약 67만 원) 정도다.

중국의 은퇴 진입 세대에 속하는 60허우(1960년대생)들은 어떻게 살고 있을까? 그들 역시 은퇴와 노후 준비의 기로에 서 있다. 자녀는 대개 90허우들로 대학을 졸업해 사회생활을 하고 있다. 60허우는 소황제를 키워낸 양육자들인 것이다.

이들 은퇴 진입 세대들은 어렸을 적부터 혼란의 시기를 보며 자랐다. 중국은 1958년 경제 산업을 부흥시킨다고 했지만 수백만 명의 사상자를 낳은 대약진운동을 초래했다. 1969년 문화대혁명 시기엔 마오쩌둥 사상을 반대하는 사람들에 대한 무자비한 탄압이 있었다. 그렇듯 문화와 사상이 억제되었던 시대가 60허우의 성장기였다.

그뿐만 아니라 문화대혁명을 겪었던 사람들이 농촌으로 쫓겨나 노동을 해야 했던 상산하향(上山下乡)의 시대도 체험했다. 그 과정에 불평등하고 정신적으로 고립된 시간을 거쳤다. 한마디로 현대 중국 사회에서 전쟁을 제외한 모든 격변기를 경험했다.

경제와 관련해서는 중국 정부가 개혁개방을 취하면서 다행히 돈과 주택 등 자산을 축적할 기회를 얻었고 주식과 금 시장의 큰손 역할도 할 수 있었다.

이제 그들은 다른 사회적 격변기를 겪어가는 중이다. 노후를 앞둔 상태에 있고, 동시에 윗세대를 돌보아야 하는 책임도 짊어지고 있다.

시사주간지 〈랴오왕(瞭望)〉의 인터뷰에 나온 60허우 류 선생의 이야기가 눈길을 끈다. 지린성(吉林省) 창춘의 자동차 회사에서 일하는 류 선생은 회사 생산부의 중요 책임자다. 연봉도 괜찮고 남들이 보기에는 성공한 사람이다. 그러나 그 역시 은퇴 후를 고민하고 있다. 거동이 불편한 홀어머니를 모시고 있는데, 어느덧 자신의 노후도 걱정해야 할 나이가 되었다. 은퇴 이후의 삶을 혼자 감당해야 할지 아니면 아직 사회에서 자리를 잡지 못한 자녀들과 의논해야 할지 걱정이다. 부모 부양, 자신의 노후 준비, 자녀 부양까지 삼중고에 직면하고 있는 상황인 것이다.

50년대생까지 합치면 중국에는 약 5억 명 이상의 노년 진입 세대가 살고 있다. 한국의 700만 베이비붐 세대들도 사회적 우려를 받고 있지만 중국 역시 만만치 않다. 한 논문에 따르면 중국의 은퇴 진입 세대들도 50% 이상이 국민연금 또는 퇴직연금에 노후를 기댄다. 그러나 연금 정책이 미비하고 액수도 생활비로는 부족하다.

중국 또한 빠른 고령화로 인해 연금을 받아야 할 사람들은 많아진 반면 납부하는 사람들의 수는 늘지 않고 않다. 과거의 한 자녀 정책과 산아제한을 해제한 이후에 찾아온 저출산 풍조로 젊은 층이 귀하기 때문이다.

또한 공무원 혹은 사업 단위의 사람이 일반 직장인들보다 연금을 더 수령하는 이중적 구조도 존재한다. 이러한 불균형 문제로 인해 빈곤한 노인층은 더욱 빈곤해지고 있다.

중국은 모두가 고루 잘사는 '샤오캉 사회' 건설을 강조하지만 계층 간의 불균형은 새로운 그늘이 되고 있다.

그래서 중국의 은퇴 진입 세대들은 부동산으로 노년을 대비하는 방법을 선택하고 있다. '이팡양라오(以房养老)'라고 불리는 주택연금으로, 미국의 역모기지론, 우리나라의 주택연금과 비슷하다. 그러나 내 집을 갖지 못한 은퇴자는 얼마의 국민연금 외에 여전히 노후 대책이 궁색하기는 마찬가지인 것이 현실이다.

해결이 쉽지 않은 소득 격차는 중국 사회의 그늘

한국은 노후 자금으로 한 달에 최소한 177만 원이 필요하다고 한다. 그러나 10명 중 3명도 이를 준비하지 못한 심각한 상황이다. 그렇다면 중국의 은퇴 진입 세대들은 노후 준비를 위해 얼마가 필요할까?

현재 중국 물가 기준으로 보면 한 달에 1,500위안(약 25만 원) 정도의 비용이 필요하다고 한다. 베이징대 교수 쭝웨이(钟伟)의 말에 의하면 1선 도시 주민의 경우는 2027년 60세에 은퇴한 사람이 85세까지 산다고 가정할 때 총액 기준으로 1,000만 위안(약 17억 원)도 부족할 것이라고 한다. 다소 높은 금액이 의아스럽지만 1선 도시의 물가와 주거비용 등을 고려하면 그 정도는 들어갈 것이라는 얘기다. 그래서 은퇴 후 고향으로 돌아가는 사람들도 있다고 한다.

그러나 더욱 심각한 문제는 '4 → 2 → 1'로 자녀 세대가 쪼그라든 가정 구조로 인해 한 명의 자식이 노인 6명의 양로를 지원해야 한다는 점이다. 중국도 저출산과 비혼주의가 늘고 급격한 노령화가 진행 중인 만큼 소황제 자녀들은 노인 부양의 문제를 떠안게 될 현실에 직면해 있다.

두 번째 중국의 모순은 소득 분배와 관련한 것인데, 바로 임금과 소비의 불균형 문제다. 중국이 소비 대국인 것은 맞다. 그런데 모든 중국인이 이에 공감할까? 도시에서 가난하게 사는 사람들은 공감하기 어려울 수 있다.

중국의 대졸자 평균 초임 월급은 2019년 기준 4,000위안(약 68만 원)을 약간 넘는 수준이다. 베이징의 평균적인 주택 월세가 5,000위안 정도임을 감안하면 베이징 드림은 결코 쉽지 않다. 그래서 도시에서 사는 초년 직장인들은 친구들과 동거하는 경우가 많다. 개미족들이 뭉쳐서 사는 현상이 괜히 생겨나는 것이 아니다.

도시 주민과 농촌 출신 주민들의 소득 불평등도 심각하다. 국가 통계국에서 발표한 〈농민공 조사 자료(国家统计局山西调查总队发布的 年度农民工监测调查资料)〉에 따르면, 농민공들의 평균 월수입은 3,500위안(약 60만 원) 수준이라고 한다. 반면, 베이징시 인사국에서 발표한 조사에

중국의 '9073'고령화 정책

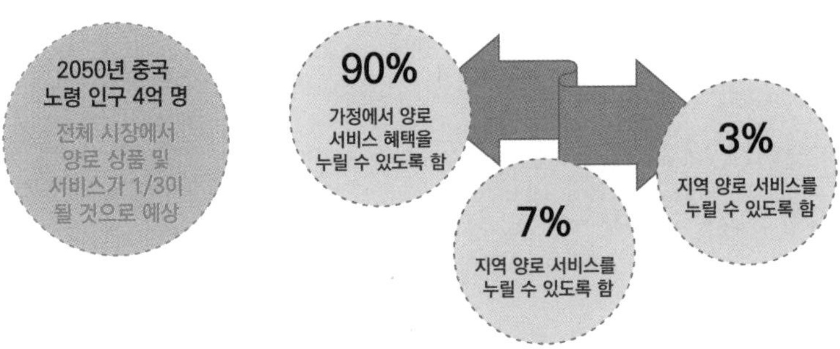

출처: 〈왕이차이징(网易财经)〉 '중국 국민의 미래 – 2020년 중국 노령화 시대에 들어가다'(2018)

따르면, 베이징시 평균 직장인의 월급은 9,000위안 정도였다.

농민공과 대도시 출신 중국인들의 교육 수준, 주로 갖게 되는 직업 등을 동등하게 놓고 비교할 수는 없지만 수입 차이가 심한 건 사실이다. 그렇다면 농민공들은 과연 언제쯤 일반 도시민이 누리는 수입과 문화 수준을 향유하게 될까?

상하이, 톈진, 선전, 베이징 등 대도시의 최저임금이 2,000위안대인데, 농민공들이 뼈 빠지게 일해도 월수입이 3,000위안대라면 사회적 박탈감을 느끼게 되는 건 당연하다. 베이징의 화려한 건물들과 도시가 농민공들의 노동으로 지어졌지만 정작 농민공 자신들은 그것들을 누리지 못하고 있는 것이다. 중국의 이중적인 사회 계층의 분화를 대변하고 있는 현주소다.

중국인들의 지갑은 두꺼워졌지만 불평등한 분배는 좀처럼 해소되지 않고 있다.

진정한 샤오캉 사회는 과연 이룩될까

중국은 지금 중산층 확대를 목표로 수입의 격차를 줄이기 위해 노력하고 있다. 현재 중국의 중간 수입 집단의 인구는 3억 명을 넘어선 정도인데, 정부는 1차적으로 중간 수입 집단을 14억 인구의 30%선까지 올리려 한다. 2025년에는 50%까지 올리는 게 목표다.

그러나 저소득층 집단이 중간 수입 단계에 진입했다 하더라도 중간 수입의 함정에 빠지지 않게 하는 것이 중요하다. 중간 수입의 함정이란 액수로는 맞춰져도 중간 이상으로 수입과 생활수준이 올라가지 않는 것을 말한다.

만약 중간 수입의 함정이 중국 경제의 발목을 잡게 되면, 사람들은 또다시 힘들어질 것이다. 그래서 중국은 모두를 골고루 잘살게 하는, 균형 잡힌 샤오캉 사회(小康社会) 건설을 강조한다.

종합해보면, 중국인들은 지금 각종 사회적 불안에 시달리고 있다. 일자리 경쟁, 부모 양로 문제, 자식 교육, 수입의 문제, 식품 안전의 문제, 환경오염 등이 불안 요인들이다. 주목할 만한 점은 새로운 부의 세력으로 떠오르는 신중산층들도 똑같은 문제를 고민하고 있다는 것이다.

미국이 잘산다고 해서 국민들의 고민이 없으리란 법은 없다. 중국의 신중산층 역시 신분상승은 했지만 더 좋은 집을 사고자 하는 주택 문제, 아이들의 사교육비, 자산을 불릴 수 있는 투자 방법에 대해 고민한다. 어떻게 보면 그들이야말로 고민을 안고 살아가는 현재 중국의 평범한 국민들의 모습을 보여주는 것은 아닐까.

그렇다면 중국은 앞으로 국민들에게 어떤 신뢰를 주어야 할까?

그들은 아름다운 중국, 희망의 중국을 만들기 위한 국가 로드맵인 샤오캉 사회 건설을 선포하지 않았던가. 2020년까지 모든 중국 국민들이 배부르고 풍족한 삶을 누리게 하겠다는 것이다. 그런데 목표년도로는 그 시기가 와 버렸다. 풍족한 삶을 누리도록 하기 위해서는 무엇보다 수입 분배 문제의 해결이 시급하다.

중국은 이를 실현하기 위해 2002년 16차 인민대표대회(十六大)에서 샤오캉 사회를 처음으로 언급하며 2020년까지의 표준으로 여러 가지를 정했다. 그중 대표적 것이 당시 목표로 1인당 국민소득 3,000달러(약 340만 원)를 넘어서는 것이었다. 그렇다면 지금 샤오캉 사회는 어디까지 진행되었을까? 1인당 국민소득만을 놓고 보면 2018년 1만 88달러(약 1,160만 원)를 기록해 목표를 초과 달성했다. 베이징대학 광화관리학원은 보고서를 통해 1인당 국민소득 1만 달러 돌파는 전면적인 샤오캉 사회 실현을 위한 중요한 기반이 될 것이라 했다.

중국의 소비자물가(CPI)는 2.9% 정도의 상승으로 비교적 안정되어 있다. 하지만 계층 간의 불균형 문제가 여전해 샤오캉 사회로 가는 길은 잘 보이지 않는다. 60허우의 은퇴와 저출산(2018년 중국 출생률 1.094%)으로 생산 인구까지 줄어드는 이중고에 시달리는 중국이 어떤 해결책을 내놓을 수 있을까.

중국 경제와 사회의 문제는 우리에게도 관심의 대상이 된다. 중국이 기침을 하면 주변국이 몸살을 앓는다는 말처럼 우리의 미래에도 작지 않은 영향을 미칠 수 있기 때문이다.

중국만의 홍색 자본주의에 더해진 기업가정신

청년들은 시진핑보다 마윈의 한마디에 더 끌린다

중국의 전자상거래 회사에서 있었던 일이다. 처음 나는 이 회사의 개방적 사유와 문화 시스템을 보고 중국 기업에 배울 점이 많구나 생각하게 되었다. 그런데 얼마 지나지 않아 회사에 공산당위원회가 있다는 것을 알게 되었다. 이들은 정기적으로 빨간 현수막을 걸어놓고 공산당 회의를 한다. 그리고 그것을 기반으로 조직 문화, 혁신, 공익 활동 등에 대해 논의한다. 이따금 성(省)의 서기는 회사를 방문 및 고찰한다.

물론 이런 모습은 많은 중국 기업에서 일어나는 일이다. 나는 이 뒤로 중국의 리더 계층에 대해 의문이 생기기 시작했다. 그들 기업의 진짜 소유주는 누구일까? 그러나 중국 기업들이 공산당위원회를 설립하는 것은 적어도 중국에서는 이상한 일이 아니다.

중국 굴기의 힘을 이끌어가는 사람은 누구일까? 중화 부흥이 다시 이루어질 수 있는 힘은 어디에서 나올까? 공산당을 제외하고 더 나은 중국의 미래를 위해 사회 분위기를 움직이는 리더로는 누가 있을까? 종합적으로 말해 지금 중국 사회는 어떤 드림 메이커(Dream-maker)에 의해 추진력을 받고 있을까?

이런 질문을 받으면 정치인보다는 기업인 쪽의 손을 들어주고 싶다. 왜냐하면 시진핑의 한마디보다 마윈과 같은 이머징 기업가(emerging entrepreneur)의 한마디가 바링허우, 주링허우에게 더 인상적인 영향력을 끼치기 때문이다.

나라마다 국가와 시장 체제 분위기에 따라 기업가들의 성향은 다르게 나타난다. 좀 주관적인 분석이긴 하지만 한국은 선비 정신, 이스라엘은 후츠파 정신(형식과 권위에 얽매이지 않는 이스라엘 특유의 도전정신), 중국은 공자 문화가 기업가들의 정신과 문화에 깃들어 있다.

그러면 자본주의 경제와 당의 원칙과 힘이 공존하는 중국에서 탄생된 기업가들은 어떤 사고를 가지고 있을까. 이는 흥미로운 관찰이 될 수도 있다.

중국 기업가들 중에는 기본적으로 홍색 자본가(red capitalist)의 성향을 지닌 사람이 많다. 홍색은 물론 공산주의를 의미한다. 이들은 공산당의 노선을 적극 지지하고 자본으로 국가에 헌신한다. 레드 캐피털리스트라고 부르기도 하는데 강한 애국심을 기초로 기업을 운영한다.

1세대 홍색 자본가로는 1956년 국가에 기업을 바쳤던 룽이런(榮毅仁)이 있다. 그는 1979년 중국국제신탁투자회사(현 중신그룹)를 설립했고, 1993~1998년까지 국가 부주석을 지낸 인물이다. 가전 업체인 하이얼은 전신이 중국 정부가 세운 칭다오냉장고 공장이었는데, 그 대표인 장루이민 역시 국가에 헌신한 기업인이다. 시진핑 집안 역시 상하이 지역의 홍색 자본가 출신이다.

제18차 전국대표대회에 참석한 2,270명의 대표 가운데 민영기업인은 34명이었다 한다. 기업인이면서 공산당의 지역 대표를 맡고 있으니 골수 홍색 자본가라고 할 수 있을 사람들이다.

중국의 일반적인 민영기업에서는 당 대회를 어떻게 받아들일까? 텐센트는 2005년 당 조직위원회를 설립했고, 바이두도 2011년 같은 조직을 설립했다. 국유기업이 아닌 IT나 인터넷 기업에서 이런 풍경을 보는 건 참 아이러니할 수밖에 없다.

이렇게 보면 홍색 자본가 정신은 중국 경제계에 면면히 흐르고 있다고 할 수 있겠다. 또한 정부도 기업가들에게 근본적으로 홍색 자본가 정신을 요구한다.

그러면 여기서 궁금하다. 외국계 기업은 어떨까? 궁금해서 상하이에 있는 글로벌 회계회사에 다니고 있는 친구에게 물었다. 친구의 답을 듣기 전까지만 해도 외국계 기업은 당연히 없겠지, 라고 생각했다.

친구는 "당 위원회? 있지. 당 조직이 생긴 후로 업계에서 회사에 대한 평판도 좋아졌어."라고 답했다. 애써 어색한 티를 내지 않으려고 "그렇구나. 그럼 일은 언제 하니?"라고 얼버무렸다. 친구는 "임원분들은 아무리 중요한 일이 있어도 정부 관련 활동을 최우선으로 하고 있어."라고 덧붙였다.

기업가정신과 공산당 이념의 합작품

중국 공산당의 당원 수는 9,000만 명을 넘는다. 이들 중 직업 공직자가 아닌 당원들은 각자의 직장에서 일하면서 당원으로 활동한다. 기업을 경영하더라도 경제 활동은 자유롭지만 당의 원칙을 벗어나서는 안 되는 것이다.

누구를 위한 경쟁인가. 시진핑 주석은 제19차 당 대회에서 중국이 생각하는 기업가정신을 이렇게 이야기했다.

"더 많은 사회 주체들이 창업 혁신을 이룰 수 있도록 독려한다. 지식형, 기술형, 혁신형의 노동자 군력들을 양성하고, 장인정신과 노동 모델의 정신을 세운다. 노동 영광의 사회 풍류와 자기 일에 최선을 다하는 분위기를 만들도록 한다."

여기서 놓치지 말아야 할 것이 있다. 중국이 생각하는 기업가정신은 기본적으로 공산당을 중심으로 출발해야 하고, 공산당에 영광을 돌려야 한다는 것을 강조한다. 당헌(党章)에 따르면, 기업, 농촌, 기관, 학교, 과학연구소, 인민해방군 등 각 기관의 당 위원이 3명 이상일 경우 반드시 당 조직을 설립해야 한다는 것을 규칙으로 삼고 있다. 그러니까 3명 이상의 당원이 있으면 민영기업도 당 지부를 설립해야 하는 것이다.

중국의 유니콘 기업들인 콰이쇼우, 메이퇀, 비리비리(bilibili) 역시 줄줄이 당 조직을 설립했다. 징둥, 바이두, 신랑웨이보, 텐센트도 이미 홍색 조직을 가지고 있다. 텐센트에는 약 7,000명 정도의 당원이 있다고 한다. 회사 전체 인원 중 23%가 당 위원이며, 60% 이상의 기술

연구원들도 당 위원이다. 텐센트의 당 위원회 아래에는 12개의 당 총지부가 있고 116개의 당 지부가 있다고 한다.

이쯤이면 중국 민영기업도 결국 레드 캐피털의 가면을 쓴 국영기업이 아닌가 의심이 들 정도로 혼란이 느껴진다. 중국 기업가들의 정체성은 무엇인가.

반대로 지금 중국의 경쟁력 측면에서 본다면 장점으로 발휘되는 부분도 있다. 중국의 기업가들은 정부 노선을 따라 기업 청사진을 세웠기 때문에 괜한 곳에 시간을 낭비하지 않고 기업 경영에 선택과 집중을 이루었다고 볼 수 있다. 이것은 생산과 효율성의 문제와 직결된다.

우리가 잘 아는 알리바바에도 당 지부가 있다. 1999년 설립 후 오래전부터 존재해 있었다. 2008년에 이미 당 위원이 3,300명에 달했다고 한다. 사실상 알리바바에 속한 모든 자회사는 당 지부를 설립해 기업 발전에 대해 논의하게 된다.

중국의 포털사이트인 봉화망에 나온 '2008년 알리바바의 당 조직이 당 위원회로 업그레이드되었다'라는 기사를 보자. 이에 따르면 알리바바는 1개의 총지부와 2개의 직속 지부로 나뉘어 있으며 2,094명의 당원들이 있다고 한다. 또한 이 회사에서 매년 선발하는 직원 중 60%는 당원들이라고 한다.

중국이라는 나라를 생각하면 이해될 듯하면서도 한편으로는 충격을 주는 얘기다. 그러나 이것이 중국의 경쟁력을 끌어올리는 엔진으로서 기업가들에게 끊임없이 무언가를 창출하게 하는 윤활제 역할을 하고 있다면 인정하지 않을 수 없다. 기업가는 변화를 탐구하고 대응해나가야 하는 사람이다. 중국은 그런 기업가정신과 공산당 이념이 공존하는 나라라는 점을 새삼 일깨워주는 장면이다.

지금은 홍색 자본가 정신이 짙었던 과거 세대를 지나 IT 자본가들이 생겨나면서 중국 기업 생태계의 새로운 거버넌스가 형성되었다. 그렇다고 그것이 홍색 자본가 정신을 대체했다는 의미는 아니다. 텐센트 같은 세계적인 IT 기업도 버젓이 '텐센트 당원가의 집(腾讯党员之家)'이라는 위챗 공중하오를 개설하고 정기적으로 당과 관련한 소식을 전송하니 말이다.

시장경제 바람 타고 나타난 자수성가형 기업가들

그러나 결코 보이지 않는 손이 중국에서 많은 혁신 기업들이 일어날 수 있도록 도와주었다고 할 수는 없다. 실패와 인고의 과정을 거쳐 결국 자신들이 원하는 혁신적인 조직을 만들어낸 데는 비즈니스 모델과 중국인 특유의 모험적인 기업가정신에 각자의 디테일이 반영되었기 때문이다.

중국 시장에 새로운 거버넌스를 지닌 인물들로는 바이두의 리옌훙, 알리바바의 마윈, 텐센트의 마화텅, 쏘후의 장챠오양(张朝阳), 징동의 류동창 등을 꼽을 수 있다. 이들은 중국 최초로 인터넷 기업을 일으킨 CEO들이라는 공통점이 있다. 대부분 1960~70년대 출생자들로 전자상거래, 포털사이트 비즈니스를 중심으로 사업을 시작했다.

이들 뒤에는 더 젊은 1970~80년대생들이 키워낸 유니콘 기업이 있고, 그 CEO들도 이젠 사회적인 주목을 받고 있다.

먼저 빅데이터 뉴스 큐레이팅 전문 기업인 진르토우탸오(今日头条)

와 인공지능 기업인 바이트댄스(Bytedance)의 창립자인 장이밍(张一鸣)은 중국에서 최근 가장 잘나가는 젊은 기업가다. 1983년생인 그는 〈포브스〉에서 선정한 '중국 30대 창업자'와 '중국 40대 이하의 상업 영웅' 순위에 들어가 있다.

그렇다면 장이밍은 어떻게 성공적인 기업 경영을 이룰 수 있었을까? 그 비결 중 하나는 다섯 번의 창업을 시도해본 경험과 노력이다.

2005년 장이밍이 대학을 졸업했을 당시, 알리바바는 야후차이나를 인수하고 10억 달러의 투자를 유치했다. 바이두는 미국 나스닥에 정식으로 상장했고, 텐센트에는 위챗의 아버지라고 불리는 장샤오롱(张小龙)이 합류했을 때다.

중관춘의 창업공사 로비에 게시된 시진핑 주석의 기업가에 대한 생각. '기업가는 경제 활동의 주체다. 기업가정신을 더욱 진전시켜 기업가 스스로 모범이 되어야 한다.'

인터넷 기업들이 이렇게 성장하고 있을 때, 그가 처음 창업을 시도한 것은 2006년 국내 여행 사이트인 쿠쉰망(酷讯网)이었다[쿠쉰망은 2015년 '중국판 배달의 민족'인 메이투안(美团)에 1,000만 달러 이상의 가치로 팔렸다]. 장이밍은 2008년 두 번째 회사로 부동산 검색엔진 사이트인 지우지우팡(久久房)을 창업했다.

그리고 2012년에는 바이트댄스를 설립했다. 세계적인 쇼트클립 영상인 '틱톡(Tik Tok)' 애플리케이션은 바이트댄스에서 나온 것이다. 이어서 같은 해 진르토우탸오를 창업하면서 80허우 세대를 대표하는 기업가로 도약하기 시작했다.

그가 창업에 성공할 수 있었던 것은 단순히 여러 번 시도했기 때문이 아니다. 아이디어를 연구하는 습관과 태도 그리고 바로 실행하는 정신이 한몫했다. 이것은 그가 과학기술에 기반 한 혁신 기업가로서 '가치 창조'를 강조하는 것과 연관성이 있다.

다시 말해 상업적 가치에 그치지 않고 사회적 가치를 만드는 것이 그가 말하는 가치 창조였다. 이는 중국 정부가 과학기술 분야의 창의 혁신과 가치 창출을 통해 경제를 발전시키고자 하는 그림과 상통한다.

장이밍은 단순히 콘텐츠를 생산하는 것이 아니라 빅데이터와 인공지능을 통해 콘텐츠를 발굴했다. 그러곤 10초 안에 소비자가 원하는 정보를 제공하는 '진르토우탸오만의 차별화'를 일구어냈다. 진르토우탸오 애플리케이션은 현재 7억 명에 이르는 사람들이 사용하고 있다. 이제 중국 국민들은 양회 소식도 〈인민일보〉가 아닌 진르토우탸오에서 정확하고 빠르게 받아보고 있다.

장이밍은 하이구이(海龟·해외 유학파)도 공산당 간부의 아들도 아니었다. 단지 흥미롭고 색다른 일을 탐구하고 자주적으로 하고 싶은 것을 찾느라 고심하고 투자자를 찾아 뛰어다니던 청년이었다. 그는 뉴스 미디어와 빅데이터, 인공지능의 결합으로 새로운 비즈니스 모델, 경제 모델을 창출했다.

지금 중국의 젊은이들은 공유자동차, 서비스 플랫폼 비즈니스, 재미 있는 콘텐츠들에 매료되고 있다. 이들 중 적지 않은 서비스들은 중국의 젊은 기업가들이 탄생시켰다. 중국 최대 공유배달 업체인 어러마(饿了吗)도, 화장품 전문 쇼핑몰 쥐메이(聚美)도 그러하다.

BAT의 성공이 만들어낸 '기회의 나라' 중국

다음으로 살펴볼 30대 기업가는 중국판 우버라고 할 수 있는 디디추싱의 창업자 청웨이다. 알리바바에서 최연소 매니저, 부총경리를 지낸 직장인이었던 그는 한 인터넷 대회에서 "저는 80허우입니다. 운전을 할 줄 모릅니다."라고 자신을 소개한 적이 있다.

운전조차 할 줄 모르는 청웨이는 중국의 약 400여 개 도시, 3억 명의 사용자들에게 공유자동차 서비스를 제공하는 창업자가 되었다. 우버가 중국에 진출했을 때 디디추싱의 공유자동차 사용자 수는 이미 우버의 10배였다. 세계적인 공유자동차 기업인 우버의 중국 현지 법인도 2016년 8월 청웨이의 손에 들어갔다.

80허우 청년이 세운 기업 덕분에 중국인들의 대중교통 풍경이 달라졌다. 그뿐인가. 1일 1,400만 건의 주문이 발생하면서 1,500만 명의 차주에게는 물론 중국 경제에도 새로운 동력이 되었다.

디디추싱은 우버와 달리 택시기사를 '사업 파트너'로 택했다. 중국에서는 모르는 사람이 운행하는 차량보다 택시기사에 대한 신뢰도가 높다는 점을 활용한 것인데, 이는 매우 절묘했다. 덕분에 택시계의 저항 없이 사업을 펼칠 수 있었고, 택시기사들은 디디추싱으로 인해 더 많은 승객을 확보할 수 있었으니까.

또한 위챗페이, 알리페이 같은 업체들도 디디추싱의 생태계 덕분에 지불 서비스 건이 늘어나는 효과를 얻었다. 청웨이는 2017년 미국의 시사주간지 〈타임〉이 선정한 '과학기술 분야의 가장 영향력 있는 20인'의 순위에 올랐으며, 같은 해 〈포브스〉의 '세계 변혁자(全球变局者)'의 순위에도 들어갔다.

청웨이는 알리바바의 B2B 사업부에서 10년 넘게 일하며 판매와 운영 경험을 쌓았다. 그러다가 2012년 동업자 2명과 함께 샤오쥐커지(小桔科技)를 설립하고 택시 예약 앱인 '디디다처(滴滴打車)를 만들어 사업을 시작했다.

사업 초기엔 투자를 받지 못해 고초도 겪었다. 그러다 디디추싱으로 회사명을 바꾸고 공유자동차 사업에 주력하기 시작한 청웨이는 앞서 소개한 기발한 사업 전략으로 중국 교통 시장에 혁명을 일으켰다. 그의 역량을 알아본 텐센트는 2014년 5,000만 달러를 투자해 날개를 달아주었다.

금세기 최고의 경제학자였던 조지프 슘페터는 '불확실성 속에서도 미래를 예측하고 변화를 모색하는 것이 기업가의 임무요 정신'이라고 했다. 인터넷 전문가가 아닌 마윈이 알리바바를 만들고, 운전도

할 줄 모르는 청웨이가 디디추싱을 만든 것은 미래를 예측하는 눈이 밝았기 때문이다.

'중국판 포브스'로 불리는 〈후룬 리포트〉의 최근 '백만장자 순위'에는 40대 이하의 기업가가 181명이나 들어 있었다. 그중 80허우 기업가들은 68명이었는데, 이들 대부분은 IT 종사자들이었다.

중국의 신(新)기업가들의 특징을 보면, 바링허우, 주링허우의 젊은 연령대, IT 업계, 자수성가형 기업가들이 증가하고 있다. 이들은 상속자들이 아니라 창의·혁신을 통해 꿈을 이룬 기업가들이다.

이런 성공한 기업인들은 중국의 젊은이들에게 창업에 대한 긍정적인 사고를 불어넣고 있다. 중관춘에 젊은 야심가들의 발걸음이 끊이지 않는 이유다. 성공한 기업인들은 젊은이들에게 'He can do, She can do, Why not me?'의 정신으로 무장하게 하고 있다.

어느 나라나 사람은 가장 중요한 자산이다. 하지만 중국은 젊은이들이 취업만을 따라가지 않고 창업에도 도전하는 정신 덕분에 여러 시너지를 내고 있다. 훌륭한 인재들을 통해 미래형 기업이 나오고, 경제의 활력을 창출하는 기회도 그만큼 더 많이 가지는 구조다. 또한 창업 붐이 불러오는, 생동하는 기업가정신의 전파도 빼놓을 수 없다.

실제로 최근 중국에서는 기업가정신을 강조하는 문화도 활발히 일어나고 있다. 중국이 말하는 기업가정신을 아는 것은 중국을 상대로 사업을 펼치는 기업, 중국 기업에서 일하고자 하는 청년들 모두에게 도움이 될 것이다.

중국에서 발행된 《중국이 가장 필요로 하는 기업가(中国最需要的企业家)》라는 책에서는 기업가가 갖추어야 할 덕목을 이렇게 정의하고 있다. '창의·혁신 정신을 가진 기업가, 모험할 줄 아는 기업가, 직업의식이 투철한 기업가, 몸으로 배울 줄 아는 기업가, 끈기 있는 기업가, 성실한 기업가, 책임감이 강한 기업가' 등이다.

국가, 세계, 미래를 생각할 수 있어야 리더다

현재의 중국을 이해하는 데는 시진핑보다 마윈의 생각을 읽는 게 더 좋은 잣대가 될 수 있다. 2016년 베이징에서 열린 '중국 기업가 모임'의 좌담회에서 마윈은 중국 기업가는 반드시 네 가지 관계를 정리해야 한다고 했다.

첫째, 기업가와 돈과의 관계다. 그는 돈의 본질은 사회 자원을 선하게 완성하는 것이라고 강조했다. 즉, 기업가는 돈이 아닌, 사회 자원을 먼저 생각해야 한다는 것이다. 구체적으로는 '결과, 효율, 공평'을 들었다.

둘째, 기업가와 정부와의 관계다. 마윈은, 기업가는 경제 발전의 연구자가 되어야 한다고 했다. 이는 정부와 상업계와의 관계를 이르는 말이다. 시진핑 시대에 들어와서는 기업과 정부와의 관계에서 기업가정신이 특히 강조되고 있다. 시진핑은 "우리는 전면적인 심화 개혁으로 시장의 활력을 끌어올려야 한다."라고 말했다. 시장에 활력을 주는 존재는 기업가이고, 더 깊게는 기업가정신에서 나온다는 설명도 덧붙였다.

셋째, 세계와의 관계를 잘 정립해야 한다는 것이다. 글로벌 무대를 향한 중국 기업의 생각을 엿볼 수 있는 부분이다. 마윈은 중국 기업이 세계로 나아갈 때 원정의 개념으로 생각해서는 안 된다는 것을 강조했다. 그보다 세계를 융합, 참여의 개념으로 받아들여야 한다고 했다.

넷째, 미래와의 관계다. 늘 변화하는 경제 추세에 어떻게 대응하고 성장해나갈지에 대한 고민이 필요하다는 것이다. 중국은 '사람'을 통해서만이 혁신을 이룰 수 있다는 것을 경험적으로 체득했다. 정보기술 발전에 따라 사람들의 생활도 점점 지능화, 엔터테인먼트화, 개인화되고 있다. 그 변화를 사업에 활용할 주체 역시 결국은 사람이라는 것이다.

'정부 + 경제학자' 중심의 경제 책략 개발은 옛날식 사고다. 마윈이 본 중국의 미래 경제 모델은 '정부 + 기업가 + 과학기술 분야의 인재 + 경제학자'다. 중국이 산업 정책에 드라이브를 걸고, 양회에 바이두의 리옌홍이 참가하고, 세계 인터넷 대회가 시진핑의 연설로 시작되는 모습을 보면 확실히 그러하다.

장하준 교수의 저서인《그들이 말하지 않는 23가지》는 개도국일수록 부자 나라보다 기업가정신이 더 투철하다고 말하고 있다. 그 이유는 먹고살아야 하는 생존과 연결되어 있기 때문이다. 중국의 기업가정신도 그들이 생존해야 하기 때문에 구현될 수 있었다.

중국이 미래 경제 발전을 위해 창의와 혁신을 주장하는 것도 기업, 사회, 국가가 먹고살아야 하는 문제와 직결된다. 최근 중국에서는 혁신적인 신생 기업과 실리콘밸리의 기업가정신을 뛰어넘을 만한 CEO들이 많이 탄생하고 있다.

우리나라 역시 지금 사회에 가장 필요한 것은 기업가정신이지 않을까. 중국의 변화를 보며 위협이기보다는 건강한 자극으로 받아들여야 할 필요가 있다. 우리에게는 한국만의 소프트 파워와 감각이 있다. 중국에서 들려오는 기업가정신과 한국의 장점이 결합된다면 더 큰 힘이 되지 않을까 싶다.